Aus dem Inhalt

Liebe Leserinnen und Leser!

Diejenigen unter Ihnen, die schon länger treue Bezieher der FLENSBUR-GER HEFTE sind, erinnern sich vielleicht an den Band, der im Sommer vor einem Jahr erschien, nämlich das FLENSBURGER HEFT zum Thema „Depression". Vielleicht entsinnen Sie sich sogar noch an den Inhalt einzelner Beiträge, wie z.B. das Interview mit Martin Hautzinger oder Markus Treichler. – Wer uns noch länger kennt, weiß möglicherweise auch, welches Thema im Sommer 1994 an der Reihe war. Fällt es Ihnen spontan ein? Richtig, damals erschien unser Buch über den „Hüter der Schwelle". – Und welchen Titel trug der Band vom Sommer vor zehn Jahren, also im Jahr 1986?

Ob Sie sich nun erinnern oder nicht: Alle diese FLENSBURGER HEFTE haben eines gemeinsam, was sie von dem Band zum Thema „Gedächtnis", in dem Sie gerade lesen, unterscheidet. Sie alle erschienen im zweiten Quartal des jeweiligen Jahres, also spätestens Ende Juni. Daß wir diesen Termin diesmal nicht ganz einhalten konnten, liegt nicht etwa daran, daß wir Sie vergessen hätten, liebe Leserinnen und Leser. Die Gründe dafür sind vielmehr zum einen, daß wichtige Interviewpartner mit Terminen so ausgelastet waren, daß ein früheres Erscheinen nicht möglich war. Zum anderen standen wir, wie schon häufiger, vor dem Problem, daß es so gut wie keine Literatur gibt, die das anthroposophische Gedächtniskonzept umfassend und schlüssig darstellt. Deshalb waren wir darauf angewiesen, die vielen einzelnen Aussagen Rudolf Steiners zum Gedächtnis zusammenzuschauen, die in unterschiedlichen Zusammenhängen und zu verschiedenen Zeiten gemacht wurden. Leider kostete uns dies mehr Zeit und Mühe, als wir beabsichtigt hatten, daher der etwas verspätete Erscheinungstermin.

In diesem Buch finden Sie zunächst eine Darstellung naturwissenschaftlicher und medizinischer Erkenntnisse zur Funktion des Gedächtnisses, zu Gedächtnisstörungen und ihren Ursachen sowie zum Zusammenhang zwischen Gehirnprozessen und bewußter Erinnerung. Gerade am letzten Punkt zeigt sich, daß die Naturwissenschaft bis heute keine befriedigenden Erklärungen anzubieten hat, die den Zusammenhang zwischen bewußtem Erleben des Gedächtnisses und den gleichzeitig beobachtbaren Hirnprozessen nachvollziehbar macht. Unbestreitbar ist, daß ohne ein funktionsfähiges Gehirn kein Gedächtnis zustande kommt. Sämtliche Aspekte bewußten Erlebens stehen in einem nachweisbaren Zusammenhang mit Vorgängen im Gehirn. Der Schluß liegt nahe, die Gehirnprozesse als Ursache für Bewußtseinsprozesse zu sehen, statt zunächst als notwendige Bedingung.

Die naturwissenschaftliche Deutung steht dann allerdings vor der Schwierigkeit, den freien Willen des Menschen und die Möglichkeit bewußten Handelns, die für die meisten Menschen unbestreitbare Erfahrung sind, zu erklären. An dieser Frage haben sich bereits viele Naturwissenschaftler und Philosophen ohne überzeugenden Erfolg versucht. – Dennoch sollte man sich vor Hochmut hüten, denn zum einen ist der Wert der naturwissenschaftlichen Erkenntnisse auch aus therapeutischer Sicht kaum zu überschätzen, und zum anderen gibt es daneben kaum eine andere ernst zu nehmende Forschung auf diesem Gebiet.

An dieser Stelle entsteht die Frage, was sich von anthroposophischer Seite zur Aufgabe und Wirkungsweise des Gedächtnisses sagen läßt. Die anthroposophische Weltanschauung weiß einerseits um die Abhängigkeit des Menschen von seiner materiellen Leiblichkeit, sie weiß aber auch um die übersinnliche Wirklichkeit des Menschen. Außerdem ist es der Verdienst Rudolf Steiners, eine an Goethe anknüpfende Erkenntnismethode entwickelt zu haben, die von den Phänomenen ausgeht und die Denk- und Bewußtseinsprozesse aus sich heraus versteht. Welche Anstöße für ein Verständnis des menschlichen Gedächtnisses lassen sich so finden?

Im zweiten Teil des Buches wird es dann praktisch: Sie finden dort einen spannenden Übungsteil, der Ihnen die Möglichkeit bietet, Ihre eigene Gedächtnisleistung zu prüfen, und der Methoden zur Steigerung der Merkfähigkeit auf verschiedenen Gebieten vorstellt. Darüber hinaus sprechen wir mit Fachleuten über die Entwicklung und Anwendung psychometrischer Testverfahren zur Erkennung von Gedächtnis-, Hirnleistungsstörungen und Demenz – z.B. Alzheimer –, stellen eine Memory Clinic vor und berichten aus einem Modellversuch zur Pflege von Altersdementen.

Für Ihre Geduld möchten wir uns bedanken und hoffen, Sie mit einem anregenden Buch über, äh, tja, also ... Worüber sprachen wir eben?

Es grüßt Sie
Ihre FLENSBURGER HEFTE-Redaktion

Zu den Steiner-Zitatangaben in den FLENSBURGER HEFTEN: Die GA-Nummern beziehen sich auf die jeweilige Bibliographie-Nummer der Rudolf Steiner Gesamtausgabe im Rudolf Steiner Verlag, Dornach/Schweiz. Danach sind in der Regel das Erscheinungsjahr der benutzten Ausgabe, das Vortragsdatum bzw. Kapitel und die Seitenzahl angegeben, von der Autor-, Titel- und Ortsnennung wird abgesehen. Nach Bibliographie-Nummern geordnet ist die Rudolf Steiner Gesamtausgabe im Katalog des Rudolf Steiner Verlags aufgeführt. Der Katalog ist durch den Buchhandel erhältlich.

Zwischen Furchen und Windungen

Interview mit Hans J. Markowitsch

von Thomas Höfer

Prof. Dr. Hans J. Markowitsch, *geb. 1949, untersucht die neuropsychologischen Grundlagen des menschlichen Gedächtnisses. Nach seiner Promotion an der Universität Konstanz im Jahre 1977 und seiner Habilitation 1980 war er Heisenberg-Stipendiat und erhielt anschließend mehrere Rufe auf Professuren an deutsche und australische Universitäten. Er ist seit 1991 Professor für Phy-*

siologische Psychologie an der Universität Bielefeld und pflegt enge Zusammenarbeit mit in- und ausländischen Forschungseinrichtungen. Autor und Herausgeber zahlreicher Bücher und Aufsätze in deutsch- und englischsprachigen Fachzeitschriften.

Auswahl wichtiger deutschsprachiger Publikationen: „Neuropsychologie des Gedächtnisses" Göttingen 1992; „Grundlagen der Neuropsychologie", (Hg), Enzyklopädie der Psychologie, Themenbereich C, Serie I, Band 1, Göttingen 1996; „Klinische Neuropsychologie", (Hg), Enzyklopädie der Psychologie, Themenbereich C, Serie I, Band 2, Göttigen 1996.

> „Das Gedächtnis verbindet die zahllosen Einzelphänomene zu einem Ganzen, und wie unser Leib in unzählige Atome zerstieben müßte, wenn nicht die Attraktion der Materie ihn zusammenhielte, so zerfiele ohne die bindende Macht des Gedächtnisses unser Bewusstsein in so viele Splitter, als es Augenblicke zählt."
> (Ewald Hering)

Die Grundfunktionen des menschlichen Gedächtnisses sind das Aufnehmen, Behalten und Erinnern von Bewußtseinsinhalten, also Sinneseindrükken und Gedanken. Diese Beschreibung, so allgemein sie ist, gibt wieder, wie wir tagein tagaus unser Gedächtnis erleben: Ein neuer Arbeitskollege wird uns vorgestellt, wir sehen sein Gesicht, hören seine Stimme, er nennt uns seinen Namen. Nachmittags treffen wir ihn bei einem Einkauf in der Stadt und erkennen ihn wieder. Wir wissen, daß der Mensch, der uns dort entgegenkommt, der gleiche ist, dem wir vormittags im Büro zum ersten mal begegnet sind.

In gleicher oder ähnlicher Weise prägen sich unzählige Eindrücke in unser Gedächtnis ein, an die wir uns bei Bedarf erinnern können: Namen, Telefonnummern, die Gesichter von Bekannten, Gedichte, Fertigkeiten wie Radfahren oder das Bedienen einer komplizierten Maschine, bestimmte Situationen, Erläuterungen zu einem Thema, über das wir gerade ein Buch gelesen haben, usw.

Wie dabei unser Gedächtnis im einzelnen arbeitet, wird uns in der Regel nicht bewußt. Ja, nicht einmal, *daß* wir unser Gedächtnis fortlaufend in Anspruch nehmen, bemerken wir, etwa wenn wir uns unterhalten und uns dabei an Wörter, die wir gebrauchen, ebenso erinnern wie an die grammatischen Strukturen, die wir verwenden, und an die Gedanken, die wir ausdrücken. Bemerkbar macht sich unser Gedächtnis eigentlich erst dann, wenn es uns im Stich läßt, wenn uns ein wichtiger Gedanke nicht mehr einfällt, wenn wir nach einem Namen suchen, der uns auf der Zunge liegt, aber nicht heraus will, oder wenn wir unsere ganze Wohnung auf den Kopf stellen auf der Suche nach unseren Autoschlüsseln, die wir noch vor zwei Minuten in der Hand hatten. Neben diesen mehr alltäglichen Erinnerungsschwächen gibt es gravierende Störungen – z.B. der völlige Verlust der Erinnerungsfähigkeit an vergangene Erlebnisse oder die Unfähigkeit, neue Erinnerungen zu bilden –, die den Rahmen des Normalen sprengen. Die Betroffenen bedürfen dann in der Regel auch fachlicher Betreuung.

Das Gedächtnis ist, solange es einwandfrei funktioniert, eine Selbstverständlichkeit, über die man nicht weiter nachdenkt. Welche Bedeutung das Gedächtnis für den Menschen hat, wird oftmals erst deutlich, wenn Gedächtnisinhalte blockiert sind oder die Erinnerungsfähigkeit ganz oder teilweise gestört ist. Dies ist einer der Gründe dafür, warum ein Großteil der medizinischen und naturwissenschaftlichen Erkenntnisse über die Funktionsweise des Gedächtnisses aus Untersuchungen von Menschen mit Gedächtnisstörungen stammt.

Neben Aufschlüssen über die organischen Grundlagen unseres Wahrnehmungs- und Erinnerungsvermögens schälte sich dabei eine weitere, verblüffende Erkenntnis heraus: Durch die sehr speziellen Ausfälle, die hirngeschädigte Patienten mitunter haben, wird deutlich, wie komplex unsere Wahrnehmung und unser auf ihr ruhendes Bild von der Welt eigentlich ist, aus wie vielen verschiedenen Einzelkomponenten es sich zusammensetzt. Nicht nur die klassischen Sinne lassen sich so voneinander unterscheiden – also Sehen, Hören, Riechen usw. –, sondern auch verschiedene Modalitäten einzelner Sinne. Sehen spaltet sich etwa in das Sehen von Farbe, Helligkeit, Linien, Flächen, verschiedenen Formen und Räumlichkeit. Entsprechendes gilt für die anderen Sinne und auch für den Gebrauch der Sprache.

Die Inhalte unseres Bewußtseins erscheinen uns normalerweise wie Ganzheiten. Wir stehen z.B. in einer überwältigenden Alpenlandschaft, sehen Berge und Felsen, wir hören wie der Wind durch die Sträucher fährt, riechen den Duft blühender Blumen, fühlen die kühle Luft auf unserer Haut, wissen den festen Fels unter unseren Füßen. Wieder zu Hause können wir uns an diesen Eindruck erinnern, aber er ist uns als *ein* Eindruck in Erinnerung, der zwar aus vielen einzelnen Elementen besteht, aber dennoch als Ganzes in uns lebt, als eine Art Abbild.

Durch die Erfahrung mit gehirngeschädigten Menschen weiß man inzwischen aber, daß eine Erfahrung, die im Bewußtsein als Ganzheit lebt, innerhalb des Gehirns in unterschiedliche, klar voneinander abgrenzbare Aspekte aufgespalten wird, indem jeweils gesonderte Nervenzellen aktiviert werden, die die entsprechenden Teilinformationen verarbeiten.

Die Hirnforschung hat so gezeigt, daß das gewöhnliche Bewußtsein des Menschen hochgradig von der Arbeitsweise seines Gehirns abhängig ist. Nicht nur, daß ohne die volle Funktionstüchtigkeit des Gehirns ein Bewußtsein an sich nicht zustande kommt, auch die Struktur der sinnlichen Wahrnehmung, die z.B. die Grundlage für alles Weltwissen bildet, ist durch die Struktur des Gehirns bedingt. Nur wenn das Gehirn einwandfrei funktioniert, sind wir in der Lage, eine Landschaft als Landschaft zu erkennen, den Sinn gesprochener Sprache und der zugehörigen Mimik und Gestik zu erfassen und selbst sinnvolle Sätze zu bilden.

Das folgende Interview mit Hans J. Markowitsch gibt Einblicke in den augenblicklichen Stand der Hirnforschung und zeigt die enge Verknüpfung von medizinischen, hirnanatomischen und psychologischen Aspekten der Wahrnehmungs-, Erkenntnis- und Erinnerungsfähigkeit.

In den Text sind – in Kästen gesetzt – Fallbeispiele und zusätzliche Informationen eingestreut, die die im Interview gemachten Aussagen ergänzen und mitunter auch kontrastieren.

Thomas Höfer: Was ist das Aufgabengebiet der Neuropsychologie?

Hans J. Markowitsch: Die Neuropsychologie beschäftigt sich in erster Linie mit den kognitiven Störungen, die nach Hirnschäden beim Menschen auftreten. Wir untersuchen also an hirngeschädigten Patienten, welche konkreten Auswirkungen eine bestimmte Hirnschädigung auf die Wahrnehmungs-, Denk- oder Erinnerungsfähigkeit eines Menschen hat.

T.H.: Wir wollen uns in diesem Interview vorrangig mit dem Gedächtnis beschäftigen. Nun ist der Begriff *Gedächtnis* sehr vielschichtig und mehrdeutig. Was verstehen Sie allgemein gesprochen unter Gedächtnis?

H.J. Markowitsch: Gedächtnis ist die Fähigkeit, individuell gesammelte Informationen abrufbar zu speichern. Information meint dabei Wissen im weitesten Sinn, d.h. alle Arten von sinnlichen Eindrücken, sprachlich formulierbaren Kenntnissen und erlernten Fähigkeiten. Wichtig dabei ist, daß die Gedächtnisinhalte erworben werden, denn dieses Merkmal grenzt das Gedächtnis von genetisch verankerter Information ab, über die der Mensch seit seiner Geburt verfügt oder die im Laufe seines Lebens aufgrund genetischer Prozesse reifen. In unserer Arbeit beschränken wir uns auf das Gedächtnis, das sich der Mensch in der Auseinandersetzung mit der Umwelt erwirbt und dessen Inhalte er im Prinzip zu jedem beliebigen Zeitpunkt abrufen kann.

Die Unterscheidung der Gedächtnisleistung nach der Zeit

T.H.: Allgemein bekannt ist die Unterscheidung in Kurzzeit- und Langzeitgedächtnis. Inzwischen hat sich aber gezeigt, daß es sinnvoll ist, die verschiedenen Aspekte des Gedächtnisses genauer zu fassen. Welche Unterscheidungen nehmen Sie vor?

H.J. Markowitsch: Für unsere Forschungsarbeiten hat es sich als sinnvoll erwiesen, zwischen Ultrakurzzeit-, Kurzzeit- und Langzeitgedächtnis zu unterscheiden. Im *Ultrakurzzeitgedächtnis* werden Eindrücke für die Dauer von weniger als einer Sekunde gespeichert. Während dieser Zeitspanne hält nach einem Sinnesreiz, z.B. einem optischen Eindruck, die Erregung innerhalb der Sinnesrezeptoren an.

Für das *Kurzzeitgedächtnis* gibt es zwei Definitionen. Die erste stammt aus der experimentellen Psychologie, in der für das Kurzzeitgedächtnis eine Zeitspanne von 15 bis 30 Sekunden angenommen wird. Innerhalb dieser Zeitspanne kann eine bestimmte Menge an Information im Gedächtnis behalten werden, z.B. eine Zahl aus 7 ± 2 Ziffern. Ein Mensch kann sich also z.B. eine Telefonnummer, die er nicht kennt und die er nur einmal hört oder sieht, für die Dauer von 15 bis 30 Sekunden merken, wenn die Zahl nicht mehr als 5 bis 9 Ziffern umfaßt. Man spricht in diesem Zusammenhang von der *magischen Sieben*.

In der Neuropsychologie versteht man unter Kurzzeitgedächtnis hingegen die Dauer, die ein Amnestiker – also jemand, der an einer Gedächtnisstörung leidet – eine abgrenzbare Information behalten kann. In günstigen Fällen beträgt diese Spanne 5 Minuten, vorausgesetzt, es erfolgen möglichst wenig nachfolgende Eindrücke, die das zu Behaltende überlagern, d.h. die Versuchsperson sollte sich daher in einer ruhigen, abgedunkelten Umgebung befinden. Unter normalen Bedingungen beträgt die Behaltensspanne eines Amnestikers 1 bis 2 Minuten.

Alles, was über das Kurzzeitgedächtnis hinausgeht, bezeichnet man als Langzeitgedächtnis. Hier sind alle überdauernden Informationen abgelegt, und dies ist auch der Bereich, wo im Alltag Gedächtnisstörungen am ehesten auffallen, etwa wenn Menschen nicht mehr in der Lage sind, sich an bestimmte Phasen ihres Lebens zu erinnern, oder allgemein eine nachlassende Erinnerungsfähigkeit zeigen, sich also Informationen nicht mehr überdauernd – d.h. aus unserer Sicht: von einem Tag auf den nächsten – merken können.

Die Unterscheidung der Gedächtnisleistung nach dem Inhalt

T.H.: Neben der zeitlichen Unterscheidung des Gedächtnisses nehmen Sie auch noch eine inhaltliche vor. Können Sie diese kurz darstellen?

H.J. Markowitsch: Inhaltlich unterscheide ich vier Systeme. Das erste wäre das sogenannte *episodische Gedächtnis,* in dem die Erinnerung an einzelne Ereignisse abgelegt ist, die dem Ort und der Zeit nach zugeordnet werden können, die autobiographischen Charakter haben, sich also auf die eigene Person beziehen, und die weitgehend einmalig sind. Wenn man sich z.B. daran erinnert, daß man am Tag zuvor Fisch zum Mittag aß oder im August vor zwei Jahren den Urlaub in Italien verbracht hat, dann spreche ich von episodischem Gedächtnis. Mit diesem Gedächtnissystem hat man es im Alltag am ehesten zu tun. Auch wenn es um bewußtes Gedächtnis geht, wenn wir uns aktiv an bestimmte Ereignisse erinnern, ist in erster Linie das episodische Gedächtnis betroffen.

Eine zweite Gedächtnisform ist das *Wissenssystem,* auch s*emantisches Gedächtnis* genannt. Hier finden sich Weltwissen, Allgemeinwissen, Grammatik, Rechenkenntnisse usw., Dinge also, die wir im Laufe des Lebens erlernt haben und die uns abrufbar zur Verfügung stehen, von denen wir aber nicht genau angeben können, an welchem Ort und zu welcher Zeit wir sie gelernt haben. Man weiß, daß der Eiffelturm in Paris steht, daß ein Satz mindestens aus Subjekt und Prädikat besteht und daß $5 + 4 = 9$ ist. Wann man sich dieses Wissen erworben hat, kann man in aller Regel nicht rekonstruieren.

Das episodische Gedächtnis und das Wissenssystem sind hauptsächlich an Sprache gekoppelt, dies gilt für die beiden weiteren von mir unterschiedenen Systeme nicht. Da wäre zunächst das *prozedurale Gedächtnis* zu nennen, in dem motorische Informationen abgelegt werden, also etwa die Fähigkeit, ein Auto zu steuern, zu lesen oder Klavier zu spielen. Diese Fähigkeiten hat man sich einmal, unter Umständen auch mit viel Mühe, angeeignet, aber wenn man sie einmal beherrscht, braucht man nicht weiter nachzudenken, wenn man sie ausführt. Sie sind quasi automatisiert. Das prozedurale Gedächtnis ist auch im Gehirn an andere Strukturen gekoppelt als die bisher genannten Gedächtnisbereiche, doch dazu vielleicht später mehr.

Die vierte Form wird mit dem englischen Ausdruck *Priming* bezeichnet, was soviel wie Bahnung oder Prägung bedeutet. Man vermeidet allerdings eine deutsche Bezeichnung, um Verwechslungen mit Sachverhalten aus der Verhaltensforschung und der Lerntheorie zu vermeiden. Priming führt dazu, daß man Informationen, denen man in der Vergangenheit bereits in anderen Zusammenhängen begegnete, mit einer erhöhten Wahrscheinlichkeit wiedererkennt. Um die Funktion des Priming deutlich zu machen, mag ein Versuch aus der Forschung als Beispiel dienen: Man zeigt einer Versuchsperson Karten mit Wörtern und gibt ihr die Aufgabe, darauf zu achten, wie oft der Vokal „A" in diesen Wörtern vorkommt. Die Versuchperson wird einige Stunden später im allgemeinen nicht in der Lage sein, die Wörter wiederzugeben, sie haben sich also nicht in ihr bewußtes Langzeitgedächtnis eingeprägt.

In einer zweiten Phase des Versuches, die zu einem späteren Zeitpunkt stattfindet, zeigt man der Versuchsperson Wortanfänge – die ersten drei Buchstaben etwa – und stellt ihr die Aufgabe, die Wörter spontan zu ergänzen. Sie wird dann mit hoher Wahrscheinlichkeit die Buchstaben zu den Wörtern ergänzen, die sie in der ersten Testphase zu sehen bekam, insbesondere dann, wenn sie sich nicht bewußt ist, daß es sich um dieselben Wörter handelt. Das Primingsystem ist also eher ein unbewußtes oder vorbewußtes Gedächtnis.

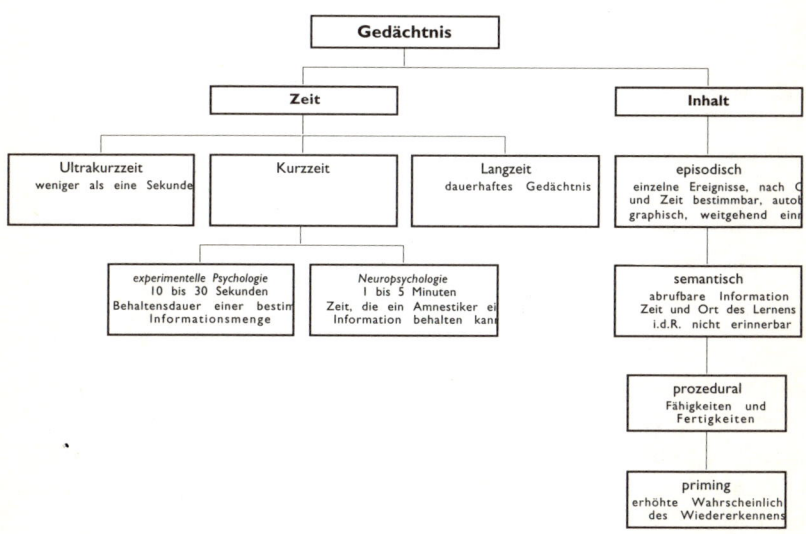

Neben diesen vier Gedächtnissystemen gibt es weitere, je nach dem, auf welchen Forscher man sich bezieht, aber die genannten Unterscheidungen sind für unsere Arbeit die wesentlichen.

Gehirn und Bewußtsein

T.H.: Wie ist das Gedächtnis im Gehirn repräsentiert?

H.J. Markowitsch: Die vier genannten Gedächtnissysteme unterscheiden sich auch durch die jeweils beteiligten Hirnstrukturen. Das episodische Gedächtnis und das Wissenssystem verlangen am meisten Speicherkapazität und die finden sie in der Großhirnrinde, im Neokortex. Man geht davon aus, daß die Einspeicherung der Information innerhalb der Großhirnrinde geschieht, daß also die Informationen dort gewissermaßen aufbewahrt werden. Für die genannten Gedächtnissysteme ist außer der Großhirnrinde vor allem auch das sogenannte limbische System verantwortlich. Das limbische System ist entwicklungsgeschichtlich eine schon ältere Hirnstruktur und gleichzeitig auch für die emotionale Verarbeitung von großer Bedeutung, d.h. es ist dafür verantwortlich, daß der Mensch gespeicherte Informationen auf sich selbst beziehen und ihnen eine emotionale Bedeutung beimessen kann. Schädigungen des limbischen Systems können zur Folge haben, daß neue Informationen nicht mehr eingespeichert oder Altinformationen nicht mehr abgerufen werden können. Letzteres bedeutet nicht, daß Informationen verlorengehen, sondern sie sind bloß nicht mehr ins Bewußtsein zu rufen. So kann es sein, daß Strukturen des limbischen Systems vorübergehend beeinträchtigt sind, z.B. duch eine Schwellung, und dadurch die Erinnerungsfähigkeit unterbunden ist. Sobald die Schwellung nachläßt, kehrt die Fähigkeit, sich zu erinnern zurück.

Das prozedurale Gedächtnis hingegen ist in erster Linie auf die Basalganglien angewiesen; das sind, einfach gesagt, Verklumpungen von Nervenzellen im Großhirn, die eine typische anatomische Gestalt haben und daher als eigene Struktur unterschieden werden können. Die Aufgabe der Basalganglien sah man lange Zeit hauptsächlich in der Steuerung komplexer motorischer Vorgänge, inzwischen weiß man aber, daß sie auch an kognitiven, das Denken betreffenden Prozessen beteiligt sind. Bei bestimmten Krankheitsbildern, bei denen die Basalganglien betroffen sind, etwa der Parkinsonschen Krankheit, kommt es neben motorischen Störungen im Verlauf der Krankheit auch zu einer Verlangsamung bewußter Denkprozesse und im Extrem sogar zum kognitiven Zerfall, also zum Schwachsinn. – Neben den Basalganglien sind auch noch Bereiche des Kleinhirns am prozeduralen Gedächtnis beteiligt.

Das Primingsystem schließlich ist wahrscheinlich vom limbischen System weitgehend unabhängig, die entsprechenden Informationen werden vermutlich von den entsprechenden sensorischen Kanälen, also z.B. vom Auge oder Ohr direkt an die Großhirnrinde weitergeleitet und dort innerhalb der spezifischen Sinneszentren abgelegt. Doch hier liegen noch zu wenig Forschungsergebnisse vor, um endgültige Aussagen treffen zu können.

T.H.: Was sind die sogenannten Mandelkerne, und welche Bedeutung haben sie für die Bildung von Gedächtnisinhalten?

H.J. Markowitsch: Die Mandelkerne, auch als Amygdala bezeichnet, sind eine Struktur innerhalb des limbischen Systems, die für die emotionale Ankoppelung von Informationen verantwortlich ist. Durch die Mandelkerne ist eine emotionale Bewertung von Informationen möglich, sie sind für die Entscheidung notwendig, ob eine Information für einen persönlich eine Bedeutung hat oder nicht. Wenn die Mandelkerne geschädigt sind, kommt es zu einer emotionalen Verflachung. Man verliert die Fähigkeit, auf Ereignisse mit Gefühlen zu reagieren, z.B. Angst vor bedrohlichen Dingen zu empfinden, sich an angenehmen Erscheinungen zu freuen usw. Man kann dann z.B. zwar wissen, daß eine bestimmte Person die eigene Ehefrau ist, aber spürt keine besondere Sympathie.

> „Man mag leicht den Eindruck gewinnen, das Gehirn sei wie eine Stereoanlage aus verschiedenen speziellen Komponenten [...] aufgebaut. In Wirklichkeit ist das Gehirn vollkommen anders organisiert. Die verschiedenen Strukturen erhielten ihre besonderen Namen, da sie mit bloßem Auge oder im Lichtmikroskop bestimmten vertrauten Objekten ähnlich sehen. (Der Hippocampus beispielsweise – die griechische Wurzel bedeutet Seepferdchen – trägt die Bezeichnung wegen seiner sichelförmig eingerollten Struktur, die ihm [...] auch den deutschen Namen Ammonshorn eingebracht hat.) In gewissem Sinne stellen diese Gehirnteile jedoch gar keine echten Strukturen dar, sondern nur Ansammlungen von Zellkörpern, Faserzügen oder beidem, die sich jeweils aufgrund ihres Erscheinungsbildes identifizieren lassen. Das Gehirn ist im Grunde ein gigantisches Netzwerk von Verbindungen zwischen Nervenzellen." (Thompson, S.33)

Informationen, die emotionale Bedeutung haben, können zudem leichter gemerkt und auch leichter wieder erinnert werden. Insofern sind die Mandelkerne auch für die allgemeine Leistungsfähigkeit des Gedächtnisses von Bedeutung.

Wo im Hirn steckt die Erinnerung?

T.H.: Bis heute weiß man nicht, wie das Langzeitgedächtnis im Gehirn repräsentiert ist. Ist das richtig?

H.J. Markowitsch: Ja, das stimmt. Es gibt zwar verschiedene Modellvorstellungen über die Speicherung von Langzeitgedächtnisinhalten, aber viel mehr nicht. Die meiner Ansicht nach vielversprechendste Hypothese ist, daß Langzeitgedächtnisinhalte in der Hauptsache nicht lokal gespeichert, sondern netzwerkartig abgelegt werden. Ereignisse, an die wir uns erinnern können, setzen sich genau genommen nicht aus einem Eindruck zusammen, sondern aus einer Vielzahl verschiedener Einzeleindrücke, die in unserem Bewußtsein zu einem einheitlichen Bild verschmelzen. Im Gehirn hingegen löst sich der Gesamteindruck in seine Einzelbestandteile auf. Die visuelle Komponente eines bestimmten Ereignisses, also die bildliche Vorstellung, wird an anderer Stelle abgelegt als die emotionale Komponente des gleichen Ereignisses, und die verbale wieder an anderer Stelle. Es ist daher im allgemeinen nicht möglich, auf einzelne, genau umgrenzte Hirnbereiche zu deuten und festzustellen, daß dort die Erinnerungen an den vergangenen Urlaub oder eine einzelne Situation abgelegt sind. Die entsprechenden Informationen sind vielmehr weit über das Gehirn zerstreut, und entsprechend wirken bei der Rekonstruktion einer Erinnerung viele miteinander vernetzte Nervenzellen zusammen. Nur deren gemeinsame gleichzeitige Aktivierung ermöglicht dann den vollständigen Abruf einer komplexen Erinnerung.

T.H.: Was ist von den Versuchen von Wilder Penfield zu halten, der bestimmte Hirnregionen reizte und so bestimmte Bewußtseinsinhalte hervorrufen konnte?

H.J. Markowitsch: Die Versuche von Penfield haben sich durch neue Forschungsergebnisse bestätigt. Die Versuche von Penfield liegen ja bereits 40, 50 Jahre zurück.

Wir haben Untersuchungen an Patienten durchgeführt, die ihr Altgedächtnis verloren hatten, die also an Erinnerungen aus ihrem Leben vor dem Eintreten der Amnesie nicht mehr herankamen. Bei diesen Patienten

Die Versuche von Wilder Penfield

„Wilder Penfield war Professor für Neurologie und Neurochirurgie an der McGill Universität in Kanada. Er hat Gehirnoperationen, bei denen die Patienten bei vollem Bewußtsein blieben, zur Untersuchung der Grundlage von Wahrnehmungen, Halluzinationen und Erinnerungen eingesetzt. So berichtet er über eine Operation an einem 14jährigen Mädchen. Wegen epileptischer Anfälle wurde der Schädel geöffnet und ein Schnitt an der Hirnrinde ausgeführt. (Dadurch sollte die Ausbreitung von Erregungs- und Krampfzuständen verhindert werden.) Nachdem nun die Hirnrinde offen vor dem Operateur lag, konnte er einige Rindenpunkte durch schwachen elektrischen Strom reizen. (Solche Hirnoperationen sind schmerzlos für die Patienten!) [Forts. S.18]

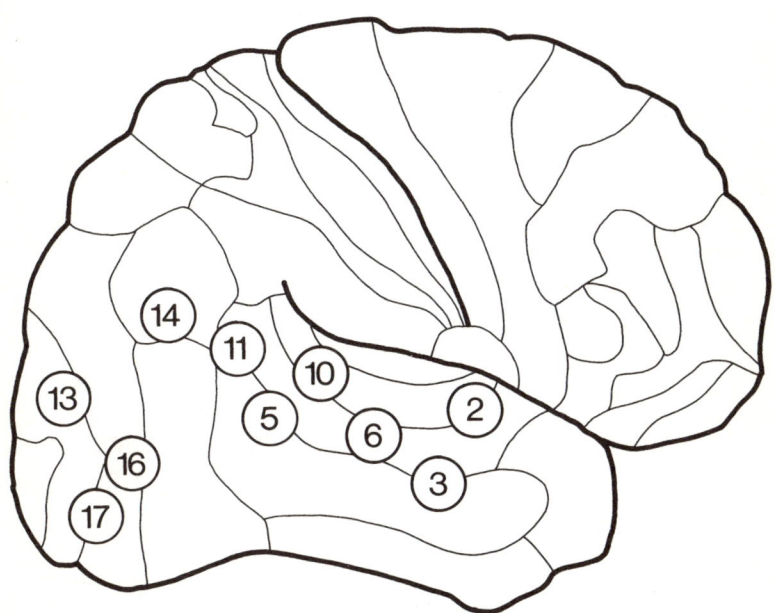

Bezeichnung einiger elektrisch gereizter Punkte der rechten Hirnrinde bei der Hirnoperation eines 14jährigen Mädchens.
Zeichnung: Gert Hagel (nach Schönpflug/Schönpflug, S.218)

Floß der Strom an den Punkten 13 und 17 (s. Abbildung), so berichtete das Mädchen, Farben zu sehen. Hier befand sich offenbar die Sehrinde. Reizte er dagegen die Punkte 11, 10, 5, 6, 2 und 3, so erinnerte das Mädchen ein traumatisches Erlebnis aus seinem achten Lebensjahr: Sie war mit ihren Brüdern über die Felder gewandert. Da kam ein Mann mit einem Sack und sagte: 'Da sind Schlangen drin; willst du auch hinein?' In höchstem Schrecken hatte sie sich mit ihren Brüdern zur Mutter nach Hause geflüchtet. Die Mutter konnte den Vorfall bestätigen.

Penfield glaubte daher, bei der Reizung die Stelle getroffen zu haben, wo die Spuren des alten Angsterlebnisses aufbewahrt wurden." (Schönpflug/Schönpflug, S.218)

fanden wir Hirnschädigungen genau in den Bereichen, in denen Penfield durch elektrische Reizung Erinnerungsbilder auslösen konnte.

Außerdem haben wir gemeinsam mit dem Max-Planck-Institut für neurologische Forschung in Köln Untersuchungen mit Hilfe der Positronen-Emissions-Tomographie durchgeführt, einem Verfahren, das es erlaubt, die Stoffwechselvorgänge im Gehirn auf Computerbildschirmen bildlich darzustellen. Im Rahmen dieser Untersuchungen forderten wir gesunde Versuchspersonen auf, sich an Dinge zu erinnern, zu denen wir entsprechende Stichworte lieferten. Dabei zeigte sich einmal eine Aktivität in den von Penfield beschriebenen Hirnregionen in der Schläfenlappenspitze. Zum anderen fanden wir wesentliche Aktivitäten im Bereich des seitlichen Stirnhirnes, die Penfield bei seinen Versuchen nicht berücksichtigte. Diese Region steuert allem Anschein nach die anderen Hirnregionen in einer Weise, die erst das Zusammenwirken der einzelnen Regionen bei der Rekonstruktion von Erinnerungen ermöglicht. Sie hat also die Aufgabe der Koordination.

Im Zuge dieser Untersuchungen fanden wir außerdem heraus, daß es offensichtlich eine Aufgabenteilung zwischen den beiden Großhirnhemisphären gibt. Die genannten Bereiche innerhalb der rechten Großhirnhälfte sind eher von Bedeutung für die autobiographischen Informationen des episodischen Gedächtnisses, während die gleichen Strukturen der linken Großhirnhälfte eher für die Informationen des Wissenssystem zuständig sind.

T.H.: Penfield gelang es, einzelne Erinnerungsbilder zu aktivieren. Kann man daraus schließen, daß er zumindest für diese Erinnerungsbilder sozusagen den Aufbewahrungsort gefunden hatte?

H.J. Markowitsch: Ich meine nein. Was Penfield fand und was wir in unseren neuen Untersuchungen an Hirngeschädigten und – mittels Positronen-Emissions-Tomographie – auch an Nichthirngeschädigten mit anderen Methoden bestätigten, ist, daß die von ihm gereizten Punkte im Gehirn sozusagen Initationspunkte sind, d.h. Orte, die „die Fäden in der Hand halten", also die die Verbindungen zu dem Netzwerk, in dem das Erlebnis repräsentiert ist, aktivieren können.

Vom Gehirn zum Bewußtsein

T.H.: Die Frage, die mich jetzt am meisten interessiert, ist, wie aus den Vorgängen im Gehirn Bewußtseinsinhalte werden.

H.J. Markowitsch: So leicht sich die Frage stellt, so schwer ist sie zu beantworten. Aufgrund unseres bisherigen Wissensstandes ist im Grunde nur ein mechanistischer Zugang zu der Frage nach dem Zusammenhang von Gehirnfunktion und Bewußtsein möglich. Bis heute gibt es niemanden, der das Phänomen Bewußtsein auf der Grundlage der Gehirnfunktion plausibel erklären könnte. Möglicherweise steht die Naturwissenschaft an diesem Punkt auch vor einem grundsätzlichen Problem.

Wir wissen, daß wir in uns Erinnerungen durch bewußte Überlegung absichtlich wieder wachrufen können. Wir wissen auch, daß es Erinnerungen gibt, die spontan in unserem Bewußtsein auftauchen, ohne daß es dafür einen erkennbaren Anlaß gäbe. Bewußtsein ist zudem kein einheitliches Phänomen, denn es gibt viele Zustände, die sich irgendwo zwischen *bewußt* und *unbewußt* abspielen. So ist im Schlaf unser Bewußtsein zwar weitgehend, aber nicht völlig ausgeschaltet, denn durch entsprechend massive Reize können wir wieder aufgeweckt werden. Das heißt, zumindest diese Reize nehmen wir noch wahr. Außerdem gibt es Hinweise darauf, daß man auch dann Informationen aufnehmen kann, wenn man nicht bei vollem Wachbewußtsein ist. In leichter Narkose kann man immer noch Dinge, die um einen herum geschehen, registrieren und sich einprägen. Nach der Narkose sind diese dann in einer Art Priming-Gedächtnis auch wieder abrufbar. So wählt man aus mehreren Melodien mit größerer Wahrscheinlichkeit diejenige, die man während der Narkose zu hören bekam, obwohl man sich nicht bewußt daran erinnern kann, die Melodie je gehört zu haben. Bewußtsein ist also nicht gleich Bewußtsein, sondern es gibt verschiedene Grade der Bewußtheit.

Es gibt außerdem Menschen, die an einer Gedächtnisstörung leiden und die keinen Zugriff auf ihre Erinnerungen haben. Trotzdem scheinen die Erinnerungen nicht verlorengegangen zu sein, d.h. sie sind nach wie vor im Gehirn vorhanden. Das zeigt sich z.B. dadurch, daß über Priming nach wie vor ein Zugriff möglich ist, wenn auch eingeschränkt. – All das sind aber nur Beschreibungen von Äußerungen des Bewußtseins, die in mehr oder weniger gut erforschten Zusammenhängen mit Hirnprozessen stehen.

T.H.: Als Fazit bleibt doch, daß es keinen naturwissenschaftlichen Erklärungsansatz für die Entstehung von Bewußtsein aus Gehirnprozessen gibt.

H.J. Markowitsch: Ja, das ist richtig. Wir wissen nicht einmal, ob die Entstehung von Bewußtsein allein aus den Vorgängen in unserem Nerven-

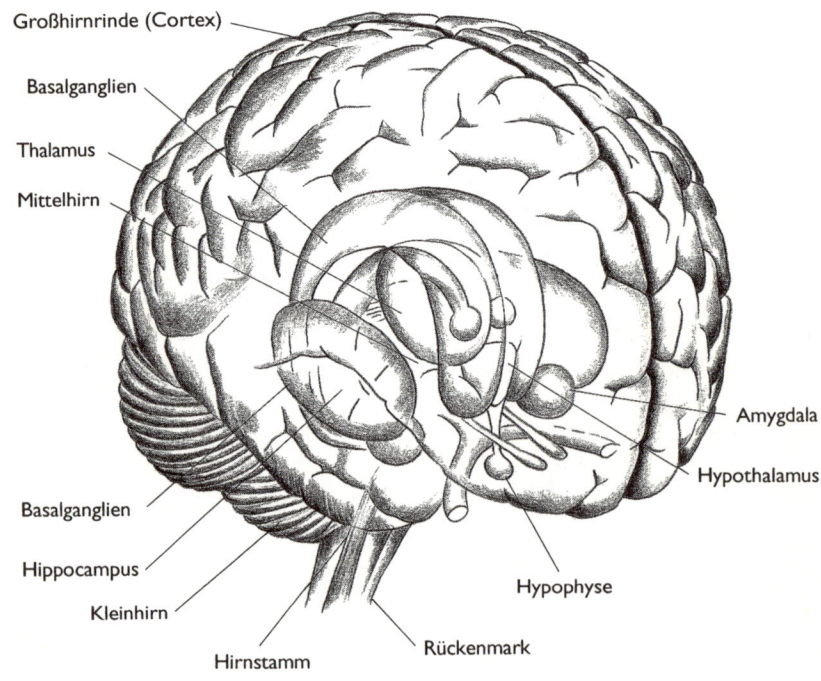

Das Gehirn des Menschen
Zeichnung: Gert Hagel (nach Thompson, S.18)

system erklärt werden kann, die wir gemeinhin unter dem Begriff Informationsverarbeitung verstehen, oder ob noch andere Vorgänge eine wesentliche Rolle spielen.

T.H.: Können Sie das ein wenig erläutern?

H.J. Markowitsch: Wir gehen davon aus, daß Informationen, die wir mit unseren Sinnessystemen aufnehmen, über die Nervenzellen transportiert und verarbeitet werden und auch in den Nervenzellen repräsentiert sind. Unser Wissen und die Art unserer Informationsverarbeitung, Wahrnehmungs- und Denkprozesse sowie Verhaltensweisen werden auf dieser Grundlage als Funktion unseres Nervensystems verstanden. Es kann sein, daß diese Annahme in ihrer absoluten Form nicht haltbar ist, daß es Prozesse außerhalb unseres Nervensystems gibt, die an der Entstehung von Bewußtsein beteiligt sind.

T.H.: Welcher Art könnten solche Prozesse sein?

H.J. Markowitsch: Es gibt z.B. neben den Nervenzellen sogenannte Gliazellen, die die Nervenzellen umschließen. Früher nahm man an, diese Zellen hätten ausschließlich Stütz- und Ernährungsfunktion. Inzwischen gibt es erste Hinweise darauf, daß diese Gliazellen auch im Rahmen der Informationsverarbeitung mit den Nervenzellen zusammenarbeiten, so daß andere Prozesse zustande kommen als die, die wir bei der Reizweiterleitung von Nervenzelle zu Nervenzelle haben.

Die Veränderung des Bewußtseins führt zu einer Änderung der Hirnvorgänge

T.H.: Aber selbst wenn es so wäre, würde immer noch die Kluft zwischen Zellvorgang und Bewußtseinsinhalt bestehenbleiben. Naturwissenschaftlich gesehen wird man doch nie mehr als eine Gleichzeitigkeit von Gehirnprozessen und Bewußtseinsvorgängen feststellen können.

H.J. Markowitsch: Das ist zwar richtig, aber der Frage, wie aus den Gehirnvorgängen Bewußtseinsprozesse werden, ist für uns auch gar nicht maßgeblich. Die Frage, die die Forschung beschäftigt, ist, welche Prozesse auf Hirnebene ablaufen müssen, damit Information bewußt wird, bzw. was im Gehirn geschieht, wenn Information zwar vorhanden ist, aber unbewußt bleibt. Die Zusammenhänge, die sich auf diesem Feld zeigen, sind schon sehr aufschlußreich, und ich denke, daß man durch die heute zur Verfügung stehenden Untersuchungsmethoden weitere Aufschlüsse erhalten wird.

„Jede spezielle Hirntätigkeit, sei sie receptiv (sensorisch), sei sie moto-
risch oder bestehe sie aus bestimmten Formen des Nachdenkens, führt
im Gehirn entweder zu Änderungen der Gesamtdurchblutung oder der
Blutverteilung oder von beidem. Dies bedeutet: Die veränderte und
regional erhöhte Neuronenaktivität ist von einer verstärkten Stoffwechselaktivität der Neurone begleitet, wobei die dabei freigesetzten sauren
Stoffwechselprodukte zu lokalen Gefäßerweiterungen und damit zur
verstärkten Durchblutung führen. Auch das Umgekehrte scheint zu
gelten: Ohne ständige, bei erhöhter Aktivität sofort verstärkte Energie-
zufuhr können Neurone nicht tätig sein. Dies gilt für alle Neurone, also
auch für solche, deren Tätigkeit unlösbar mit dem Er- und Durchleben
geistiger und seelischer Prozesse verknüpft sind. Gestützt wird diese
Feststellung durch Befunde [...] an bewußtlosen, komatösen, hochgradig dementen oder schizophrenen Patienten, bei denen der Ausfall
sensorischer, motorischer und geistiger Leistungen immer von entsprechenden Abnahmen der Gesamt- und jeweiligen Regionaldurchblu-
tung eindrucksvoll begleitet war.
Der Schluß liegt nahe: Alle bewußten und unbewußten geistigen Leistungen unseres Gehirns können nur erbracht werden, wenn die für
diese Leistungen zuständigen Neuronennetzwerke betriebsbereit sind.
Diese Feststellung läßt zunächst die Frage völlig offen, in welcher Form
'Geist' und Neuronenaktivität miteinander verknüpft sind. Diese Frage
kann auch im gegenwärtigen Zeitpunkt [1983] experimentell nicht
entscheidend getestet werden. Soviel muß man aber [...] zur Kenntnis
nehmen: Meßbare, das heißt durch Handlungen oder Mitteilungen der
Versuchspersonen erfahrbare geistige Leistungen eines Menschen sind
immer von bestimmten, sehr spezifischen neuronalen Aktivitäten begleitet und treten ohne diese nicht auf." (Schmidt, S.289 f.)

So haben wir im Rahmen unserer Arbeit mit dem Max-Planck-Institut
für neurologische Forschung Studenten Informationen aus ihrer Vergangenheit vorgelegt und ihnen die Anweisung gegeben, sie sollten sich die
entsprechenden Ereignisse so bildhaft wie möglich vorstellen. Dabei fanden
wir heraus, daß die Visualisierung der Erinnerung, also das bildhafte Vorstellen, zur Folge hatte, daß vor allem in den Temporallappen der rechten
Hemisphäre eine hohe Aktivierung feststellbar war. Dies entspricht, wie
gesagt, den Bereichen, die Penfield beschrieb.

Dann untersuchten wir einen Menschen, der an einer psychogenen Amnesie litt, der sein Gedächtnis, jede Erinnerung an sein persönliches Leben, verloren hatte und nicht mehr wußte, wer er war, ohne daß eine organische Ursache für seine Gedächtnisstörung ausmachbar gewesen wäre. Diesem Patienten haben wir entsprechend dem eben geschilderten Versuch ebenfalls Informationen aus seiner Vergangenheit vorgelegt, die wir von seiner Frau erfragt hatten, und ihn gebeten, sie sich bildhaft vorzustellen. Dabei fanden wir heraus, daß in seinem Gehirn gänzlich andere Prozesse abliefen als im Gehirn einer gesunden Versuchsperson. Eine Aktivität war vor allem in der linken Hemisphäre meßbar. Der Patient konnte die Informationen mit seinem eigenen Leben nicht in Verbindung bringen und behandelte sie daher wie andere neutrale Informationen auch.

Dieses Ergebnis berechtigt immerhin zu dem Schluß, daß veränderte Bewußtseinszustände auch eine Veränderung der Stoffwechselaktivität und eine Verlagerung der neuronalen Aktivität zur Folge haben. Auch die Untersuchung komatöser Patienten bestätigt diesen Schluß. Durch weitere Untersuchungen wird unser Bild der Hirnvorgänge bei bewußten und unbewußten Prozessen immer vollständiger werden, so daß man eines Tages hoffentlich detailliert darüber Auskunft geben kann, was auf Hirnebene ablaufen muß, damit Bewußtsein entsteht.

T.H.: Sieht man die Hirnprozesse als Ursache für Vorgänge im Bewußtsein, oder sind die Bewußtseinsprozesse die Voraussetzung dafür, daß im Gehirn entsprechende Aktivitäten entstehen?

H.J. Markowitsch: Ich denke, Hirnvorgänge und Bewußtseinsprozesse beeinflussen sich gegenseitig. Wie die Zusammenhänge genau sind, läßt sich heute nicht sagen.

Nah-Todeserlebnisse

T.H.: Wie sind Nah-Todeserlebnisse und die Erinnerungen an sie zu erklären?

H.J. Markowitsch: Gerade zu diesem Thema habe ich im letzten halben Jahr eine Diplomarbeit anfertigen lassen, durch die Schilderungen, die man gemeinhin aus der Literatur kennt, bestätigt wurden. Menschen, die dem Tod sehr nahe sind, berichten tatsächlich über ziemlich gleichartige Erlebnisse. Was mich vor allem interessierte, war die Tatsache, daß in diesen Situationen offenbar unser festes Orts-Zeit-Gefühl geändert ist, so daß man zeitrafferartige Phänomene erlebt.

Als zehnjähriges Kind hatte ich selbst ein derartiges Erlebnis. Ich konnte noch nicht schwimmen und wäre beinahe ertrunken, und ich erinnere mich daran, daß, während ich unter Wasser war, mein bisheriges Leben in Sekundenbruchteilen vor mir ablief.

T.H.: Wie erklären Sie dieses Phänomen?

H.J. Markowitsch: Die einzige Erklärung, die ich anzubieten habe, ist eine physiologische, und das ist meiner Ansicht nach auch die einzig mögliche. Diese Erlebnisse sind die Folge von Ausnahmezuständen, auch emotionalen Ausnahmezuständen. Ähnliche Erlebnisse treten auch in anderen Situationen auf, und man kann sie sogar selbst provozieren, z.B. durch einen Meskalin- oder LSD-Rausch oder auch, indem man sich in physische Ausnahmesituationen begibt. Reinhold Messner beschreibt z.B in seinem Buch „Grenzbereich Todeszone" (Köln 1992) solche Erlebnisse bei Abstürzen im Gebirge. Er gibt die Erlebnisse von Bergsteigern wieder, die ihren eigenen Absturz überlebten und häufig im Nachhinein berichteten, sie hätten während des Absturzes keinerlei Angst erlebt. Offenbar ist das Auftreten dieser Erlebnisse also an physiologische Ausnahmezuständen gekoppelt.

Erklären kann man sich diese Phänomene dadurch, daß in solchen Situationen große Mengen bestimmter Substanzen im Gehirn freigesetzt werden, die einen anderen Erlebniszustand bewirken. Man weiß, daß Jogger nach einer gewissen Zeit des Laufens ein gutes Gefühl bekommen, weil im Gehirn bestimmte Substanzen – Endorphine – ausgeschüttet werden, die eine opiatähnliche Wirkung haben. Ähnliches kann sich bei Nah-Toderlebnissen auch abspielen, nur daß dann verschiedene Substanzen an vielen verschiedenen Orten im Hirn gleichzeitig ausgeschüttet werden. Außerdem ist ja die normale Wahrnehmung hochgradig eingeschränkt bzw. völlig unterbunden, so daß aus einem hohen Maß an Hirnaktivität und der extremen Einschränkung des Außenbezuges ein alternativer Bewußtseinszustand resultiert.

T.H.: Das Erstaunliche ist doch, daß diese Erlebnisse in aller Regel sehr geordnet ablaufen, also in einer bestimmten Reihenfolge. Nach dem, was Sie schilderten, herrscht im Gehirn jedoch ein ziemliches Chaos. Wie paßt das zusammen?

H.J. Markowitsch: Das ist in der Tat erstaunlich. Man kann eigentlich nur vermuten, daß entweder eine Hirnregion doch die Steuerung über das Geschehen übernimmt oder aber die Vorgänge durch die Struktur des Gehirns selbst in einer bestimmten Weise ablaufen.

Gedächtnisstörungen

T.H.: Können Sie einmal einen Überblick über mögliche Gedächtnisstörungen geben?

H.J. Markowitsch: Gedächtnisstörungen kann man auch wieder an der Zeitebene und an der Inhaltsebene festmachen. Zeitlich gesehen unterscheidet man ganz grob zwischen Störungen des Alt- und des Neugedächtnisses. Gedächtnisstörungen, die verhindern, daß Informationen aus dem Altgedächtnis abgerufen werden können, nennt man *retrograde Amnesie.* Gedächtnisstörungen, die die Abspeicherung von neu erworbenem Wissen blockieren, nennt man *anterograde Amnesie.*

Inhaltlich gesehen spricht man dann von eine *globalen Amnesie,* wenn das gesamte episodische Gedächtnis gestört ist. Daneben gibt es material- und modalitätsabhängige Amnesien. Von einer *materialabhängigen Amnesie* spricht man, wenn eine Person Schwierigkeiten hat, sich bestimmte Inhalte einzuprägen, also z.B. Namen, Gesichter oder Tierarten. *Modalitätsabhängige Amnesien* sind auf bestimmte Sinneskanäle beschränkt. Jemand kann z.B. Schwierigkeiten haben, sich Dinge zu merken, die er sieht. Ein anderer hat Schwierigkeiten, sich an Gehörtes zu erinnern, ein Dritter hat ein gleiches Problem mit Geschmacksreizen.

Material- und modalitätsabhängige Gedächtnisstörungen beruhen meist auf Hirnschäden in umgrenzten Bereichen der Großhirnrinde. Eine Schädigung des visuellen Cortex – des Teiles der Großhirnrinde also, der für die Verarbeitung der vom Auge kommenden Information verantwortlich ist – würde etwa zu Problemen mit der langfristigen Einspeicherung visueller Informationen führen.

Der globalen episodischen Amnesie liegt meist eine Schädigung von Flaschenhalsstrukturen im limbischen System zugrunde, und zwar in beiden Hirnhälften, so daß Informationen nicht mehr langfristig eingespeichert werden können. Ähnliche Ausfälle können aber auch durch eine großflächige Schädigung der Großhirnrinde auftreten, wie es z.B. bei der Alzheimerschen Krankheit der Fall ist, die zu einem Nervenzelltod im Cortex führt. Hierdurch wird die These gestützt, daß Information im Gehirn netzwerkartig repräsentiert wird, denn selbst ein relativ großer, örtlich begrenzter Hirnschaden in der Großhirnrinde ist eigentlich nicht in der Lage, unser Gedächtnis so zu beeinträchtigen, daß keine Information mehr abrufbar ist. Selbst wenn hirngeschädigte Patienten nicht mehr in der Lage sind, ein Krokodil als Krokodil zu beschreiben, so wissen sie dennoch, daß es sich um ein Tier handelt oder daß es etwas mit der belebten Natur zu tun hat. Es ist sozusagen nur ein Mosaikstein in dem Gesamterinnerungsbild zerstört.

Flaschenhalsstrukturen

T.H.: Sie nannten vorhin den Begriff *Flaschenhalsstruktur*. Was hat man sich darunter vorzustellen?

H.J. Markowitsch: Wir gehen davon aus, daß Informationen im Gehirn bestimmte Strukturen innerhalb des limbischen Systems passieren müssen, bevor sie weitflächig im Gehirn abgelagert werden können, d.h. bleibend als Engramm, als überdauernde Gedächtnisspur abgelegt werden können. Die Aufgabe dieser Flaschenhalsstrukturen ist es dabei z.B., die verschiedenen eingehenden Informationen von Auge, Ohr, Nase usw. zu sammeln, miteinander zu vergleichen, aufeinander zu beziehen und miteinander zu verknüpfen. Die Flaschenhalsstrukturen sind sozusagen der Knotenpunkt, an dem alle von außen eingehenden Informationen zusammenlaufen, bevor sie im ganzen Gehirn verteilt werden. Da diese Strukturen auch anatomisch sehr klein sind, sind sie entsprechend anfällig für Schädigungen, bzw. geringfügige Schädigungen in diesem Bereich haben weitreichende Folgen.

Ein typisches Beispiel ist der Fall eines ehemaligen Neurologieprofessors, den ich zusammen mit Professor D.Y. von Cramon und Dr. U. Schuri im

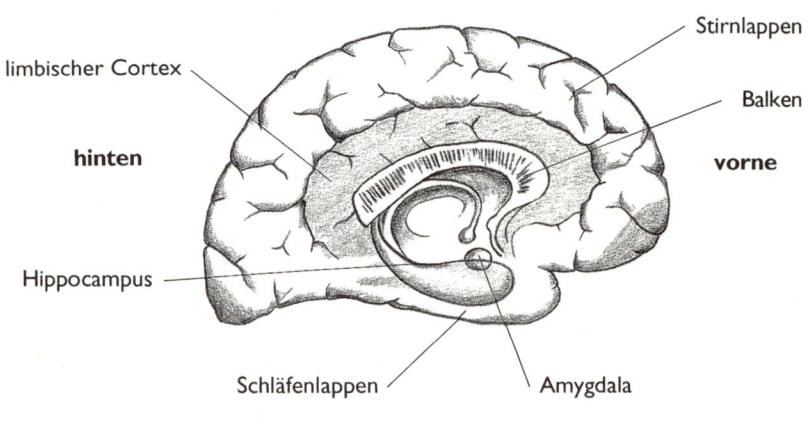

Das limbische System
Zeichnung: Gert Hagel (nach Thompson, S.27)

Der Fall H. M. – Der Verlust des Neugedächtnisses

„Unser Verständnis wurde vor einigen Jahren durch einen Patienten, H.M., bei dem man einen chirurgischen Hirneingriff durchgeführt hatte, um seine schweren epileptischen Anfälle zu mildern, erheblich erweitert. Hinsichtlich der Epilepsiebehandlung war die Operation erfolgreich, sie zog jedoch eine schwere Schädigung der Erinnerungsfähigkeit von H.M. nach sich.

H.M. hat einen überdurchschnittlichen IQ und macht bei einer einfachen Unterhaltung einen völlig gesunden und normalen Eindruck. Er ist jedoch nahezu unfähig, Erfahrungen im Langzeitgedächtnis zu speichern. Nehmen wir einmal an, Sie würden H.M. vorgestellt und eine Zeitlang mit ihm reden; dann ließen Sie ihn allein und würden wenige Minuten später wieder zurückkommen. Er könnte sich dann nicht daran erinnern, Sie je getroffen und mit Ihnen gesprochen zu haben. Der Verlust der Fähigkeit von H.M., neue Dinge zu lernen und – vor allem – sich an eigene Erfahrungen zu erinnern, läßt sich ungefähr auf die Zeit des chirurgischen Eingriffs, genauer gesagt, auf einen Zeitabschnitt, der ein paar Monate vor dem Eingriff begann, zurückdatieren. Die früheren Erinnerungen an sein Leben vor der Operation sind unbeeinträchtigt und normal.

Es gibt noch weitere Komponenten des Gedächtnisses von H.M., die nicht beeinträchtigt sind. Er hat ein normales Kurzzeitgedächtnis, kann sich also eine neue Telefonnummer genausogut merken wie wir. Doch wenn wir gebeten werden, uns die Nummer einzuprägen, können wir das, indem wie sie immer wieder für uns wiederholen, vielleicht auch, indem wir uns eine 'Eselsbrücke' – eine Gedächtnisstütze – ausdenken, mit deren Hilfe wir uns an die Zahlen erinnern. H.M. ist dazu nicht in der Lage. Er vermag zwar sehr gut Eselsbrücken zu bilden, die ihm helfen sollen, sich an Dinge zu erinnern, doch wirkt das nur, solange er die Information ständig für sich wiederholen kann. Sein Problem ist, daß er sowohl die Nummer als auch die Eselsbrücke vergißt, sobald er abgelenkt wird, sie werden niemals im Langzeitgedächtnis gespeichert. H.M. besitzt auch ein normales Gedächtnis für motorische Fähigkeiten. Er kann komplizierte motorische Fertigkeiten wie Tennisspielen in etwa so gut lernen wie die meisten anderen Menschen." (Thompson, S.290 ff.)

Krankenhaus München-Bogenhausen untersuchte. Ein Schlaganfall, den er Mitte der 80er Jahre erlitt, führte zu einer nur millimetergroßen Schädigung in einer taubeneigroßen Struktur in der Mitte des Gehirns, einem sogenannten beidseitigen thalamischen Infarkt. Die Folgen dieser relativ winzigen Schädigung waren gravierend: Der Patient wird bis zu seinem Lebensende nicht mehr in der Lage sein, Informationen aufzunehmen, die für sein persönliches Leben von Bedeutung sind. Personen erkennt er selbst nach Tagen des persönlichen Kontaktes nicht wieder, über den ihn behandelnden Chefarzt mutmaßt er etwa, er könne ein Kollege oder auch der Bundeskanzler sein.

Als ich ihn 1991 fragte, welche Zeitereignisse seiner Meinung nach von Bedeutung seien, sprach er nicht etwa von der Wiedervereinigung, sondern von Spannungen mit Frankreich, die sich ja in verschiedenen Formen über die Nachkriegsjahrzehnte finden lassen. Er verstand zwar meine Frage, aber er beantwortete sie mit dem Wissen, das ihm aus dem Zeitraum vor seiner Hirnschädigung geblieben war, denn seitdem war die Zeit für ihn stehengeblieben.

Eine Geschichte, die ich ihm erzählte, konnte er bereits nach einer Minute nicht mehr wiedergeben. Eine einfache geometrische Figur konnte er zwar von der Vorlage fehlerfrei abmalen, aber wenn ich ihn anschließend aufforderte, die Figur aus dem Kopf zu malen, scheiterte er an der Anforderung.

Implizites Lernen

T.H.: Aus Ihren Veröffentlichungen geht hervor, daß dieser Patient trotz seiner Gedächtnisschädigung in der Lage war, neue Fertigkeiten zu erlernen. Wie ist das möglich?

H.J. Markowitsch: Nachdem sich gezeigt hatte, daß der Patient nicht in der Lage war, sich auf der Ebene des episodischen Gedächtnisses neues Wissen anzueignen, wollten wir wissen, ob das prozedurale Gedächtnis in gleicher Weise von der Schädigung betroffen war. Zu diesem Zweck ließen wir den Patienten in Spiegelschrift geschriebene Wörter entziffern und nahmen die Zeit, die er dazu brauchte. Dabei stellte sich heraus, daß er mit zunehmender Übung Wörter in Spiegelschrift immer schneller entziffern konnte. Diese Fähigkeit blieb auch erhalten, d.h. sie ging nicht von einem Moment auf den anderen oder von einem Tag auf den anderen wieder verloren.

Der Fall E.D. – Verlust des Altgedächtnisses

„E.D., ein 44 Jahre alter Industriemanager, war während seines Urlaubes vom Pferd gefallen und hatte sich einen Hirnschaden zugezogen, von dem hauptsächlich die rechte Schläfenlappengegend betroffen war. Die Folge dieses Hirnschadens war, daß E.D. seine persönliche Vergangenheit einbüßte, er verlor die Fähigkeit, sich an Sachverhalte vor seinem Hirnschaden zu erinnern: Weder wußte er, was zu seinem persönlichen Besitz gehörte, noch konnte er sich auf seine beruflichen Aufgaben und Tätigkeiten besinnen, die er vor seinem Unfall wahrgenommen hatte. Auch entfernte Verwandte konnte er nicht identifizieren. Da E.D. erst vier Jahre nach seinem Unfall zu uns in Behandlung kam, konnten wir nicht mehr feststellen, ob er nahe Verwandte spontan erkannte oder ob er relativ schnell lernte, sie als Verwandte anzusprechen.

Obwohl E.D. auf der Ebene seines biographischen Wissens vor dem Nichts stand, war es ihm möglich, sich auf sein Schulwissen zu besinnen. Er konnte weiterhin Auto fahren und fand sich in seinem Alltag zurecht. Auch war er in der Lage, sich jede Art von neuem Wissen dauerhaft anzueignen.

So konnte E.D. angeben, daß der Kilimandscharo in Tansania liegt, wußte aber nicht mehr, daß er ihn vor seinem Unfall selbst erklommen hatte. Auch wußte er nicht mehr, daß er gut italienisch sprach, befolgte aber prompt Anweisungen, die er auf italienisch erhielt – zu seiner eigenen Überraschung. Eine antike Taschenuhr, die er seit seinem Unfall nicht mehr angerührt hatte, erkannte er zwar nicht als die eigene, war aber sehr wohl in der Lage, die komplizierte Deckelmechanik auf Anhieb zu öffnen." (H.J. Markowitsch, bisher unveröffentlichtes Manuskript)

Auch das Priming-Gedächtnis war noch in der Lage, Informationen dauerhaft aufzunehmen. Wir zeigten ihm z.B. eine Reihe von zehn Zeichnungen eines Elefanten, wobei die Zeichnungen zunehmend deutlicher wurden. Während also auf dem ersten Bild nur die Umrisse angedeutet waren, zeigte das letzte Bild den vollständigen Elefanten mit allen Details. Dem Patienten wurden nun die Bilder nacheinander gezeigt, und er sollte möglichst frühzeitig sagen, was er erkannte. Am ersten Tag erkannte er den Elefanten erst auf dem siebten Bild. Nachdem wir den Test über vier Tage wiederholt hatten, erkannte er ihn bereits auf dem vierten Bild. Also auch hier ist ein Zuwachs an implizitem Wissen möglich. Allerdings wußte der Patient nicht, daß er den Test je schon einmal gemacht oder eines der Bilder gesehen hatte.

Schön wäre es, wenn es Patienten gelänge, das implizit Gelernte eines Tages auch explizit zur Verfügung zu haben, daß sie sich also das neu erworbene Wissen auch aktiv ins Bewußtsein rufen können. Das wäre ein großer therapeutischer Erfolg.

T.H.: Gibt es Hinweise, daß dies möglich ist?

H.J. Markowitsch: Ja, es gibt erste Hinweise, die aus Kanada stammen und sich auf den Fall H.M., den bekanntesten hirngeschädigten Patienten, beziehen. Obwohl auch H.M. explizit keine neue Informationen aufnehmen konnte, lernte er doch eines Tages, daß seine Eltern gestorben waren, daß Kennedy erschossen worden war und daß ein Mensch seinen Fuß auf den Mond gesetzt hatte. Auch konnte er sich den Text eines Liedes merken, das ihm besonders naheging. Auch in meinem Team haben wir hierzu Untersuchungen mit Amnestikern laufen. Frau Dr. A. Thöne hat z.B. in ihrer Doktorarbeit systematisch vergleichend mit expliziten und impliziten Trainingsmethoden gearbeitet.

Es gibt also offensichtlich einen alternativen Weg, auf dem Informationen unter Umgehung der Flaschenhalsstrukturen doch noch ins Gedächtnis gelangen können, obwohl die Aufnahme expliziten Wissens nicht mehr möglich ist. Der Weg läuft wahrscheinlich so, wie ich vorhin bereits darstellte, nämlich von den Sinnesorganen direkt zu den Sinneszentren der Großhirnrinde und von dort sich ausbreitend auf ein weites corticales Netz. Der entscheidende Nachteil dieses Weges ist seine Langsamkeit. Es bedarf vieler Wiederholungen, und die Menge der aufgenommenen Information ist derzeit noch so verschwindend gering, daß eine wirklich Besserung bringende Therapie, die im normalen Rehabilitationsalltag praktikabel wäre, noch nicht in Sicht ist.

In den USA wurde – unter anderem auch von Dr. Thöne – entdeckt, daß Amnestiker sich solche Informationen relativ schneller merken können, die über das Fernsehen dargeboten werden. So konnten Patienten Politiker wiedererkennen, die erst nach ihrer Hirnschädigung ins Licht der Öffentlichkeit traten, dann aber häufig im Fernsehen zu sehen waren. Daraus kann man mit aller Vorsicht schließen, daß Informationen sich bei diesen Menschen dann relativ gut einprägen, wenn sie zum einen stereotyp wiederholt, gleichzeitig aber über verschiedene Sinnesmodalitäten angeboten werden, im Falle des Fernsehens also gleichzeitig auditiv und visuell. – Aber auch dieses Ergebnis darf man nicht überbewerten, denn das Wiedererkennen ist eine relativ einfache Gedächtnisleistung. Es ist viel leichter aus einer Zahl von fünf Gesichtern das herauszufinden, das man schon einmal gesehen hat, als die Frage zu beantworten, wie die Frau von Präsident Clinton mit Vornamen heißt.

Der Verlust der zeitlichen Dimension

T.H.: Leiden eigentlich die Menschen unter dem Verlust ihres Gedächtnisses?

H.J. Markowitsch: Das ist unterschiedlich. Die meisten Patienten haben ein Bewußtsein davon, daß sie Probleme mit dem Gedächtnis haben, und leiden entsprechend daran. Etliche von ihnen müssen daher neben den üblichen Rehabilitationsmaßnahmen psychotherapeutisch betreut werden.

Unser Neurologieprofessor aber leidet an einem so totalen Ausfall des Neugedächtnisses, daß er nicht einmal weiß, daß er keine neue Erinnerung mehr bilden kann. Wenn man ihn fragt, ob er selbst das Gefühl hatte, mit der Erinnerung Schwierigkeiten zu haben, dann ist er der Überzeugung, mit ihm sei alles in Ordnung, er könne sich zwar Witze und Träume schlecht merken, aber sonst habe er keine Probleme. In gleicher Weise würden die meisten gesunden Menschen ihr Gedächtnis auch einschätzen. Und selbst wenn ihm der Umfang seiner Schädigung an einer Stelle auffallen sollte, so würde er diese Erfahrung doch innerhalb weniger Minuten wieder vergessen. Der Psychologe, der mit ihm das Rehabilitationstraining durchführte, berichtete mir, daß es Augenblicke gab, in denen der Patient äußerte, er habe gar kein Gedächtnis mehr und das belaste ihn. Doch schon nach einer Minute war diese Erkenntnis wieder vergessen. Also, es gibt Augenblicke, in denen auch schwer amnestische Patienten zu einer bewußten Reflexion ihrer Situation in der Lage sind, aber sie sind selten und stets nur von kurzer Dauer.

Solche Fälle zeigen, daß die qualitativen und quantitativen Aspekte des Bewußtseins im Gehirn unterschiedlich repräsentiert sind. Bei unserem Neurologieprofessor ist eine Struktur im Zwischenhirn geschädigt, als hätte man sie durchschnitten. Dadurch ist die Weiterleitung der Information und deren Ankoppelung an das Altgedächtnis nicht mehr möglich. Gleichzeitig ist die betreffende Struktur auch verantwortlich für eine bestimmte Art von Zeitwahrnehmung, genauer gesagt der zeitlichen Sequenzierung. Diese Struktur ist notwendig, um zu wissen, in welcher Reihenfolge Ereignisse aufeinander folgen, um zwischen Vergangenheit und Zukunft unterscheiden zu können. Diese Fähigkeit ist bei Patienten wie unserem Neurologieprofessor ausgelöscht bzw. stark eingeschränkt. Der Patient H.M. aus Kanada war in der Lage, sich dieser Unfähigkeit, zwischen Vergangenheit und Zukunft zu unterscheiden, bewußt zu werden. Er erlebte sehr deutlich, daß für ihn nur der Augenblick existierte, daß es keine Zukunft und keine Vergangenheit gab. Er hatte zwar eine Erinnerung an vergangene Erlebnisse vor seiner Schädigung, aber er war nicht in der Lage, sie in eine zeitliche Ordnung zu bringen.

T.H.: Oliver Sacks schildert den Fall eines Patienten, Jimmie G., der an ähnlichen Symptomen litt wie ihr Neurologieprofessor oder wie H.M. Das Besondere ist aber, daß dieser Patient sehr wohl in der Lage war, der Messe zu folgen. Wie erklären Sie sich dieses Phänomen?

H.J. Markowitsch: Ich kann hier nur vergleichend zu Fällen, die ich selbst untersucht habe, urteilen. Was hier in der Messe geschieht, sind zum einen gleichartige Routinehandlungen – das (nicht geschädigte) prozedura-

---

Jimmie, der Seemann

Oliver Sacks, ein in New York arbeitender Neuropsychologe, schildert den Fall eines beinahe 50 Jahre alten Mannes, den er 1975 in Behandlung hatte. Das Gedächtnis dieses Mannes, Sacks nennt ihn Jimmie G., war auf dem Stand des Jahres 1945 stehengeblieben.

Jimmie konnte sich zwar an alle Ereignisse und Begebenheiten erinnern, die sich vor 1945 zugetragen hatten, aber irgendwann im Jahre 1945 hatte sein Gedächtnis aufgehört, neue Eindrücke aufzunehmen. Er konnte seinem Gedächtnis keine neuen Inhalte mehr einprägen. So war er der festen Überzeugung, daß die USA gerade erst den Zweiten Weltkrieg gewonnen hätten und der 1972 verstorbene Präsident Truman immer noch die Geschicke des Landes leitete. Nach seinem Alter gefragt, gab Jimmie an, er müsse, da man das Jahr 1945 schreibe, 19 Jahre alt sein.

Konfrontierte Sacks Jimmie mit seiner Störung, indem er ihm z.B. einen Spiegel vorhielt und ihn fragte, ob so ein 19jähriger Mann aussehe, mit faltigem Gesicht und grauen Haaren, so geriet Jimmie in Panik, denn er bemerkte zwar, daß etwas nicht in Ordnung war, konnte aber nicht verstehen, was nicht stimmte. Doch diese Panik hielt nie lange an, denn nachdem Sacks die Aufmerksamkeit Jimmies auf das Wetter und spielende Kinder gelenkt hatte, konnte sich Jimmie an nichts mehr erinnern. Er hatte das Gespräch, daß unmittelbar vorher stattgefunden hatte, bereits vergessen. Verließ Sacks auch nur für einen Augenblick den Raum, begrüßte Jimmie ihn wie einen Fremden und war fest überzeugt, den Arzt noch nie in seinem Leben gesehen zu haben.

„Bei der Untersuchung seines Erinnerungsvermögens stellte ich extreme und außergewöhnliche Defizite des Kurzzeitgedächtnisses fest. Alles, was man ihm zeigte, sagte oder mit ihm machte, hatte er gewöhnlich innerhalb weniger Sekunden wieder vergessen. So legte ich zum Beispiel meine Uhr, meine Krawatte und meine Brille auf den Tisch und bat ihn, sich diese Gegenstände einzuprägen, bevor ich sie mit einem Tuch bedeckte. Nachdem wir uns dann etwa eine Minute lang über etwas anderes unterhalten hatten, fragte ich ihn, was sich unter dem Tuch befinde. Er konnte sich an nichts erinnern, nicht einmal daran, daß ich ihn gebeten hatte, sich diese drei Dinge zu merken. Ich wiederholte den Test und ließ ihn diesmal die Bezeichnung der drei Gegenstände aufschreiben; wieder hatte er sie vergessen, und als ich ihm das Blatt mit seiner Handschrift zeigte, war er erstaunt und sagte, er könne sich nicht erinnern, irgend etwas aufgeschrieben zu haben, bestätigte jedoch, daß es sich um seine Handschrift handelte, und konnte sich 'dunkel' daran erinnern, daß er die Namen der Gegenstände notiert hatte." (Sacks, S.47)

„Jimmie war sich dieses gravierenden Verlustes, den er erlitten hatte, des Verlustes seiner selbst, bewußt und gleichzeitig auch nicht bewußt. (Wenn jemand ein Bein oder ein Auge verloren hat, so weiß er das; aber wenn er ein Selbst – sich selbst – verloren hat, dann kann er das nicht wissen, denn es ist nichts mehr da, das den Verlust empfinden könnte.) Daher konnte ich ihn über diese Dinge nicht auf intellektueller Ebene befragen." (Sacks, S.59)

Jimmie litt am sogenannten Korsakow-Syndrom, einer Krankheit, bei der es als Folge übermäßigen Alkoholkonsums zu einer dauerhaften Schädigung der Mamillarkörper, einer winzigen Struktur im limbischen Systems des Gehirns, kommt, mit der Folge, daß die Fähigkeit, neue Inhalte in das Gedächtnis aufzunehmen, dauerhaft gestört wird. „Unwillkürlich sprach man über ihn als einen geistig Verlorenen – eine 'verlorene Seele'. Hatte er durch seine Krankheit tatsächlich seine Seele eingebüßt? 'Glauben Sie, daß er wirklich eine Seele hat?' fragte ich die Schwestern einmal. Sie waren empört über meine Frage, verstanden aber, daß ich sie gestellt hatte. 'Sehen Sie sich Jimmie beim Gottesdienst an', sagten sie, 'und urteilen Sie selbst.'

Das tat ich, und ich war bewegt, tief bewegt und beeindruckt, denn er zeigte eine Intensität und Ausdauer in seiner Aufmerksamkeit und Konzentration, die ich an ihm noch nie zuvor beobachtet und die ich ihm auch nicht zugetraut hatte. Ich sah ihn niederknien und das Sakrament empfangen und hatte nicht den geringsten Zweifel, daß ihn die Kommunion in den tiefsten Tiefen seines Wesens berührte, daß sein Geist in vollkommenem Einklang war mit dem Geist der Messe. Voller Hingabe nahm er in der Stille absoluter Sammlung und Aufmerksamkeit an der Heiligen Kommunion teil, und dieses Gefühl nahm ihn ganz und gar in Anspruch. Die Vergeßlichkeit, das Korsakow-Syndrom, war verschwunden, und es schien unmöglich, unvorstellbar, daß es jemals bei ihm aufgetreten war, denn er war nicht mehr dem fehlerhaften und fehlbaren Mechanismus bedeutungsloser Sequenzen, unzusammenhängender Gedächtniseindrücke ausgeliefert, sondern ging auf in einer Handlung, in die sein ganzes Wesen einfloß. Sie stellte eine organische Kontinuität und Einheit dar, die mit Bedeutung und Gefühlen erfüllt und so fugenlos war, daß sie keinen Bruch zuließ.

Es lag auf der Hand, daß Jimmie sich selbst, daß er Kontinuität und Realität in der Absolutheit spiritueller Hingabe wiederfand. Die Schwestern hatten recht gehabt: Hier, im Gottesdienst, fand er seine Seele."
(Sacks, S.60 f.)

le Gedächtnissystem ist also beteiligt – und zum anderen eine offensichtlich starke emotionale Einbindung, die z.B. über die bei Korsakowpatienten intakte Amygdala erfolgt. Beides zusammen vermittelt den Eindruck organischer Einheitlichkeit. Gerade religiöse Zeremonien – ob liturgische Gesänge, Gebete, oder die tiefen, monotonen Hornklänge lamaistischer Mönche – bewirken ja das Gefühl von Einswerden und Aufgehen in einem größeren Ganzen. Der emotionalen Anbindung von Sinneseindrücken kommt ohnehin eine viel größere Bedeutung für unsere Informationsverarbeitung zu als wir uns gemeinhin vergegenwärtigen. Dies zeigten uns beispielsweise Untersuchungen an einem Geschwisterpaar, deren Mandelkerne krankheitsbedingt völlig „verkalkt" waren und die aufgrund dessen nicht mehr in der Lage waren, affektiv bedeutende von unbedeutender Information zu trennen.

Das Gehirn kann Schädigungen kompensieren

T.H.: Sie schildern in Ihren Veröffentlichungen den Fall einer Studentin, deren Gehirn im Bereich der Großhirnrinde zwar von Geburt an fehlgebildet war, die aber dennoch ein weitgehend normales Leben führen konnte. Im Gehirn waren offenbar andere als die vorgesehenen Strukturen für bestimmte Aufgaben genutzt worden. Man würde doch vermuten, daß diese massive Fehlentwicklung sich auffällig auswirken würde.

H.J. Markowitsch: Ganz normal verlief das Leben der Studentin ja nicht, denn mit 24 Jahren begab sie sich wegen epileptischer Anfälle in neurologische Behandlung. Diese Anfälle waren eine Folge der Fehlentwicklung ihres Gehirns.

Das menschliche Gehirn ist offenbar formbar, man spricht in solchen Fällen auch von Hirnplastizität bzw. dem Kennardschen Prinzip. Margret Kennard machte in den 30er Jahre Versuche mit jungen Affen und fand heraus, daß sich Hirnschädigungen, die den Affen gezielt beigebracht wurden, bei jungen Affen wesentlich weniger auf das Verhalten und die Motorik auswirkten als dies bei erwachsenen Affen der Fall war.

Diese Erkenntnis läßt sich auf den Menschen übertragen. Das embryonale und auch noch das kindliche Gehirn ist in bestimmten Bereichen – insbesondere der Großhirnrinde – noch flexibel und daher in der Lage, Schädigungen bis zu einem gewissen Grad auszugleichen. Viele Strukturen innerhalb des Gehirns werden erst in den ersten Lebensjahren durch die Verknüpfung und Vernetzung der Neurone geschaffen. Aus diesem Grund werden hier in Bielefeld-Bethel an Kindern auch relativ umfangreiche Hirnoperationen durchgeführt, die man an Erwachsenen nicht mehr vornehmen würde, weil der Schaden erheblich wäre. So wird in extremen Fällen eine ganze Großhirnhemisphäre entfernt, wenn sie schwer geschädigt ist, um der anderen eine ungestörte Entwicklung zu ermöglichen. Da es Wechselwirkungen zwischen den Hemisphären gibt, besteht die Gefahr, daß die geschädigte Hälfte auch die gesunde in ihrer Entwicklung beeinträchtigt.

Wenn nun die kranke Hemisphäre entfernt wird, kann sich die verbleibende ungestört entwickeln und übernimmt die Aufgaben der anderen Hemisphäre mit.

Bei der 24jährigen Studentin war schon während der embryonalen Entwicklung eine der beiden Großhirnhälften in ihrer Entwicklung zurückgeblieben. Die Folge war, daß die andere Hemisphäre kompensierend einspringen mußte, was unter anderem dazu führte, daß die Studentin erst relativ spät sprechen lernte und auch gezielten Förderunterricht brauchte. Auch heute noch hat sie Schwierigkeiten mit der Umsetzung räumlicher Information, also z.B. mit perspektivischem Zeichnen.

Das Gehirn war also nicht in der Lage, den Ausfall einer Hemisphäre ohne Einschränkungen zu kompensieren, aber gerade die wesentlichen Funktionen – also etwa das Sprachvermögen – konnten recht gut ausgeglichen werden.

Die Möglichkeit des Ausgleichens besteht allerdings – bezogen auf das Krankheitsbild der beschriebenen Patientin – nur dann, wenn die Schädigung sich auf eine der beiden Hirnhälften beschränkt. Eine beidseitige Schädigung kann nicht aufgefangen werden. Solche Patienten bleiben dann in ihrer geistigen Entwicklung stark zurück, und es besteht keine Aussicht auf echte Besserung.

T.H.: Wann verliert das Gehirn seine Plastizität?

H.J. Markowitsch: Als Faustregel kann gelten, daß eine Schädigung umso leichter ausgeglichen werden kann, je früher die Schädigung erfolgt. Das Gehirn des Kindes ist flexibler als das des Erwachsenen.

Das ist allerdings nur eine Faustregel. Auch beim Erwachsenen kann durch gezieltes Training eine Kompensation schädigungsbedingter Ausfälle erreicht werden. Das kann zwar Wochen, Monate oder auch Jahre dauern, und die Kompensation ist oftmals nicht vollständig, aber in vielen Fällen läßt sich die Leistungsfähigkeit wieder in einem Maße herstellen, von dem man unmittelbar nach der Schädigung nicht zu träumen wagte. Dabei ist entscheidend, daß die Rehabilitationsmaßnahmen möglichst früh nach der Schädigung einsetzen. Natürlich ist der Erfolg auch immer abhängig von der Art und dem Umfang der Schädigung.

T.H.: Kann man eigentlich aus der Struktur des Gehirns Rückschlüsse auf die Persönlichkeit des Menschen oder bestimmte Begabungen ziehen?

H.J. Markowitsch: Nein. Die anatomische Struktur des Gehirns im Bereich der Tertiärfurchen der Großhirnrinde ist zwar von Mensch zu Mensch verschieden, aber alle Versuche, von bestimmten Strukturen auf die Persönlichkeit des Menschen zu schließen, sind gescheitert. Man hat diese Richtung der Forschung inzwischen aufgegeben.

> „Die Hemissphärenoberfläche besteht aus Furchen, Sulci, und Windungen, Gyri. Wir unterscheiden Primär-, Sekundär- und Tertiärfurchen. Die zuerst auftretenden Primärfurchen sind in allen Gehirnen in gleicher Weise ausgebildet [...]. Die Sekundärfurchen variieren, und die zuletzt auftretenden Tertiärfurchen verlaufen regellos und sind in jedem Gehirn verschieden. So hat jedes Gehirn sein eigenes Oberflächenrelief, das wie die Gesichtszüge Ausdruck der Individualität sind.“ (Kahle, S.198)

Das Supergedächtnis

T.H.: Bisher haben wir von Menschen gesprochen, deren Gedächtnis aus verschiedenen Gründen beeinträchtigt war. Es gibt ja auch das entgegengesetzte Phänomen: Menschen, die nicht vergessen können, also eine übersteigerte Gedächtnistätigkeit zeigen. Alexander Lurija beschreibt solch ei-

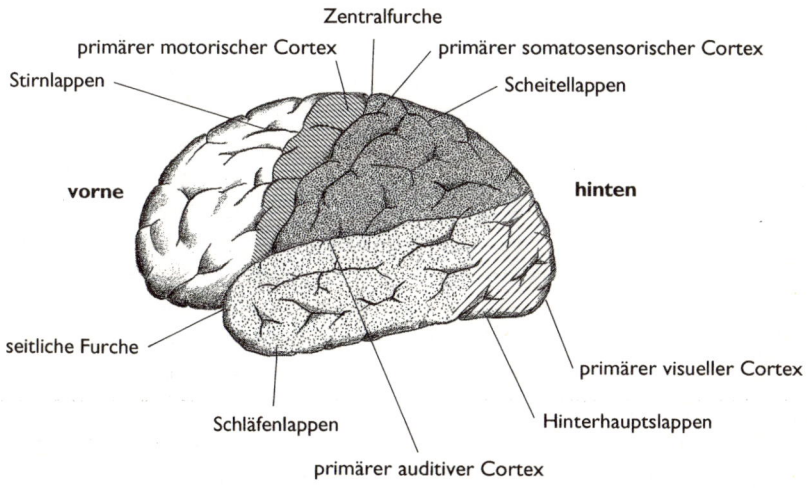

Die wichtigsten Unterteilungen der Großhirnrinde
Zeichnung: Gert Hagel (nach Thompson, S.30)

nen Fall in seinem „Portrait eines großen Gedächtnisses". Wie sind solche Phänomene zu erklären?

H.J. Markowitsch: Eine schlüssige Erklärung gibt es noch nicht. Wir wissen, daß es erstaunliche Phänomene in diesem Bereich gibt, aber wir können sie nicht erklären. Ein Beispiel ist der von Ihnen erwähnte Fall S., den Alexander Lurija schon vor 50 Jahren beschrieb. S. behielt sämtliche Informationen, die er sich merken wollte, im Kopf und konnte sie selbst noch nach Jahren fehlerfrei abrufen. So konnte er sich eine Tabelle mit mehr als 50 Zahlen innerhalb weniger Minuten einprägen und konnte sie dann fehlerfrei wiedergeben, auch in veränderter Reihenfolge. Selbst nach mehreren Jahren konnte er die Zahlen der Tabelle und ihre Reihenfolge fehlerfrei rekonstruieren. S. schilderte, daß er die Information als Bild im Kopf behielt, er sah die Tabelle weiterhin vor sich und brauchte sie bloß abzulesen. Insgesamt war die Fähigkeit zur visuellen Erinnerung überdurchschnittlich ausgeprägt. Das führte bei S. soweit, daß er nichtvisuelle Wahrnehmungen in visuelle umdeutete. Wenn er z.B. Töne hörte, sah er Bilder. Dieses Phänomen nennt man Synästhesie.

Diese Art der Gedächtnisbildung führte aber in anderen Zusammenhängen zu Schwierigkeiten. So war S. unfähig, Abstraktionen zu bilden oder einfache, aber abstrakte Anweisungen oder Begriffe zu verstehen. Er konnte sich z.B. keine Vorstellung von dem Begriff des *Nichts* machen, weil er nicht anders konnte, als sich das *Nichts* bildhaft vorzustellen. Dadurch wurde jedes *Nichts* aber immer zu einem *Etwas*, und der Sinn des Wortes erschloß sich ihm nicht.

Wir beobachten häufig das Phänomen, daß eine besonders ausgeprägte Gedächtnisfunktion von einer Schwäche an anderer Stelle begleitet ist. Oliver Sacks schildert den Fall zweier Zwillinge, die man von ihrer allgemeinen geistigen Verfassung her eher als schwachsinnig bezeichnen würde – sie hatten einen IQ von 60 – und die daher seit ihrem siebten Lebensjahr ständig in Heilanstalten untergebracht waren. Diesen Zwillingen konnte man eine beliebig große Zahl nennen, und sie konnten innerhalb weniger Augenblicke entscheiden, ob es sich um eine Primzahl handelte oder nicht. Auch konnten sie zu einem beliebigen Datum der Vergangenheit oder der Zukunft den Wochentag angeben. Die Frage, auf welchen Wochentag Weihnachten im Jahre 2045 fallen würde oder im Jahre 1798 gefallen war, beantworteten sie in Sekunden richtig.

Erklären kann man solche Erscheinungen nicht, wir haben nicht einmal Modellvorstellungen, die als Erklärungsansatz dienen könnten. Gleiches

Der Fall S. – Das totale Gedächtnis

„Während unserer gesamten Untersuchung hatte das Sich-Einprägen bei S. *unmittelbaren* Charakter. Es gab nur zwei feststehende Mechanismen: Entweder er sah weiterhin die ihm vorgegebenen Reihen von Wörtern oder Zahlen, oder er *wandelte sie in Bilder um.* Die einfachste Struktur hatte das Einprägen einer Zahlentabelle, die mit Kreide an die Tafel geschrieben war.

S. betrachtete das Geschriebene aufmerksam, schloß die Augen, öffnete sie wieder einen Moment lang, wandte sich zur Seite ab und gab auf ein Signal hin die niedergeschriebene Reihe wieder, indem er die leeren Kästchen einer benachbarten Tabelle ausfüllte oder die Zahlen schnell hintereinander nannte. Es kostete ihn keine Mühe, in der vorgezeichneten Tabelle einige leere Kästchen, die man ihm willkürlich angab, mit den entsprechenden Zahlen auszufüllen oder eine ihm dargebotene Zahlenreihe in umgekehrter Reihenfolge zu nennen. Mühelos nennen konnte er Zahlen, die zu dieser oder jener Vertikalen gehörten, konnte sie diagonal 'lesen' oder, nicht zuletzt, aus einzelnen Zahlen eine mehrstellige bilden.

Um sich eine Tabelle mit 20 Zahlen einzuprägen, genügten ihm 35 bis 40 Sekunden, während derer er die Tabelle einige Male aufmerksam betrachtete; eine Tabelle mit 50 Zahlen kostete ihn etwas mehr Zeit, aber auch sie prägte er sich binnen zweieinhalb bis drei Minuten, in denen er die Tabelle mehrmals fixierte, mühelos ein, um sich dann – mit geschlossenen Augen – selbst zu überprüfen." (Lurija, S.158)

gilt z.B. für die erstaunlichen Fähigkeiten, über die indische Yogi verfügen, oder für die Fähigkeit einiger Bergvölker im Himalaja, bei extremer Kälte ihre Körpertemperatur willentlich um 2 Grad anzuheben.

„Wir stoßen an Grenzen"

T.H.: Wenn in der Literatur die Zusammenhänge von Gehirn- und Bewußtseinsprozessen geschildert werden, dann wird die Darstellung schnell sehr mechanistisch. Ein Extrem ist vielleicht die Gleichsetzung der Arbeitsweise des Gehirns mit der eines Computers. Wird eine mechanistische Sicht der Realität der menschlichen Existenz und der damit verbundenen Phänomene gerecht?

H.J. Markowitsch: Sie haben recht, man ist häufig gezwungen, mechanistisch klingende Metaphern zu gebrauchen, um bestimmte Sachverhalte zu beschreiben. Ich bin mir der Unzulänglichkeit dieser Metaphern zwar bewußt, wüßte aber nicht, wie man sie vermeiden könnte. Den Versuch der Gleichsetzung von Hirn und Computer hat man übrigens schon vor zehn Jahren aufgegeben, da er in eine Sackgasse führte. Man wurde durch diese Gleichsetzung der Wirklichkeit einfach nicht gerecht.

Sehen Sie, ich verstehe mich als Naturwissenschaftler und versuche die Welt mit den Mitteln der Naturwissenschaft zu erklären, d.h. ich beschränke mich auf die Erkenntnisse, die ich durch die Beobachtung der Materie und durch Messungen gewinne. Mir ist bewußt, daß ich mit diesem Handwerkszeug, selbst wenn ich es noch so gut beherrsche, an Grenzen stoße.

Literatur:

Kahle, Werner: Taschenatlas der Anatomie für Studium und Praxis, Bd. 3. Stuttgart [4]1982

Lurija, Alexander R.: Der Mann, dessen Welt in Scherben ging. Zwei neurologische Geschichten. Reinbek 1991

Sacks, Oliver: Der Mann, der seine Frau mit einem Hut verwechselte. Reinbek 1990

Schmidt, Robert F. (Hg.): Grundriß der Neurophysiologie. New York/Heidelberg/Berlin [5]1983

Schönpflug, Wolfgang/Schönpflug, Ute: Psychologie. Weinheim [5]1995

Thompson, Richard F.: Das Gehirn. Von der Nervenzelle zur Verhaltenssteuerung. Heidelberg/Berlin/New York 1992

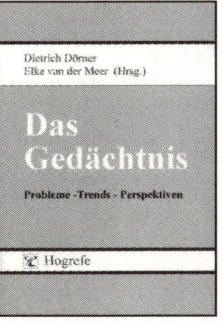

Bilder im Innern

Interview mit Ernst-Michael Kranich

von Thomas Höfer

Dr. Ernst-Michael Kranich, *geb. 1929, Studium der Naturwissenschaften (Biologie, Paläontologie, Geologie und Chemie) in Tübingen. Mehrere Jahre Fachlehrer für den naturwissenschaftlichen Unterricht an einer Waldorfschule. Seit 1962 Leiter des Seminars für Waldorfpädagogik in Stuttgart.*

Buchveröffentlichungen: „Die Formensprache der Pflanzen. Grundlinien einer kosmologischen Botanik", Stuttgart ²1979; „Bäume und Planeten" (zusammen mit F.H. Julius), Stuttgart ³1995, „Von der Gewißheit zur Wissenschaft der Evolution", Stuttgart 1989, „Pflanzen als Bilder der Seelenwelt", Stuttgart 1993, „Wesensbilder der Tiere", Stuttgart 1995.

Die Erkenntnis des menschlichen Wesens erschöpft sich nicht in den Aussagen, die die Naturwissenschaft über es machen kann. Diese Einsicht haben auch viele Naturwissenschaftler selbst: Sie spüren, daß sie an Grenzen stoßen, aber sie finden keinen Weg, um diese Grenzen zu überwinden, ohne die Überzeugungen, die die naturwissenschaftliche Gesinnung ausmachen, über Bord werfen zu müssen. Die Ausrufung eines neuen Zeitalters durch Wissenschaftler des New Age wie z.B. Fridjof Capra hat zwar zu einer Renaissance fernöstlicher Weistümer geführt, aber an der naturwissenschaftlichen Methode hat sich dadurch nichts geändert. Nach wie vor bestimmen Reduktionismus und Materialismus in wesentlichen Zügen das naturwissenschaftliche Weltbild, nach wie vor wird unbeirrt am Objektivitätspostulat festgehalten.

Eine Leistung Rudolf Steiners bestand darin, Menschen verschiedenster Fachrichtungen Anregungen zu einer Vertiefung ihrer eigenen Arbeit gegeben zu haben. Was läßt sich aus den Aussagen Rudolf Steiners an Hinweisen für ein Verständnis des Gedächtnisses gewinnen? Das ist die grundlegende Frage, die diesem Interview zugrunde liegt. Die dargestellten Zusammenhänge sind nicht das Ergebnis üblicher streng naturwissenschaftlicher Forschung. Aber sie stehen auch nicht im Widerspruch zur Naturwissenschaft und eröffnen Sichtweisen, die auf rein naturwissenschaftlichem Boden nicht zu gewinnen sind.

Eine Anmerkung zum besseren Verständnis vorweg: Gedächtnis meint im folgenden ausschließlich bewußt erinnerbare Wahrnehmungen. Der gesamte Bereich erworbener Tätigkeiten fällt nach der Auffassung Kranichs dezidiert nicht unter den Begriff Gedächtnis. Im Sinne der im Interview mit Hans J. Markowitsch dargestellten Systematik beschränken sich die Aussagen Ernst-Michael Kranichs somit auf das semantische und das episodische Gedächtnis.

Thomas Höfer: Medizin und Naturwissenschaft sehen das Gedächtnis in engem Zusammenhang mit den Vorgängen im Gehirn. Man untersucht einerseits die Gehirnvorgänge und andererseits ihre Wechselwirkungen mit

Bewußtseinsprozessen. Dabei entsteht eine Kluft zwischen dem, was an naturwissenschaftlichen Erkenntnissen vorliegt, und dem tatsächlichen Erleben des Menschen. Man weiß zwar, daß ein Zusammenhang zwischen Gehirnvorgängen und Bewußtseinsprozessen besteht, man hat aber keine Vorstellung davon, wie dieser Zusammenhang tatsächlich ist. Das, was im Gehirn an physiologischen Prozessen vor sich geht, und das, was der Mensch bewußt denkend, wollend und fühlend erlebt, steht weitgehend ohne inneren Zusammenhang nebeneinander. Woran liegt das?

Ernst-Michael Kranich: Dieses Problem ist ein grundsätzliches: Die Naturerscheinungen an sich und das Bild, das die Naturwissenschaft von diesen Naturerscheinungen entwirft, haben für eine unbefangene Betrachtung wenig miteinander gemein. Die Erkenntnisse, die z.B. in der Molekularbiologie gewonnen wurden, sind zwar von großer Bedeutung und zumeist unzweifelhaft, aber sie erklären nicht die Naturerscheinungen an sich, sondern führen diese auf elementare chemische und physiologische Prozesse zurück. Das Eigentliche aus der Sicht des Molekularbiologen ist dann aber z.B. nicht mehr das Auge, sondern genetische Prozesse, die in einem ganz ungeklärten Verhältnis zu dem sich bildenden Organ stehen. Damit wird über das Naturphänomen, das Auge, aber gar nichts mehr ausgesagt. Daß sich Augen bei Tieren nur dann ausbilden, wenn ein bestimmtes Gen vorhanden ist, erklärt weder das Wesen des Auges noch die Bedeutung seines Auftretens innerhalb der Evolution.

Das Gedächtnis wird naturwissenschaftlich als Funktion der Strukturen und Stoffwechselvorgänge im Gehirn verstanden. Gedächtnisprozesse sind aber phänomenologisch etwas völlig anderes als Gehirnstrukturen und Stoffwechselprozesse. Die Wirkungen des Gedächtnisses kann der Mensch nur innerlich erleben, sie lassen sich nicht direkt von außen beobachten. Was aber nicht einer unbefangenen äußerlichen Beobachtung zugänglich ist, entspricht nicht dem Objektivitätspostulat der Naturwissenschaft, das ja gerade fordert, daß der Forscher keinen subjektiven Anteil an dem zu erforschenden Phänomen hat. Gedächtnisphänomene sind aber immer subjektiv und entziehen sich damit dem Zugriff der naturwissenschaftlichen Betrachtung. Was ein Mensch innerlich erlebt, kann ein Forscher nicht direkt von außen beobachten, und was der Forscher selbst innerlich erlebt, ist als Forschungsgegenstand tabu. Man muß sich deshalb von Menschen berichten lassen, was sie in bestimmten, kontrollierten Situationen erleben. Ohne solche Aussagen wäre der Gedächtnisforscher völlig hilflos. Das zeigt schon von der Methode her, daß Gedächtnisforschung nicht in Gehirnanatomie und-physiologie aufgeht. Wer Gedächtnis und Erinnerung rein anatomisch und physiologisch interpretiert, hat einen großen blinden Fleck.

Das Gedächtnis ist daher strenggenommen kein Gegenstand der Naturwissenschaft, oder anders gesagt: Das, was naturwissenschaftlich über das Gedächtnis ausgesagt werden kann, macht nur einen Teilaspekt der Wirklichkeit des Gedächtnisses aus. Das Gedächtnis überschreitet also von vornherein den naturwissenschaftlichen Erkenntnisbereich.

T.H.: Was ist zu tun, um die Kluft zwischen bewußter Erfahrung und naturwissenschaftlicher Erkenntnis zu überwinden?

E.-M. Kranich: Die entscheidende Frage ist, welche Methode man anzuwenden hat, denn die streng naturwissenschaftliche Methode wird dem Phänomen *Gedächtnis* nicht gerecht. Um dem Gedächtnis auf die Spur zu kommen, muß man es zunächst so untersuchen, wie es sich dem menschlichen Bewußtsein offenbart, d.h. es bedarf einer phänomenologischen Untersuchungsmethode, die die Vorgänge innerhalb des menschlichen Bewußtseins ebenso exakt untersucht und darstellt wie die naturwissenschaftliche Erkenntnismethode z.B. die physiologischen Vorgänge.

Zur Phänomenologie des Gedächtnisses

T.H.: Wie äußert sich das Gedächtnis phänomenologisch?

E.-M. Kranich: Gedächtnis heißt, daß ich mir Wahrnehmungen, die ich zu einem bestimmten Zeitpunkt gemacht habe, zu einem späteren Zeitpunkt willkürlich wieder ins Bewußtsein rufen kann. Nun müßte man untersuchen, unter welchen Bedingungen sich eine Wahrnehmung dem Gedächtnis einprägt. Diese Frage läßt sich am besten anhand eines Beispiels beantworten. Ein Mensch betritt z.B. über Jahre hinweg mehrmals täglich das Haus, in dem er wohnt, und stellt eines Tages fest, daß er nicht genau weiß, wie die Tür dieses Hauses aussieht. Ihm ist zwar klar, daß er die Tür oft gesehen hat, aber an Einzelheiten kann er sich nicht entsinnen. Es gibt Wahrnehmungen, die sich nicht im Gedächtnis niederschlagen, die nicht erinnerbar sind.

Damit eine Wahrnehmung die Grundlage für einen Gedächtnisinhalt wird, ist in der Regel ein bestimmter Umgang mit der Wahrnehmung erforderlich: Je bewußter ich mich einem Gegenstand zuwende, je präziser ich mir die Gestalt des Gegenstandes vergegenwärtige, desto besser prägt er sich meinem Gedächtnis ein.

T.H.: Können Sie diesen Prozeß des Einprägens noch näher erläutern?

E.-M. Kranich: Jeder Wahrnehmungsprozeß ist ein gestalterischer Prozeß, d.h. während ich einen Gegenstand wahrnehme, bilde ich diesen Gegenstand in meinem Bewußtsein innerlich nach. Je präziser diese Nachbildung ist, desto eher prägt sich eine Wahrnehmung dem Gedächtnis ein und umso präziser ist sie erinnerbar. Um auf das Beispiel zurückzukommen: Der Mensch hat die Tür zwar wahrgenommen, aber er hat ihr nicht so viel Aufmerksamkeit geschenkt, daß er aus der Erinnerung hätte sagen können, aus welchem Material sie im einzelnen gestaltet ist. Die Präzision der Erinnerung ist somit abhängig von der Präzision der Wahrnehmung, und diese wiederum von der Aufmerksamkeit und dem Interesse, das ich einem Gegenstand entgegenbringe.

Aufmerk-samkeit
Interesse
+Emotion

T.H.: Gibt es weitere Faktoren, die prägend wirken?

E.-M. Kranich: Eine große Rolle spielt auch noch die emotionale Komponente. Eine Wahrnehmung wird leichter zur Erinnerung, wenn ich dem Gegenstand meiner Wahrnehmung mit innerer Anteilnahme, mit Sympathie oder Antipathie begegne. Auch eine überraschende, bestürzende oder verletzende Wahrnehmung prägt sich dem Gedächtnis leichter und dauerhafter ein, als wenn die emotionale Beteiligung fehlt. Sie ist damit auch leichter erinnerbar.

Gedächtnis – Erinnern – Erinnerung

T.H.: Können Sie einmal den Unterschied zwischen Gedächtnis und Erinnerung klarstellen?

E.-M. Kranich: Genau genommen müssen drei Aspekte unterschieden werden, nämlich das Gedächtnis, das Erinnern und die Erinnerung. Die *Erinnerung* ist das im Bewußtsein des Menschen auftauchende Erinnerungsbild. Wenn ich vor einer Woche eine Blume eingehend betrachtet habe, und ich rufe mir heute dieses Bild wieder ins Bewußtsein, so ist dieses Bild die Erinnerung.

Die Tätigkeit, durch die die Erinnerung in mein Bewußtsein tritt, ist das *Erinnern.* Wenn ich mir das Bild der Blume ins Bewußtsein rufe, so wird es zunächst eher undeutlich, schemenhaft sein. Nach und nach kann ich das Bild konkretisieren, indem ich Details ergänze und präzisiere. Erinnern ist somit nicht ein Heraufholen von Bildern, sondern mehr eine Art Rekonstruktionsvorgang. Das Rätselhafte dabei ist, daß man irgendwie weiß, was an dem Erinnerungsbild fehlt, was ergänzt werden muß und ob eine Ergänzung richtig ist oder nicht.

Reconstr-uktion

Das Erinnern stützt sich also auf irgend etwas ab, was unbewußt ist und auch unbewußt bleibt, aber die Tätigkeit des Erinnerns lenkt. Dieses Etwas ist das *Gedächtnis*. Das Gedächtnis ist nämlich die selbst stets unbewußt bleibende Grundlage, auf der ein Mensch sich eine Erinnerung bilden kann, mittels derer er sich ein vergangenes Erlebnis wieder ins Bewußtsein rufen kann. Das Gedächtnis wird – nicht ganz zutreffend – häufig mit einem Speicher, einem Aufbewahrungsort verglichen, in dem die Erinnerungen abgelegt werden und aus dem sie wieder hervorgeholt werden können.

T.H.: Ist nicht auch die Tätigkeit des Erinnerns unbewußt? Ich weiß zwar, daß ich mich an etwas erinnern möchte, und ich bin mir der Erinnerung bewußt, wenn sie erst einmal in mein Bewußtsein getreten ist, aber wie sich die Erinnerung in mir bildet, erlebe ich kaum.

Das Erinnern als Tätigkeit.

E.-M. Kranich: Das Erinnern ist Tätigkeit, und jede Tätigkeit ist Ausdruck des Willens. Im Wollen aber ist der Mensch tatsächlich weitgehend unbewußt. Wenn ich mich z.B. an einen Namen erinnern will, und dieser Name fällt mir nicht ein, so kann ich an mir beobachten, daß sich in mir eine Tätigkeit regt, eine Art Suchbewegung. Diese Suchbewegung vollzieht sich zunächst im Bereich des Kopfes, erstreckt sich aber tiefer in den Organismus hinein, nämlich in den Bereich des oberen Rumpfes. Der Erinnerungsvorgang nimmt seinen Ausgang also zwar vom Kopf, vom Gehirn, aber von dort geht eigentlich nur der Impuls des Erinnerns aus. Die eigentliche Suche spielt sich tiefer im Organismus ab. Man spürt, daß dort ein dunkler Bereich ist, in dem man sich tastend bewegt, und man spürt, ob man dem Ziel näher kommt oder ob man sich weiter von ihm entfernt. Dieser Vorgang der Suche ist voller Dynamik, mal mehr, mal weniger intensiv. Der Moment schließlich, in dem die Erinnerung dann die Schwelle des Bewußtseins überschreitet, ist ein Moment der Konzentration, der relativ plötzlich eintritt. Der Ausdruck „es fällt mir ein" weist ja auch darauf hin, daß das Eintreten der Erinnerung in das Bewußtsein unvermittelt geschieht.

Das Erinnerungsbild als individualisierter Begriff

T.H.: Rudolf Steiner setzt in seiner Schrift „Die Philosophie der Freiheit" (GA 4) das Erinnerungsbild mit der Vorstellung gleich, die er auch als individualisierten Begriff bezeichnet. Wie stellt sich der Prozeß der Vorstellungsbildung aus erkenntnistheoretischer Sicht dar?

„Ich nehme nicht nur andere Dinge wahr, sondern ich nehme mich selbst wahr. Die Wahrnehmung meiner selbst hat zunächst den Inhalt, daß ich das Bleibende bin gegenüber den immer kommenden und gehenden Wahrnehmungsbildern. Die Wahrnehmung des Ich kann in meinem Bewußtsein stets auftreten, während ich andere Wahrnehmungen habe. Wenn ich in die Wahrnehmung eines gegebenen Gegenstandes vertieft bin, so habe ich vorläufig nur von diesem ein Bewußtsein. Dazu kann dann die Wahrnehmung meines Selbst treten. Ich bin mir nunmehr nicht bloß des Gegenstandes bewußt, sondern auch meiner Persönlichkeit [...]. Ich sehe nicht bloß einen Baum, sondern ich weiß auch, daß *ich es bin,* der ihn sieht. Ich erkenne auch, daß in mir etwas vorgeht, während ich den Baum beobachte. Wenn der Baum aus meinem Gesichtskreise verschwindet, bleibt für mein Bewußtsein ein Rückstand von diesem Vorgange: ein Bild des Baumes. Dieses Bild hat sich während meiner Beobachtung mit meinem Selbst verbunden. Mein Selbst hat sich bereichert; sein Inhalt hat ein neues Element in sich aufgenommen. Dieses Element nenne ich meine *Vorstellung* von dem Baume. Ich käme nie in die Lage, von *Vorstellungen* zu sprechen, wenn ich diese nicht in der Wahrnehmung meines Selbst erlebte. Wahrnehmungen würden kommen und gehen; ich ließe sie vorüberziehen. Nur dadurch, daß ich mein Selbst wahrnehme und merke, daß mit jeder Wahrnehmung sich auch *dessen* Inhalt ändert, sehe ich mich gezwungen, die Beobachtung des Gegenstandes mit meiner eigenen Zustandsveränderung in Zusammenhang zu bringen und von meiner Vorstellung zu sprechen." (GA 4/1987/Kap. IV/S.67 f.)

„Mein Wahrnehmungssubjekt [das ist das eigene Selbst, T.H.] bleibt für mich wahrnehmbar, wenn der Tisch, der soeben vor mir steht, aus dem Kreise meiner Beobachtung verschwunden sein wird. Die Beobachtung des Tisches hat eine, ebenfalls bleibende, Veränderung in mir hervorgerufen. Ich behalte die Fähigkeit zurück, ein Bild des Tisches später wieder zu erzeugen. Diese Fähigkeit der Hervorbringung eines Bildes bleibt mit mir verbunden. Die Psychologie bezeichnet dieses Bild als Erinnerungsvorstellung. Es ist aber dasjenige, was allein mit Recht Vorstellung des Tisches genannt werden kann. Es entspricht dies nämlich der wahrnehmbaren Veränderung meines eigenen Zustandes durch die Anwesenheit des Tisches in meinem Gesichtsfelde." (ebd., Kap. V/S.99)

„In dem Augenblicke, wo eine Wahrnehmung in meinem Beobachtungshorizonte auftaucht, betätigt sich durch mich auch das Denken. Ein Glied in meinem Gedankensysteme, eine bestimmte Intuition, ein Begriff verbindet sich mit der Wahrnehmung. Wenn dann die Wahrnehmung aus meinem Gesichtskreise verschwindet: was bleibt zurück? Meine Intuition mit der Beziehung auf die bestimmte Wahrnehmung, die sich im Momente des Wahrnehmens gebildet hat. Mit welcher Lebhaftigkeit ich dann später diese Beziehung mir wieder vergegenwärtigen kann, das hängt von der Art ab, in der mein geistiger und körperlicher Organismus funktioniert. Die *Vorstellung* ist nichts anderes als eine auf eine bestimmte Wahrnehmung bezogene Intuition, ein Begriff, der einmal mit einer Wahrnehmung verknüpft war, und dem der Bezug auf diese Wahrnehmung geblieben ist. Mein Begriff eines Löwen ist nicht *aus* meinen Wahrnehmungen von Löwen gebildet. Wohl aber ist meine Vorstellung vom Löwen *an* der Wahrnehmung gebildet. Ich kann jemandem den Begriff eines Löwen beibringen, der nie einen Löwen gesehen hat. Eine lebendige Vorstellung ihm beizubringen, wird mir ohne sein eigenes Wahrnehmen nicht gelingen.
Die *Vorstellung* ist also ein individualisierter Begriff. Und nun ist es uns erklärlich, daß für uns die Dinge der Wirklichkeit durch Vorstellungen repräsentiert werden können. Die volle Wirklichkeit eines Dinges ergibt sich uns im Augenblicke der Beobachtung aus dem Zusammengehen von Begriff und Wahrnehmung. Der Begriff erhält durch eine Wahrnehmung eine individuelle Gestalt, einen Bezug zu dieser bestimmten Wahrnehmung. In dieser individuellen Gestalt, die den Bezug auf die Wahrnehmung als eine Eigentümlichkeit in sich trägt, lebt er in uns fort und bildet die Vorstellung des betreffenden Dinges. Treffen wir auf ein zweites Ding, mit dem sich derselbe Begriff verbindet, so erkennen wir es mit dem ersten als zu derselben Art gehörig; treffen wir dasselbe Ding ein zweites Mal wieder, so finden wir in unserem Begriffssysteme nicht nur überhaupt einen entsprechenden Begriff, sondern den individualisierten Begriff mit dem ihm eigentümlichen Bezug auf denselben Gegenstand, und wir erkennen den Gegenstand wieder.
Die Vorstellung steht also zwischen Wahrnehmung und Begriff. Sie ist der bestimmte, auf die Wahrnehmung deutende Begriff." (ebd., Kap. VI/S.106 f.)

E.-M. Kranich: In der „Philosophie der Freiheit" stellt sich Steiner ganz auf den Standpunkt des menschlichen Bewußtseins. Er stellt die Vorgänge dar, die sich im menschlichen Bewußtsein während des Wahrnehmens, Erkennens und Vorstellens abspielen und die sich der eigenen Beobachtung erschließen. Damit stellt er genau das in den Mittelpunkt seiner Forschung, was die strenge naturwissenschaftliche Betrachtung zunächst ausschließt.

Ein Mensch tritt vor einen Gegenstand, z.B. ein Haus. Nun vermitteln ihm seine Sinne keineswegs die Wahrnehmung dieses Hauses. Daß dieses Gebilde ein Haus ist, erfaßt man nur durch die eigene innere Tätigkeit. Das ist ein bekannter Sachverhalt, zu dessen Verständnis die Gestaltpsychologie viel beigetragen hat. Wenn ich nun durch diese innere Tätigkeit weiß, daß der Gegenstand meiner Wahrnehmung ein Haus ist, dann ist in meinem Bewußtsein eigentlich ein Zweifaches vorhanden:

die Wahrnehmung dieses Hauses und das Bewußtsein, daß dieses Haus ein spezielles Haus ist, d.h. eine individuelle Erscheinungsform des Hauses. Wüßte ich nicht, was „Haus" allgemein ist, hätte ich also nicht irgendwie den Begriff *Haus*, dann könnte ich dieses Objekt nicht als ein Haus, d.h. als eine spezielle Form von Haus erkennen. Der allgemeine Begriff konkretisiert sich mir in der besonderen Form dieses Hauses. Und wenn ich mich an dieses Haus erinnere, dann bilde ich erneut die Vorstellung, die ich beim Wahrnehmen an diesem Objekt gebildet habe.

Wenn man sich das alles vergegenwärtigt, erfaßt man, daß sich im Wahrnehmungsprozeß – soweit es sich dabei um ein bloßes Wiedererkennen handelt – der Begriff zur Vorstellung individualisiert.

Wenn sich der Mensch nun von dem Haus abwendet, dann verbleibt ihm in seinem Bewußtsein ein Bild des Hauses. Dieses Bild nennt Rudolf Steiner *Vorstellung* oder auch *individualisierten Begriff*. Dieses Bild ist ein auf eine bestimmte Wahrnehmung bezogener Begriff, die der Mensch seinem eigenen Selbst eingegliedert hat.

Gedächtnisspuren

T.H.: Bis heute wird in der Neurophysiologie nach den Engrammen, den Gedächtnisspuren gesucht, also nach Rückständen unserer Wahrnehmungen im Gehirn. Aus dem, was Sie eben sagten, wird aber deutlich, daß die Erinnerung, so wie sie im menschlichen Bewußtsein auftaucht, an sich gar nicht materiell, sondern übersinnlicher Natur ist. Wo werden denn die individualisierten Begriffe aufbewahrt?

E.-M. Kranich: Sie werden an sich gar nicht aufbewahrt. Unbestreitbar ist zunächst, daß im menschlichen Organismus eine Spur der Wahrnehmung zurückbleiben muß, die es ermöglicht, die Erinnerung an sie wieder wachzurufen. Steiner schildert ja schon in der „Philosophie der Freiheit", daß sich das Selbst des Menschen in dem Augenblick bleibend verändert, in dem der Mensch einen Gegenstand wahrnimmt und begrifflich bestimmt. Das muß so sein, denn die Wahrnehmung des Hauses verschwindet in dem Augenblick, in dem sich der Mensch von dem Haus abwendet. Es bleibt dem Menschen aber die Möglichkeit, sich ein Bild des Hauses, eine Vorstellung neu zu bilden, und diese Vorstellung muß sich auf etwas im Menschen abstützen. *der Abdruck beim Vorstellung.*

T.H.: In seiner Schrift „Theosophie" (GA 9) beschreibt Steiner, daß die Seele dem Leib beim Vorstellen einen Abdruck einprägt. Erlischt die Vorstellung im Bewußtsein des Menschen, dann erlischt sie völlig, sie schwirrt dann nicht irgendwo im Menschen herum. Was bleibt, ist der Abdruck, den die Seele im Leib vorgenommen hat. Die Wahrnehmung dieses Abdruckes bewirkt dann, daß im Bewußtsein die Erinnerung an die Vorstellung wach wird. Wo genau hat man nach diesem Abdruck zu suchen?

E.-M. Kranich: Der Abdruck kann nur in einem Bereich des menschlichen Organismus erfolgen, der überdauernd ist, denn man kann sich im allgemeinen auch noch an solche Ereignisse erinnern, die viele Jahre zurückliegen. Damit scheidet die bloße Materie des physischen Leibes aus, denn diese befindet sich in einem ständigen Prozeß des Ab- und Aufbaus. Innerhalb eines kürzeren oder längeren Zeitraumes wird in den verschiedenen Organen bekanntlich die gesamte Materie, aus der der physische Leib sich zusammensetzt, erneuert. Hier ist also eine dauerhafte Verankerung des Gedächtnisses gar nicht möglich.

T.H.: Gilt das auch für das Nervensystem?

E.-M. Kranich: Ja, allerdings vollzieht sich der Austausch hier sehr viel langsamer. Man muß also nach dem Bleibenden innerhalb des ständigen Ab- und Aufbaus suchen. Dieses Bleibende kann nur dasjenige sein, was diesen Prozeß bewirkt, und das sind erneuernde, formbildende Kräfte. Mehr läßt sich auch schon nicht sagen, ohne die phänomenologische Betrachtung zu verlassen. *Ae. L.*

T.H.: Steiner nennt ja den Ätherleib als Sitz des Gedächtnisses.

E.-M. Kranich: Ich habe bewußt die anthroposophische Terminologie vermieden und zunächst nur die Bedingungen angegeben, die für das Gedächtnis gelten. Der Ätherleib wird von Steiner ja auch Bildekräfteleib

„Wer sich Übung für seelisches Beobachten erworben hat, wird finden können, daß der Ausdruck ganz schief ist, der von der Meinung ausgeht: man habe heute eine Vorstellung und morgen trete durch das Gedächtnis *diese* Vorstellung wieder auf, nachdem sie sich inzwischen irgendwo im Menschen aufgehalten hat. Nein, *die* Vorstellung, die ich *jetzt* habe, ist eine Erscheinung, die mit dem 'jetzt' vorübergeht. Tritt Erinnerung ein, so findet in mir ein Vorgang statt, der die Folge von etwas ist, das *außer* dem Hervorrufen der gegenwärtigen Vorstellung in dem Verhältnis zwischen Außenwelt und mir stattgefunden hat. Die durch die Erinnerung hervorgerufene Vorstellung ist eine neue und *nicht* die aufbewahrte alte. Erinnerung besteht darin, daß *wieder* vorgestellt werden kann, nicht, daß eine Vorstellung wieder aufleben kann. Was *wieder* eintritt, ist etwas anderes als die Vorstellung selbst. [...] Ich erinnere mich, das heißt: ich erlebe etwas, was selbst nicht mehr da ist. Ich verbinde ein vergangenes Erlebnis mit meinem gegenwärtigen Leben. Es ist so bei jeder Erinnerung. Man nehme an, ich treffe einen Menschen und erkenne ihn wieder, weil ich ihn gestern getroffen habe. Er wäre für mich ein völlig Unbekannter, wenn ich nicht das Bild, das ich mir gestern durch die Wahrnehmung gemacht habe, mit meinem heutigen Eindruck von ihm verbinden könnte. Das heutige Bild gibt mir die Wahrnehmung, das heißt meine Sinnesorganisation. Wer aber zaubert das gestrige in meine Seele herein? Es ist dasselbe Wesen in mir, das gestern bei meinem Erlebnis dabei war und das auch bei dem heutigen dabei ist. *Seele* ist es in den vorhergehenden Ausführungen genannt worden. Ohne diese treue Bewahrerin des Vergangenen wäre jeder äußere Eindruck für den Menschen immer wieder neu. Gewiß ist, daß die Seele den Vorgang, durch welchen etwas Erinnerung wird, dem Leibe wie durch ein Zeichen einprägt; doch muß eben die *Seele* diese Einprägung machen und dann ihre eigene Einprägung wahrnehmen, wie sie etwas Äußeres wahrnimmt. So ist sie die Bewahrerin der Erinnerung." (GA 9/Tb. 1986/S.52 f.)

genannt, und dieser Begriff deutet genau auf die Eigenschaften, die ich für das Gedächtnis beschrieben habe.

T.H.: Steiner sagt, die Seele präge dem Leib einen Abdruck ein, und indem sie diesen Abruck wiederum wahrnehme, entstünde das Erinnerungsbild. Was genau ist an dieser Stelle mit Seele gemeint?

Wille + Fühlen

E.-M. Kranich: Ich sagte bereits, daß Aufmerksamkeit – also Wille – und emotionale Beteiligung – d.h. Fühlen – für die Gedächtnisbildung notwendige Voraussetzungen sind. Beide Eigenschaften sind Ausdruck der Seele. Das heißt, die Seele ist an der Gedächtnisbildung dadurch beteiligt, daß der Mensch dem Gegenstand seiner Wahrnehmung und später seiner Erinnerung nicht gleichgültig gegenübersteht, sondern sich ihnen voll bewußt, willentlich und mit Interesse zuwendet.

Inzwischen weiß man, daß jede noch so feine Gefühlsregung und jede leise Äußerung des Willens sich im menschlichen Organismus in einer Änderung der Lebensprozesse niederschlägt. Die Seelentätigkeit wirkt also bis in den physischen Leib.

Ohne Gehirn geht nichts

T.H.: Welche Bedeutung hat das Gehirn für das Gedächtnis?

E.-M. Kranich: Ohne das Gehirn ist die Bildung eines Gedächtnisses gar nicht möglich, die Bedeutung des Gehirns ist daher kaum zu überschätzen, denn es ist schlicht unabdingbare Voraussetzung. Ohne ein voll funktionsfähiges Gehirn sind wir nicht in der Lage, auf die Sinneswelt gerichtete vollständige Wahrnehmungen zu haben und entsprechende Vorstellungen oder Gedanken zu bilden. Dies zeigt sich auch dadurch, daß bei bestimmten Schädigungen des Gehirns bestimmte Funktionen innerhalb unseres Wahrnehmungs-, Denk- und Vorstellungsvermögens gestört sind. So kann eine Schädigung des visuellen Cortex z.B. zur Blindheit führen, obwohl die Augen und die zugehörigen Nerven völlig intakt sind. Schädigungen bestimmter Teile des assoziativen Cortex führen zum Verlust der Fähigkeit, gesehene Objekte als solche zu erkennen. Die Betroffenen nehmen dann lauter Einzelheiten wahr – Farbe, einfache Strukturen usw. –, aber sie können die Einzelheiten nicht mehr zu einem vollständigen Bild zusammenfügen. Das Gehirn ist also die materielle Grundlage, die für die Ausbildung des normalen Bewußtseins, Gedächtnis und von Wahrnehmungen, und auf die Sinneswelt bezogenen Denkprozessen unverzichtbar ist.

> „Das Gehirn ist das leibliche Werkzeug des Denkens. Wie der Mensch nur mit einem wohlgebildeten Auge Farben sehen kann, so dient ihm das entsprechend gebaute Gehirn zum Denken. Der ganze Leib des Menschen ist so gebildet, daß er in dem Geistesorgan, im Gehirn, seine Krönung findet." (GA 9/Tb. 1978/S.27)

Vorstellen als Spiegelbilder des vorgeburtlichen

Das Hereinwirken des Vorgeburtlichen

T.H.: In den pädagogischen Vorträgen, die Rudolf Steiner vor den Lehrern der ersten Waldorfschule hielt, bringt er das Vorstellen in Zusammenhang mit dem vorgeburtlichen Erleben des Menschen. Es heißt dort:

„Vorstellen ist Bild von all den Erlebnissen, die vorgeburtlich beziehungsweise vor der Empfängnis von uns erlebt sind. [...] Und so wie die gewöhnlichen Spiegelbilder räumlich als Spiegelbilder entstehen, so spiegelt sich Ihr Leben zwischen Tod und neuer Geburt in dem jetzigen Leben drinnen, und diese Spiegelung ist das Vorstellen." (GA 293/Tb. 1982/22.08.1919/S.32 f.)

Was ist hier mit Vorstellung gemeint? Die Tätigkeit des Vorstellens oder der Inhalt der Vorstellung?

beweg- liche Bilder

E.-M. Kranich: Weder noch. Rudolf Steiner meint hier mit Vorstellen nicht Vorstellungen und auch nicht die Bildung von bestimmten Vorstellungen, sondern bewegliche Bilder, zu denen die einzelnen Vorstellungen in einem bestimmten Verhältnis stehen. Ich kann mir z.B. ein gleichschenkliges Dreieck vorstellen. Dieses Dreieck kann ich jetzt innerlich in ein gleichseitiges verwandeln und dann in ein rechtwinkliges übergehen lassen usw. In meinem Bewußtsein habe ich so die Verwandlung einer Bildes vollzogen, ich habe eine Vorstellung allmählich in eine andere übergehen lassen, ohne aber die innere Gesetzmäßigkeit zu durchbrechen, die diesen Vorstellungen insgesamt zugrundeliegt.

Diese gesetzmäßige bewegliche Vorstellung meint Steiner, wenn er von Vorstellen spricht. Jede einzelne Vorstellung ist nur ein ganz selektiver Ausschnitt aus dieser lebendigen Bewegung von ineinander übergehenden und gesetzmäßig zusammenhängenden Vorstellungen.

Auch in anderen Bereichen lebt dieser gesetzmäßige Zusammenhang. Ich kann z.B. die Vorstellung eines Krokus innerlich in die Vorstellung einer Tulpe umwandeln, indem ich die Form der Blätter und auch der Blüte allmählich verändere. Diesen Prozeß der schrittweisen Veränderung kann ich in einen kontinuierlichen Veränderungsprozeß umwandeln, so daß ich innerlich in gesetzmäßiger Weise von Pflanzenbild zu Pflanzenbild übergehen kann. Dann leben in meiner Vorstellung nicht mehr viele verschiedene Pflanzen, sondern ein sich verwandelndes Pflanzenwesen, aus dem durch gesetzmäßige Umgestaltung mit innerer Notwendigkeit die verschiedenen Pflanzen hervorgehen, die dann jeweils nur eine Manifestation des lebendigen Pflanzenwesens sind.

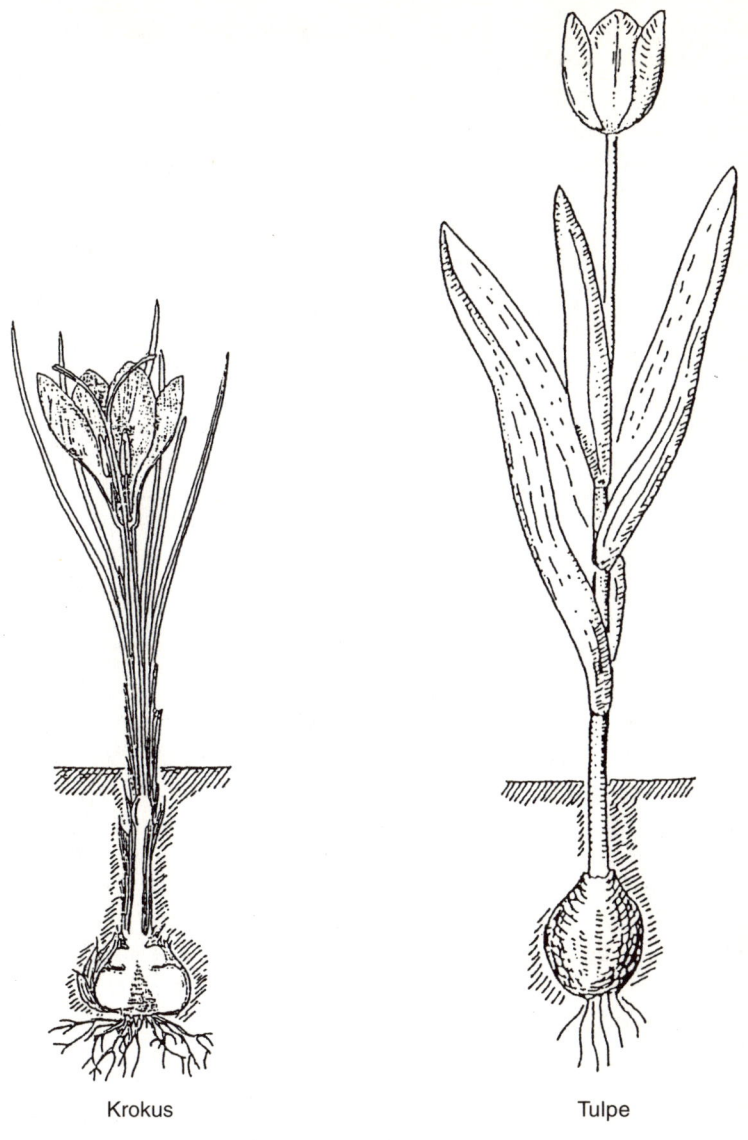

Krokus   Tulpe

Das Verhältnis von Vorstellen im Sinne der zitierten Aussage Steiners zu einer konkreten Vorstellung entspricht dem Verhältnis des im Bewußtsein lebendigen Pflanzenwesens zu der Vorstellung einer bestimmten Pflanze. Die höhere Realität ist das Vorstellen, die einzelne Vorstellung ist aus ihr ein geronnenes Segment. Die Frage ist nun, wovon dieses Vorstellen Bild ist, denn es ist auch Bewußtseinsinhalt und somit Bild von etwas, nicht aber das Etwas selbst. Die einzelne Vorstellung ist Bild der jeweils in der Sinneswelt vorfindbaren Pflanze. Die Vorstellung der Nelke ist Bild der Nelke, da ist nichts Vorgeburtliches. Aber wovon ist das bewegliche, sich in ständiger Verwandlung befindende Vorstellen Bild?

Es muß sich um eine lebendige Wirklichkeit handeln, in der die Kraft liegt, sich in vielerlei Gestalten zu verwirklichen. Diese lebendige Wirklichkeit nennt Rudolf Steiner die Urbilder. In der „Theosophie" schreibt er:

„Denn die Urbilder in ihrer wahren Gestalt sind ihren sinnlichen Nachbildern sehr unähnlich. Ebenso unähnlich sind sie aber auch ihren *Schatten*, den abstrakten Gedanken. – In der geistigen Welt ist alles in fortwährender beweglicher Tätigkeit, in unaufhörlichem Schaffen. Eine Ruhe, ein Verweilen an einem Orte, wie sie in der physischen Welt vorhanden sind, gibt es dort nicht. Denn die Urbilder sind *schaffende Wesenheiten*. Sie sind die Werkmeister alles dessen, was in der physischen und seelischen Welt entsteht. Ihre Formen sind rasch wechselnd; und in jedem Urbild liegt die Möglichkeit, unzählige besondere Gestalten anzunehmen. Sie lassen gleichsam die besonderen Gestalten aus sich hervorsprießen; und kaum ist die eine erzeugt, so schickt sich das Urbild an, eine nächste aus sich hervorquellen zu lassen. Und die Urbilder stehen miteinander in mehr oder weniger verwandtschaftlicher Beziehung. Sie wirken nicht vereinzelt. Das eine bedarf der Hilfe des andern zu seinem Schaffen. Unzählige Urbilder wirken oft zusammen, damit diese oder jene Wesenheit in der seelischen oder physischen Welt entstehe." (GA 9/Tb. 1978/S.95 f.)

Das Vorstellen ist also Bild dieser Urbilder, die in der geistigen Welt zu finden sind. Die geistige Welt wiederum ist die Heimat des Menschen vor seiner Geburt, und deshalb weist Rudolf Steiner auf die Region des Vorgeburtlichen, wenn er über das Vorstellen spricht.

Antipathie und Gedächtnis

T.H.: Jetzt fehlt noch der Übergang zum Gedächtnis. In dem von mir erwähnten Vortrag führt Steiner weiter aus:

„Wenn Sie nun jetzt vorstellen, so begegnet jedes solche Vorstellen der Antipathie, und wird die Antipathie genügend stark, so entsteht das Erinnerungsbild, das Gedächtnis, so daß das Gedächtnis nichts anderes ist als ein Ergebnis der in uns waltenden Antipathie. Hier haben Sie den Zusammenhang zwischen dem rein Gefühlsmäßigen noch der Antipathie, die unbestimmt noch zurückstrahlt, und dem bestimmten Zurückstrahlen, dem Zurückstrahlen der jetzt noch bildhaft ausgeübten Wahrnehmungstätigkeit im Gedächtnis. Das Gedächtnis ist nur gesteigerte Antipathie. Sie könnten kein Gedächtnis haben, wenn Sie zu Ihren Vorstellungen so große Sympathie hätten, daß Sie sie 'verschlucken' würden; Sie haben Gedächtnis nur dadurch, daß Sie eine Art Ekel haben vor den Vorstellungen, sie zurückwerfen – und dadurch sie präsent machen. Das ist ihre Realität." (GA 293/Tb. 1982/22.08.1919/S.36)

Können Sie das erläutern?

E.-M. Kranich: Zunächst muß man deutlich vor Augen haben, daß mit Antipathie hier nicht bloß gemeint ist, daß mir etwas unangenehm ist, daß ich Abneigung und Widerwillen empfinde, sondern Rudolf Steiner meint hier die Kraft der Antipathie, die neben der Sympathie die zweite Grundkraft der Seele ist. Dazu heißt es wieder in der „Theosophie":

„Als *Sympathie* muß die Kraft bezeichnet werden, mit der ein Seelengebilde andere anzieht, sich mit ihnen zu verschmelzen sucht, seine Verwandtschaft mit ihnen geltend macht. *Antipathie* ist dagegen die Kraft, mit der sich Seelengebilde abstoßen, ausschließen, mit der sie ihre Eigenheit behaupten." (GA 9/Tb. 1978/S.78)

Antipathie bedeutet also das Zurückweisung eines anderen und das Schaffen von Distanz. Durch die Antipathie kommt es überhaupt erst zur Absonderung des eigenen Wesens gegenüber der Umgebung. Würde in uns nur die Sympathie leben, so würden wir in unserer Umgebung aufgehen, weil wir nicht die Kraft hätten, sie zurückzuweisen und sie sich uns gegenüberzustellen.

Antipathie bedeutet aber nicht, daß die Verbindung zum Gegenüber verlorengeht. Die Beziehung bleibt bestehen, aber ich gehe nicht in dem anderen auf, sondern bleibe ich selbst. Wenn ich einem anderen Wesen antipathisch begegne, so bleibe ich bei mir und nehme zu dem anderen Wesen eine Beziehung aus der Distanz heraus auf. Ich dringe dann nicht in sein Inneres ein. Ich gewinne dann kein Bewußtsein von der inneren Beschaffenheit dieses Wesens, sondern nur ein äußerliches Abbild. Dieses Bild ist die Vorstellung als Segment des beweglichen Bildes, des Vorstellens, durch das man im Wahrnehmen die Dinge des Sinneswelt – wie das Haus oder eine bestimmte Pflanze – erfaßt.

Wenn ich von der Wahrnehmung zur Erinnerung aufsteigen will, so muß ich mir meiner in die Wahrnehmung hineingeflossenen Vorstellung bewußt werden. Das heißt aber, ich muß zu meiner eigenen Vorstellung auf Distanz gehen, ihr mit Antipathie begegnen. Ich nehme dann nicht nur wahr, sondern bringe mir die Vorstellung zum Bewußtsein, mit der ich den Gegenstand erfaßt habe. Ich habe eine Verbindung von dem Objekt zu meinem eigenen Wesen hergestellt, und damit kann ich das Bild des Objektes in mir festhalten, auch wenn das Objekt selbst nicht mehr gegenwärtig ist. Und ich kann mich an das Objekt erinnern, indem ich die entsprechende Vorstellung in mein Bewußtsein rufe.

T.H.: Ich frage mich, wie die ersten Waldorflehrer die Ausführungen Steiners verstehen konnten, zumal sie nicht einmal auf einen gedruckten Text zurückgreifen konnten.

E.-M. Kranich: Die Menschen, die damals die Vorträge hörten, berichteten, daß sie in dem Moment, als Rudolf Steiner zu ihnen sprach, seinen Worten folgen konnten. Der Sinn erschloß sich ihnen im Zuhören. Als sie anderen Lehrern dann ihr Wissen weitergeben sollten, waren sie dazu oft nicht in der Lage, d.h. sie hatten die Ausführungen Steiners noch nicht selbständig erarbeitet.

T.H.: Wie können einem die Vorträge zur Menschenkunde heute helfen, denn sie sind ja kaum unmittelbar verstehbar?

E.-M. Kranich: Zu glauben, man brauche sie einfach nur zu lesen und habe sich damit brauchbare Kenntnisse angeeignet, ist eine völlig verfehlte Annahme. Man kann diese Vorträge Steiners nur als Hinweise verstehen, die Anregungen zur eigenen Arbeit geben können. Sie können einem die Richtung zeigen, in der man zu suchen hat. Und dann kann man sie Schritt für Schritt erarbeiten.

Die Entwicklung des Gedächtnisses

T.H.: Wie entwickelt sich das Gedächtnis beim Kind?

E.-M. Kranich: Ich lasse jetzt einmal die allerersten Entwicklungsschritte außer acht und beginne um das dritte Lebensjahr herum. In diesem Alter rufen Wahrnehmungen noch unwillkürliche Reaktionen hervor. Dazu ein Beispiel: Ein Kind geht mit seinen Eltern spazieren und sieht eine Schnekke. Sie gehen weiter, und nach einiger Zeit sieht das Kind wieder eine Schnecke und sagt: „Schau, da ist sie ja wieder." – Natürlich handelt es sich nicht um die gleiche Schnecke; wenn ein Erwachsener allen Ernstes diese

Äußerung machte, würden wir an seinen geistigen Fähigkeiten zweifeln. Das Kind aber reagiert auf seine beiden Wahrnehmungen der Schnecke unwillkürlich. Es erinnert sich gleichsam reflexhaft an die vorher gesehene Schnecke und kann deshalb die beiden Wahrnehmungen nicht richtig zueinander in Beziehung setzen.

Ein Versuch, der vor einigen Jahren beschrieben wurde, kann ein weiteres Schlaglicht auf die Entwicklung des kindlichen Gedächtnisses werfen. Man zeigt einem fünfjährigen und einem siebenjährigen Kind ein Bild und sagt ihnen, sie sollten dieses Bild im Anschluß, nach dem Betrachten zeichnen. Dabei zeigt sich, daß das siebenjährige Kind das Bild nun sehr viel eingehender betrachtet als vor der Aufforderung. Das heißt, daß das Kind in dem Augenblick, in dem es weiß, daß es sich später an etwas erinnern soll, seine Aufmerksamkeit steigert. Das fünfjährige Kind tut dies noch nicht, bei ihm ändert sich die Aufmerksamkeit nicht durch die Aufforderung, das Bild zu zeichnen.

Wenn an einen Erwachsenen die Aufforderung ergeht, sich ein Bild einzuprägen, dann wird er dieses Bild ebenfalls sehr aufmerksam betrachten und es innerlich nachzeichnen. Bisweilen wird er die Augen schließen und überprüfen, wie genau dieses Bild innerlich gegenwärtig ist, um dann im Anschluß durch eingehendere Beobachtung das innere Bild zu ergänzen. Diese Art der bewußteren Zuwendung zu den Dingen, die zu einer detaillierten Erinnerungsbildung führt und die erst die Möglichkeit schafft, sich willkürlich erinnern zu können, setzt um das siebte Lebensjahr ein.

T.H.: Wie erklärt sich diese Entwicklung?

E.-M. Kranich: Das Neue besteht ja darin, daß das Kind etwa ab dem siebten Lebensjahr in der Lage ist, wahrgenommene Formen innerlich nachzubilden, was die Voraussetzung der bewußten Gedächtnisbildung ist. In den ersten sieben Jahren im Leben eines Kindes spielt sich nun noch ein anderer, sehr bedeutsamer Prozeß ab. Die Organe des Kindes wachsen in dieser Zeit nicht nur, sondern durchlaufen auch einen Prozeß der vollständigen Umbildung. Diese Umbildung ist so gravierend, daß die Lunge eines sechs- oder siebenjährigen Kindes völlig anders aussieht als die eines Neugeborenen. Gleiches gilt für die Nieren, die Leber usw. Diese Umbildung läßt sich an vielen Einzelheiten umfassend nachweisen.

Die frühkindliche Entwicklung ist also von plastischen Gestaltungsvorgängen bestimmt, die um das siebte Lebensjahr zu einem Ende kommen. Kräfte, die am leiblichen Organismus des Kindes formbildend tätig waren, kommen jetzt zu einem Ende ihrer umgestaltenden Tätigkeit in den Organen. Gleichzeitig erwacht in der Seele des Kindes die Fähigkeit, an der Wahrnehmung der Außenwelt innerlich formbildend tätig zu sein. Das Kind ist jetzt in der Lage, seine Aufmerksamkeit bewußt zu steigern und wahrgenommene Gegenstände innerlich nachzuzeichnen, innerlich nachzuformen.

Schaut man diese beiden Entwicklungen zusammen, so kann man zu dem Schluß kommen, daß Formkräfte, die zunächst unbewußt am Leib des Kindes wirkten und diesen umgestalteten, in einem gewissen Umfang aus dem Wirken im Unbewußten frei werden und dem bewußten, auf die äußere Wahrnehmung bezogenen Seelenleben zur Verfügung stehen. Diese formbildenden Kräfte wirkten also zunächst nach innen und unbewußt und wirken dann nach außen gewandt und dienen dem bewußten Seelenleben. Einen solchen Umwandlungsvorgang kann man mit einem gewissen Recht bildlich eine Geburt nennen. Steiner spricht daher in diesem Zusammenhang von der Geburt des Bildekräfteleibes.

T.H.: Dieses Freiwerden von Bildekräften gilt doch aber nur für einen Teil der Bildekräfte, die insgesamt im menschlichen Organismus wirken?

E.-M. Kranich: Ja, der größte Anteil der Bildekräfte ist dauerhaft an die Lebensvorgänge im menschlichen Organismus gebunden, also an Stoffwechsel, Wachstum und Regeneration. Aber ein Teil dieser Kräfte löst sich von diesen Aufgaben und steht dann dem bewußten Seelenleben zur Verfügung.

Pädagogische Konsequenzen

T.H.: Das Gedächtnis beruht also auf der Fähigkeit, sich innerlich Bilder ins Bewußtsein zu rufen. Diese Fähigkeit steht dem Kind erst nach der geschilderten Entwicklung zur Verfügung. Steiner weist nun darauf hin, daß nach dem ersten Jahrsiebt besonderer Wert auf die Ausbildung des Gedächtnisses gelegt werden muß. Es ist geradezu ein Prinzip der Waldorfpädagogik, die Kinder in den ersten Schuljahren die notwendigen Sachverhalte, Sprüche, Gedichte, das Einmaleins usw., auswendig lernen zu lassen und sie in späteren Klassenstufen erneut aufzugreifen, um sie dann verstehend zu durchdringen. Aber reicht die bloße Schulung der Erinnerungsfähigkeit aus, um die Entwicklung des Gedächtnisses in gesunder Weise zu fördern?

E.-M. Kranich: Nein, das allein reicht nicht und wird auch dem Kind noch nicht ganz gerecht. Es kommt vielmehr darauf an, die inneren, bild-

„Eine Seelenkraft, auf welche in dieser Zeit der menschlichen Entwik-
kelung besonderer Wert gelegt werden muß, ist das Gedächtnis. Die
Entwickelung des Gedächtnisses ist eben an die Umbildung des Ätherleibes gebunden. Da dessen Ausbildung so erfolgt, daß er gerade zwischen Zahnwechsel und Geschlechtsreife frei wird, so ist diese Zeit
auch diejenige, in der von außen bewußt auf die Fortentwickelung des
Gedächtnisses gesehen werden muß. Das Gedächtnis wird bleibend
einen geringeren Wert haben, als es hätte für den betreffenden Menschen haben können, wenn in dieser Zeit das Entsprechende versäumt
wird. Das Vernachlässigte kann später nicht mehr nachgeholt werden."
(GA 34/1960/S.333 f.)

schaffenden Kräfte zu unterstützen, die in der Seele des Kindes wirksam
sind. Dies erreicht man nicht dadurch, daß man den Kindern starre Bilder
und Begriffe gibt, sondern solche, die die Phantasie des Kindes anregen.
Auch der Phantasie liegen ja innerlich bildschaffende Kräfte zugrunde.
Diese Kräfte sollen nun in möglichst freier Weise tätig werden. Das heißt,
der Erzieher muß darauf bedacht sein, durch geeignete Maßnahmen die
Phantasie des Kindes anzuregen, er muß dem Kind die Möglichkeit geben,
innerlich bildschaffend tätig zu werden.

Die Phantasie wird insbesondere durch das anschauliche Erzählen gefördert, deshalb ist der Erzählteil ein fester Bestandteil des Unterrichts in den
ersten Jahren der Waldorfschule. Indem das Kind dem erzählenden Lehrer
zuhört, bildet es sich innerlich Vorstellungen zu der Erzählung und empfindet seelisch mit den Gestalten der Erzählung mit. Damit ist neben der
inneren Vorstellungsbildung auch das Gefühlsleben angesprochen, und beides steht, wie gesagt, in einem engen Zusammenhang mit dem Gedächtnis.

Auch wenn es darum geht, den Kindern Tatsachen so zu vermitteln, daß
sie sich ihrem Gedächtnis einprägen, sollte man keine festen, starren Begriffe verwenden, sondern man sollte darauf achten, daß man von einer Bewegung oder Gebärde ausgeht, die das Kind innerlich mitvollziehen und
nacherleben kann. Wenn also z.B. in der Pflanzenkunde eine bestimmte
Pflanze besprochen wird, dann sollte die Pflanze nicht nur gezeichnet und
die entsprechenden Teile benannt werden, sondern es sollten die formbildenden Kräfte, die der Pflanze ihre Gestalt gegeben haben, in den Mittelpunkt des Unterrichtes gestellt werden. Es kommt also darauf an zu beobachten, wie die Pflanze wächst und sich entwickelt, wie der Sproß gestaltet

ist und in welcher Weise er sich verändert, wenn er wächst, wie der Stengel, die Blätter, die Blüte geformt sind und welche Entwicklungsbewegung sich in der Abfolge der Blattgestalten vom Keimblatt zum Blütenblatt ablesen läßt. Wenn man die Kinder an diese gestaltbildenden Aspekte heranführt, werden wieder die innerlich bildschaffenden Kräfte angesprochen, und das Kind bekommt auch einen inneren Bezug zu den Kräften der Natur.

T.H.: Welche Auswirkungen hat eine zu frühzeitige Beanspruchung des Gedächtnisses?

E.-M. Kranich: Kinder, deren Gedächtnis zu früh, also vor dem siebten Lebensjahr beansprucht wird, leiden häufig an einem Verlust innerer Produktivität, weil die innere Dynamik und Lebendigkeit in der Gedächtnisbildung durch einen Schematismus ersetzt wurde. Diese Aussage stütze ich auf Berichte von Kindergärtnerinnen, die Erfahrungen mit Frühförderprogrammen haben, in denen die Gedächtnisleistung frühzeitig gezielt trainiert werden sollte. Jede innerlich bildschaffende Tätigkeit des Kindes setzt voraus, daß dem Kind die entsprechenden Kräfte auch tatsächlich zur Verfügung stehen. Stehen diese Kräfte nicht oder nicht vollständig zur Verfügung, muß an die Stelle des lebendigen Bildschaffens ein Automatismus, eine Art bedingter Reflex treten.

Ein anderer Aspekt ist wahrscheinlich noch viel gravierender. Wenn nun das Gedächtnis zu früh beansprucht wird, kann man vermuten, daß die Bildekräfte, die eigentlich noch an der Umgestaltung des Organismus mitwirken müssen, von ihrer eigentlichen Aufgabe abgezogen werden. Die Folge wäre, daß die Organumbildung nicht in der Weise ablaufen kann, wie sie eigentlich sollte. Die Folge könnte eine Beeinträchtigung der Leibesbildung sein. Doch diese Aussage muß ich unter Vorbehalt stellen, denn es gibt hierzu noch keine gesicherten Erkenntnisse, lediglich einige Indizien.

Lebendige Formen schaffen

Geistig-seelische Aspekte der Erinnerung

Klaus-Dieter Neumann

„Ich hatte die Gabe, wenn ich die Augen schloß und mit niedergesenktem Haupte mir in der Mitte des Sehorgans eine Blume dachte, so verharrte sie nicht einen Augenblick in ihrer ersten Gestalt, sondern sie legte sich auseinander und aus ihrem Innern entfalteten sich wieder neue Blumen.

Es war unmöglich, die hervorquellende Schöpfung zu fixieren, hingegen dauerte sie so lange als mir beliebte, ermattete nicht und verstärkte sich nicht."

(Goethe, zit. nach: GA 1a/1982/S.VIII, Vorwort von K.J. Schröer)

Goethe schildert mit diesen Worten seine Fähigkeit, die er sich durch die langjährige Beschäftigung mit der Metamorphose der Pflanzen erworben hatte. Er war in der Lage, die lebendigen Gestaltungen des Pflanzenreichs in seinem Bewußtsein hervorzubringen und in ihrer gesetzmäßigen Entfaltung anzuschauen. Er hatte also nicht nur das Nachbild z.B. einer Rose vor sich, das jeder als Erinnerungsvorstellung – mehr oder weniger exakt – in seinem Bewußtsein erscheinen lassen kann, nachdem er eine Rose betrachtet und dann den Blick abgewendet hat. Sondern er erfaßte zudem den lebendigen Begriff, die Idee der Rose, die sich in ihrer belebten Form, in ihrem Gestaltwandel vom Samen bis zur Entfaltung der Blüte darlebt.

Goethe war sich gewiß, daß eine umfassende Erkenntnis des Organischen nur über eine selbstlos nachschaffende Anschauung der Naturphänomene möglich ist. Diese nachschaffend sich anzueignen – unverfälscht durch jegliches persönliche Wollen und Meinen – setzt auch ein Denken voraus, das sich in lebendigen Begriffen bewegen kann, d.h. in der Lage ist, die Anschauung prozessual ganz zu durchdringen. Wenn das Denken nicht mit den Kräften verwandt wäre, die die lebendige Form z.B. der Rose bewirken und entwickeln, könnte es sie nicht erfassen. Ebenso wenig, wie man etwas Seelisches oder Geistiges direkt mit einem Meßgerät nachweisen oder ihrer mit der Kneifzange habhaft werden könnte, weil sie eben nicht physisch-materieller Natur sind.

Der Mensch kann also nicht nur das Gewordene verstandesmäßig erfassen und in seinen Vorstellungen abbildend fixieren, sondern zur Erkenntnis des Werdenden aufsteigen, wenn er selbst schöpferisch – nachschaffend, hervorbringend – tätig wird. Im Bewußtsein erscheinen dann in ihrer Entfaltung die gleichen geistigen Kräfte, die z.B. die Rose als lebendige Gestalt durchdringen. Das Schöpferische im Menschen sah Goethe bis in die Sinneswahrnehmung wirksam, und sein Vertrauen in die Untrüglichkeit der Sinne ließ ihn vermuten, daß „Gedächtnis und Einbildungskraft in den Sinnesorganen selbst thätig sind und daß jeder Sinn sein ihm eigentümlich zukommendes Gedächtnis und Einbildungskraft besitze" (ebd.).

Nur was wir je durch diese „Einbildungskraft", die in der Tätigkeit der Sinnesorgane beginnt, aber nicht darauf beschränkt ist, in uns aufgenommen haben, können wir auch eines Tages durch die Erinnerung oder auch die „produktive Einbildungskraft" (Goethe) wieder hervorbringen. Der Vorgang der Erinnerung setzt also immer einen irgendwann stattgefundenen Vorgang der Wahrnehmung, Einbildung – Information (= Einformung) – oder Einprägung voraus. Dieser Wahrnehmungs- und Verinnerlichungsprozeß kann natürlich auch von bloß gedanklicher Tätigkeit ausgehen, denn auch unser Denken nehmen wir wahr.

Die Doppelheit dieses Prozesses – Verinnerlichung einerseits, Erinnerung andererseits –, der immer auch Wahrnehmung ist, ist die Grundlage unserer gesamten Persönlichkeitsbildung. Ergreifen wir diesen Prozeß bewußt, heißt das: Nachschaffend eignen wir uns ein Äußeres an, nämlich die Welt, wie sie uns begegnet, und sie wirkt bildend in uns fort, ist die Grundlage für unsere Entwicklung. Im Prinzip gilt das für alle Wahrnehmung und Erinnerung. Entscheidend ist, ob wir uns dessen bewußt werden und wie wir damit umgehen. Denn davon hängt ab, ob wir uns als geistig-seelische Wesen empfinden lernen, die verantwortlich für die eigene und die Weltentwicklung sind. Mithin ist es auch nicht egal, wie wir uns in die Welt stellen, welchen Eindrücken wir uns hingeben, wie wir mit unserer Wahrnehmung und Erinnerung umgehen.

Die Wesensglieder des Menschen

Um den komplexen Vorgang der Erinnerung näher zu betrachten, ist eine Kenntnis der vier Wesensglieder des Menschen, wie Rudolf Steiner sie beschreibt, notwendig. Daher sollen an dieser Stelle zumindest in Kürze die wesentlichen Merkmale dieser Wesensglieder genannt werden.

Jedem geläufig ist der physische Leib, der denselben Gesetzen wie die übrige physische Welt unterliegt und aus denselben Stoffen und Kräften zusammengesetzt ist wie die leblose, mineralische Welt. Es ist unser materieller Körper, der der Sinnesbeobachtung zugänglich ist. Dieser ist aber nur ein Teil der menschlichen Wesenheit, was in dem Moment deutlich wird, wenn der Mensch stirbt: Dann nämlich können sich die chemisch-physikalischen Prozesse nach ihrer eigenen Gesetzmäßigkeit auswirken, und der Leichnam zerfällt.

Während des Lebens werden diese Prozesse an ihrer eigengesetzmäßigen Entfaltung gehindert, sie werden zurückgedrängt und in die Lebensprozesse des Stoffwechsels, des Wachstums und der Reproduktion überführt. Das Wesensglied, das den physischen Leib belebt und bildet, wird Ätherleib bzw. Lebens- oder Bildekräfteleib genannt. Er ist zwar sinnlich nicht wahrnehmbar, offenbart sich aber in seinen Wirkungen der sinnlichen Wahrnehmung. Einen solchen Lebensleib haben auch alle Pflanzen und Tiere, alle Lebewesen in ihrer jeweils spezifischen Art. Der Ätherleib ist der Bild- und Formträger, der Plastiker der lebendigen Gestalt des Menschen. Durch seine Wirksamkeit ist es möglich, daß die materiellen Substanzen des physischen Leibes zwar wechseln, seine Gestalt aber erhalten bleibt. Der Ätherleib durchdringt und durchströmt den gesamten physischen Leib, ist ähnlich wie dieser, nur komplizierter gegliedert, und er bildet und erhält alle Organe.

Das dritte Glied der menschlichen Wesenheit ist der Astralleib, auch Seelen- oder Empfindungsleib genannt. Er ist der Träger aller Empfindungen, von Lust, Schmerz, Trieb, Begierde, Leidenschaft usw. Durch ihn kommt der Mensch zu einem Bewußtsein, indem die Lebenskräfte durch ihn zurückgedrängt werden und Raum für ein inneres Erleben entsteht. Ohne die Durchdringung mit einem Astralleib, der auch den Tieren eigen ist, würde der Mensch sich auf der Stufe des Pflanzenseins in einem dauernden vegetativen Schlafzustand befinden.

Das menschliche Ich erlebt in der Erinnerung das Bleibende

Der Mensch kann ein klares Bewußtsein ausbilden, weil bei ihm, im Gegensatz zum Tier, nicht fortwährend Trieb, Instinkt und Bewußtseinskräfte ineinanderwirken. Der Mensch unterscheidet sich von allen Tieren durch sein viertes Wesensglied, das Ich, das geistiger Natur ist. Durch das Ich kann sich der Mensch selbst erfassen und über das tierische Bewußtsein hinausgelangen, das an die wechselnden Einflüsse der Außenwelt und des Trieblebens hingegeben ist. Das Ich ermöglicht es dem Menschen, in seinen wechselnden inneren Erlebnissen ein Bleibendes zu erleben:

„Wäre der Astralleib sich selbst überlassen, es würden sich Lust und Schmerz, Hunger- und Durstgefühle in ihm abspielen; was aber dann nicht zustandekäme, ist die Empfindung: es sei ein *Bleibendes* in alle dem. Nicht das Bleibende als solches wird hier als 'Ich' bezeichnet, sondern dasjenige, welches dieses Bleibende erlebt." (GA 13/Tb. 1962/S.47)

Erst dadurch, daß der Mensch ein Ich hat, kann er das Dauernde in seiner Seele so empfinden, daß es zur Grundlage seiner Entwicklung wird:

„Wie der physische Leib zerfällt, wenn ihn nicht der Ätherleib zusammenhält, wie der Ätherleib in die Bewußtlosigkeit versinkt, wenn ihn nicht der Astralleib durchleuchtet, so müßte der Astralleib das Vergangene immer wieder in die *Vergessenheit* sinken lassen, wenn dieses nicht vom 'Ich' in die Gegenwart herübergerettet würde. Was für den physischen Leib der Tod, für den Ätherleib der Schlaf, das ist für den Astralleib das *Vergessen*. Man kann auch sagen: dem Ätherleib sei das *Leben* eigen, dem Astralleib das *Bewußtsein* und dem Ich die *Erinnerung*." (ebd./S.48)

Durch das Ich kann sich der Mensch von den Einflüssen der äußeren Natur emanzipieren. Erst ein Ichwesen steht der Welt und den eigenen Bewußtseinsinhalten so gegenüber, daß es sie denkend und erkennend erfassen kann. Reflexion, Erinnerung und Urteilsbildung geben dem Menschen die Möglichkeit der Freiheit und machen ihn verantwortungsfähig.

Die Seele gibt dem Wissen Dauer

Wenn wir die vier Wesenglieder des Menschen überschauen, haben wir zunächst grob einen Weg von außen nach innen vorgezeichnet: von der mineralischen Welt des physischen Leibes, der durch den Ätherleib belebt und derart gebildet wird, daß er einen menschlichen Astralleib und schließlich das Ich tragen kann. Wenn wir diesen Weg genauer fassen wollen, müssen wir uns auf die weitere Differenzierung des Astralleibes einlassen. Steiner beschreibt in seiner Grundschrift „Die Geheimwissenschaft im Umriß" (GA 13) Stufen einer Lösung von der Außenwelt und einer damit zunehmenden Verinnerlichung des Seelenlebens. Hier zunächst der erste Schritt:

„Nun tritt die Erinnerung in verschiedenen Stufen auf. Schon das ist die einfachste Form der Erinnerung, wenn der Mensch einen Gegenstand wahrnimmt und er dann nach dem Abwenden von dem Gegenstande die *Vorstellung* von ihm wieder erwecken kann. Diese Vorstellung hat der Mensch sich gebildet, während er den Gegenstand wahrgenommen hat. Es hat sich da ein Vorgang abgespielt zwischen seinem astralischen Leibe und seinem Ich. Der Astralleib hat den äußeren Eindruck von dem Gegenstande bewußt gemacht. Doch würde das Wissen von dem Gegenstande nur solange dauern, als dieser gegenwärtig ist, wenn das Ich nicht das Wissen in sich aufnehmen und zu seinem Besitztume machen würde. – Hier an diesem Punkte scheidet die übersinnliche Anschauung das Leibliche von dem Seelischen. Man spricht von dem *Astralleibe*, solange man die Entstehung des Wissens von einem gegenwärtigen Gegenstande im Auge hat. Dasjenige aber, was dem Wissen Dauer gibt, bezeichnet man als *Seele*. Man sieht aber zugleich aus dem Gesagten, wie eng verbunden im Menschen der Astralleib mit dem Teile der Seele ist, welcher dem Wissen Dauer verleiht. Beide sind gewissermaßen zu einem Gliede der menschlichen Wesenheit vereinigt. Deshalb kann man auch diese Vereinigung als Astralleib bezeichnen. Auch kann man, wenn man eine genaue Bezeichnung will, von dem Astralleib des Menschen als dem *Seelenleib* sprechen, und von der Seele, insofern sie mit diesem vereinigt ist, als der *Empfindungsseele*." (ebd./S.50 f.)

Mit der ersten Stufe der Erinnerung ist also der Beginn eines ersten inneren Erlebens, das Überschreiten der Grenze zwischen der Außenwelt und der Innenwelt des menschlichen Seelenlebens bezeichnet:

„Wir können genau die Grenze ziehen zwischen demjenigen, was wir innerlich erleben, und der Außenwelt. In dem Augenblick, wo wir anfangen, innerlich zu erleben, da beginnt dasjenige, was wir nennen Empfindungsseele gegenüber demjenigen, was Empfindungsleib ist, der uns zum Beispiel Wahrnehmung vermittelt, der es möglich macht, daß wir empfinden können die Farbe der Rose. In der Empfindungsseele liegen also die Vorstellungen, liegt aber auch alles dasjenige, was wir nennen können unsere Sympathien und Antipathien, unsere Gefühle, unsere Empfindungen, die wir erleben den Dingen gegenüber. Wenn wir die Rose schön nennen, so ist dieses innere Erlebnis ein Gut der Empfindungsseele. Wer nicht unterscheiden will zwischen Wahrnehmung und Vorstellung, dem inneren Besitztum der Vorstellung, die in der Empfindungsseele wurzelt, der möge sich klarmachen eben, daß ein glühender wirklicher Stahl brennt, ein vorgestellter aber nicht." (GA 58/1984/05.12.1909/S.57 f.)

„Genau da, wo das innere Erlebnis beginnt, da beginnt die Empfindungsseele gegenüber dem Empfindungsleib." (ebd./S.58)

An dieser Stelle ist festzuhalten, daß wir jetzt einen dreigegliederten Leibbegriff entfaltet haben: 1. den sinnlich faßbaren physischen Leib mit seinen materiellen Bestandteilen, die den Gesetzmäßigkeiten der mineralischen Welt unterliegen; 2. den Ätherleib als lebenerfüllte Geistgestalt, mit allen Lebensprozessen wie Wachstum, Stoffwechsel und Reproduktion; 3. den Empfindungsleib, der die Sinneswahrnehmungen vermittelt, an die sich die Empfindungen knüpfen. Mit letzterem bildet die Empfindungsseele eine Einheit.

Wir haben also einen Leibbegriff, der nicht auf das Charakteristikum der räumlichen Ausdehnung eines materiellen Körpers beschränkt ist, sondern darüber hinaus den geistigen Kraftzusammenhang von Form und Gestalt meint. Ein Leib begrenzt gewissermaßen als Gefäß – allerdings nicht räumlich – die Wirksamkeit geistig-seelischer Kraftströme eines nächsthöheren Wesensgliedes, das sich mit ihm verbindet, ihn durchdringt.

Kommen wir zur zweiten Stufe der Erinnerung bzw. Verinnerlichung und damit zu einem weiteren Bereich der Seele:

„Das Ich steigt zu einer höheren Stufe seiner Wesenheit, wenn es seine Tätigkeit auf das richtet, was es aus dem Wissen der Gegenstände zu seinem Besitztum gemacht hat. Dies ist die Tätigkeit, durch welche sich das Ich von den Gegenständen der Wahrnehmung immer mehr loslöst, um in seinem eigenen Besitze zu arbeiten. Den Teil der Seele, dem dieses zukommt, kann man als *Verstandes-* oder *Gemütsseele* bezeichnen." (GA 13/ Tb. 1962/S.51)

Der Mensch emanzipiert sich also in einem weiteren Schritt von der Außenwelt, indem er über sie und seine durch sie angeregten Empfindungen nachdenkt:

„Durch die Verstandes- oder Gemütsseele erlebt der Mensch dasjenige, was er nun nicht bloß als etwas hat, was durch die Außenwelt angeregt und in ihm fortgetragen wird, sondern durch sie erlebt der Mensch in sich dasjenige, was er vielleicht auf Grund der Außenwelt erlebt, aber nur dann, wenn er in seinem Innern sozusagen die äußere Anregung fortsetzt. Wenn wir nicht nur äußere Wahrnehmungen machen und sie in unserer Empfindungsseele wieder aufleben lassen, sondern wenn wir nachdenken darüber, wenn wir uns ihnen hingeben, wenn wir weiteres erleben, dann bauen sie sich auf, dann gestalten sie sich uns zu Gedanken, zu Urteilen, zum ganzen Inhalt unseres Gemüts. Was wir da innerlich erleben nur dadurch, daß unsere Seele weiterlebt die Anregungen der Außenwelt, das nennen wir Verstandes- oder Gemütsseele." (GA 58/1984/05.12.1909/S.59)

Bis hierher lebt die Seele noch ganz in dem, was durch die Außenwelt angeregt wurde, was sie über die Sinneswahrnehmung empfangen hat und in der Erinnerung bewahren konnte. In der Verstandesseele stellt sie das Denken in den Dienst der Befriedigung ihrer Bedürfnisse und folgt dem Antrieb, sich in der äußeren Welt zurechtzufinden, sie zu bearbeiten und zu beherrschen, um die eigene Existenz in ihr zu sichern.

Das Ich – die Maus, die keiner fängt

Durch das Denken wird die Seele aber auch über sich hinausgeführt, indem der Geist in sie hineinleuchtet. Das Denken öffnet den Weg zum Geistgehalt der Welt, zur Wahrheit, die unabhängig von den Bedürfnissen der Seele, von Sympathie und Antipathie existiert. Weil der Mensch ein denkendes, geistiges Ichwesen ist, kann er religiöse und philosophische Fragen nach dem Weltzusammenhang stellen, kann er das Gute und Wahre, das Ewige in seiner Seele aufscheinen lassen und seiner selbst als einem geistigen Wesen bewußt werden. Diese Fähigkeit kommt nach Steiner dem dritten Seelenglied, der sogenannten *Bewußtseinsseele,* zu. Sie bezeichnet er als den Kern des Bewußtseins, als Seele in der Seele, in der erst eine Wahrnehmung der wirklichen Natur des Ich möglich ist:

„In der Bewußtseinsseele enthüllt sich erst die wirkliche Natur des ‘Ich’. Denn während sich die Seele in Empfindung und Verstand an anderes verliert, ergreift sie als Bewußtseinsseele ihre eigene Wesenheit. Daher kann dieses ‘Ich’ durch die Bewußtseinsseele auch nicht anders als durch eine gewisse innere Tätigkeit wahrgenommen werden. Die Vorstellungen von äußeren Gegenständen werden gebildet, so wie diese Gegenstände kommen und gehen; und diese Vorstellungen arbeiten im Verstande weiter durch ihre eigene Kraft. Soll aber das ‘Ich’ sich selbst wahrnehmen, so kann es nicht bloß sich *hingeben;* es muß durch innere Tätigkeit seine Wesenheit aus den eigenen Tiefen erst heraufholen, um ein Bewußtsein davon zu haben. Mit der Wahrnehmung des ‘Ich’ – mit der *Selbstbesinnung –* beginnt eine innere Tätigkeit des ‘Ich’. Durch diese Tätigkeit hat die Wahrnehmung des Ich in der Bewußtseinsseele für den Menschen eine ganz andere Bedeutung als die Beobachtung alles dessen, was durch die drei Leibesglieder und durch die beiden andern Glieder der Seele an ihn herandringt. Die Kraft, welche in der Bewußtseinsseele das Ich offenbar macht, ist ja dieselbe wie diejenige, welche sich in aller übrigen Welt kundgibt. Nur tritt sie in dem Leibe und in den niederen Seelengliedern nicht unmittelbar hervor, sondern offenbart sich stufenweise in ihren Wirkungen. Die unterste Offenbarung ist diejenige durch den physischen Leib; dann geht es stufenweise hinauf bis zu dem, was die Verstandesseele erfüllt. Man könnte sagen, mit dem Hinansteigen über jede Stufe fällt einer der Schleier, mit denen das Verborgene umhüllt ist. In dem, was die Bewußtseinsseele erfüllt, tritt dieses Verborgene hüllenlos in den innersten Seelentempel. Doch zeigt es sich da eben nur wie ein Tropfen aus dem Meere der alles durchdringenden Geistigkeit. Aber der Mensch muß diese Geistigkeit hier zunächst ergreifen. Er muß sie in sich selbst erkennen; dann kann er sie auch in ihren Offenbarungen finden." (GA 13/Tb. 1962/S.53 f.)

Diese Wahrnehmung des Ich ist nicht mit dem persönlichen Lebensgefühl zu verwechseln, das uns durch unseren Leib vermittelt wird, auch nicht mit dem Aufdämmern des Ichgefühls, das mit dem Gewahrwerden eines Bleibenden im Wechsel der inneren Erlebnisse einhergeht, und auch nicht mit dem Selbstbewußtsein, das wir aufgrund unserer Verstandestätigkeit und Gemütsbildung erlangen. Das gewöhnliche Ichbewußtsein ist nur ein schwacher Abglanz der wahren Ichwesenheit, der unsterblichen Individualität des Menschen, die durch die verschiedenen Erdenleben geht.

Wenn wir alles abziehen, was wir durch den Einfluß der Außenwelt in diesem Leben geworden sind – dazu gehört auch die vererbte Leiblichkeit, unser Geschlecht, die Erziehung usw. –, dann nähern wir uns einer Vorstellung des Ich, das rein geistiger Natur ist:

„Das eigentliche Wesen des 'Ich' ist von allem Äußeren unabhängig, deshalb kann ihm sein Name auch von keinem Äußeren zugerufen werden." (ebd./S.51)

Um einen Zipfel des Ich zu erhaschen, muß es tätig sein, sich selbst hervorbringen. Wenn man die Augen schließt, sich stark konzentriert und sich z.B. innerlich einen Würfel vorstellt – es muß nicht gleich die Metamorphose einer Pflanze sein –, so klar, daß man ihn innerlich wirklich sieht, und ihn dann etwa über seine Flächen abrollend zur Seite bewegt, dann schaut man sich selbst bei einer geistigen Tätigkeit zu. Den Würfel und seine Bewegung – ich kann ihn z.B. auch dehnen oder die Entfernung verändern, ihn auch farbig gestalten – habe ich in meinem Bewußtsein tätig hervorgebracht, und ich kann im Moment der Tätigkeit zuschauen, sie wahrnehmen und zugleich wissen, daß ich es bin, der dieses alles tut. Das mag eine Ahnung von der Natur des Ich – die Maus, die keiner fängt – vermitteln. Und damit sind wir im Innersten der Seele, in ihrem Zentrum angekommen.

Der individualisierte Geist ist das wirklich Bleibende

Das Ich des Menschen arbeitet in der Seele und wirkt veredelnd und umwandelnd auf alle seine Wesensglieder, in denen es lebt, die seine Hüllen sind. Und was schließlich als das geistig Wahre und Gute in der Bewußtseinsseele aufscheint, kann durch das Ich aufgenommen, individualisiert und zu seinem ewigen Besitz werden, wenn es sich dem Geist hingibt:

„Die Sinneserscheinungen offenbaren sich dem 'Ich' von der einen, der Geist von der anderen Seite. Leib und Seele geben sich dem 'Ich' hin, um ihm zu dienen; das 'Ich' aber gibt sich dem Geiste hin, daß er es erfülle. Das 'Ich' lebt in Leib und Seele; der Geist aber lebt im 'Ich'. Und was vom Geiste im Ich ist, das ist ewig. Denn das Ich erhält Wesen und Bedeutung von dem, womit es verbunden ist." (GA 9/Tb. 1962/S.40)

Eine Nebenbemerkung: Warum Steiner in der „Theosophie" (GA 9) mal das Ich in Anführungszeichen setzt und mal nicht, wird nicht ganz deutlich. Er erläutert es nicht. Es ist zu vermuten, daß er einmal mehr das Wesensglied als solches meint („Ich") und einmal das tatsächliche, rein geistige individuelle Wesen. Aber von einer weiteren Differenzierung will ich hier absehen.

Ich habe jetzt einen großen Bogen gespannt, um zu zeigen, daß Erinnerung, im weitesten Sinne und geistig-seelisch gefaßt, ein vielschichtig zu verstehender Prozeß ist, der folgende Komponenten hat:

1. die Geste einer seelischen Innenraumbildung gegenüber der Außenwelt;
2. die Aufnahme bzw. Hereinnahme von äußeren Eindrücken durch die Wahrnehmung und ihre Verinnerlichung;
3. die Bewahrung des Aufgenommenen und der sich daran anschließenden Gedanken und Erlebnisse;
4. das Hervorbringen des Bewahrten im Bewußtsein, das eigentliche Erinnern;
5. die Aufnahme und das Hervorbringen des Geistes in der Seele, seine individuelle Aneignung, als die tatsächlich bleibenden Früchte der gesamten Persönlichkeitsentwicklung eines Erdenlebens.

Der Ätherleib als Träger des Gedächtnisses

Schauen wir uns nun einige Aspekte noch etwas genauer an. Die Arbeit des Ich an den menschlichen Wesensglieder ist nicht nur individuell, sondern auch menschheitsgeschichtlich zu verstehen. Im Laufe der Zeiten haben sich die menschlichen Wesensglieder unter dem Einfluß des Ich gewandelt. Rudolf Steiner schildert einen solchen grundlegenden Wandel:

„So sind bei demjenigen Menschen, der hinausgelangt ist über den Zustand, in den ihn die äußere Welt versetzt hat, die niederen Glieder unter dem Einfluß des Ich mehr oder weniger verändert worden. In dem Zustande, in dem sich der Mensch über das Tier eben erhebt, indem sein 'Ich' aufblitzt, gleicht er in bezug auf die niederen Glieder noch dem Tiere. Sein Äther- oder Lebensleib ist lediglich der Träger der lebendigen Bildungskräfte, des Wachstums und der Fortpflanzung. Sein Empfindungsleib drückt nur solche Triebe, Begierden und Leidenschaften aus, welche durch die äußere Natur angeregt werden. Indem der Mensch von dieser Bildungsstufe aus durch die aufeinanderfolgenden Leben oder Verkörperungen zu immer höherer Entwickelung sich hindurchringt, arbeitet sein Ich die anderen Glieder um. So wird der Empfindungsleib der Träger geläuterter Lust- und Unlustgefühle, verfeinerter Wünsche und Begierden. Und auch der Äther- oder Lebensleib gestaltet sich um. Er wird der Träger der Gewohnheiten, der bleibenden Neigungen, des Temperamentes und des Gedächtnisses. Ein Mensch, dessen Ich noch nicht gearbeitet hat an seinem Lebensleib, hat keine Erinnerung an die Erlebnisse, die er macht. Er lebt sich so aus, wie es die Natur ihm eingepflanzt hat.

Die ganze Kulturentwickelung drückt sich für den Menschen in solcher Arbeit des Ich an seinen untergeordneten Gliedern aus. Diese Arbeit geht bis in den physischen Leib hinunter. Unter dem Einflusse des Ich ändert sich die Physiognomie, ändern sich die Gesten und Bewegungen, das ganze Aussehen des physischen Leibes.

Man kann auch unterscheiden, wie die verschiedenen Kultur- und Bildungsmittel auf die einzelnen Glieder der menschlichen Wesenheit verschieden wirken. Die gewöhnlichen Kulturfaktoren wirken auf den Empfindungsleib; sie bringen diesem andere Arten von Lust und Unlust, von Trieben usw. bei, als er vom Ursprunge aus hatte. Die Versenkung in die Werke der Kunst wirkt auf den Ätherleib. Indem der Mensch durch das Kunstwerk die Ahnung eines Höheren, Edleren erhält als das ist, was die Sinnesumgebung darbietet, gestaltet er seinen Lebensleib um. Ein mächtiges Mittel zur Läuterung und Veredelung des Ätherleibes ist die Religion. Die religiösen Impulse haben dadurch ihre großartige Mission in der Menschheitsentwickelung." (GA 34/1960/S.317 f.)

Ein Teil der Lebensbildekräfte löste sich im Laufe der Kulturentwickelung von der Bindung an den physischen Leib und konnte so zur Trägersubstanz

für Elemente des Seelenlebens werden. Er wurde zum Träger von Gedächtnis, Gewohnheiten, Neigungen, Charakter, Temperament und Gewissen.
Was sich menschheitsgeschichtlich vollzog, geschieht auch in jeder Kindes-
entwicklung: Etwa um die Zeit des Zahnwechsels werden jene Bildekräfte
aus der Organentwicklung frei, die dann dem Seelenleben zur Verfügung
stehen:

„Eine Seelenkraft, auf welche in dieser Zeit der menschlichen Entwickelung besonderer Wert gelegt werden muß, ist das Gedächtnis. Die Entwik-
kelung des Gedächtnisses ist eben an die Umbildung des Ätherleibes gebunden. Da dessen Ausbildung so erfolgt, daß er gerade zwischen Zahnwechsel
und Geschlechtsreife frei wird, so ist diese Zeit auch diejenige, in der von
außen bewußt auf die Fortentwickelung des Gedächtnisses gesehen werden
muß." (ebd./S.333)

Der Ätherleib ist der Vermittler zwischen Physis und Seele

Jeder kennt das Phänomen, daß bei Ermüdung, einem Nachlassen der
Lebenskräfte und in Zeiten großer Beanspruchung die Gedächtniskräfte
erheblich nachlassen. Insofern ist es leicht nachvollziehbar, den Ätherleib
mit dem Gedächtnis in Verbindung zu bringen. Aufschluß, was genauer
damit gemeint sein kann, den Ätherleib als Träger des Gedächtnisses zu
bezeichnen, erhält man, indem man sich zunächst verdeutlicht, daß der
Lebensleib keine isolierte Existenz hat, die vom physischen Leib und der
Seele abgelöst wäre. Wir müssen den Lebensleib vielmehr als Vermittler
betrachten, und zwar sowohl zwischen Außenwelt und seelisch-geistiger
Innenwelt als auch zwischen physischem Leib und der Seele des Menschen.
Erinnern wir uns an die vorhin dargestellte Dreiheit des Leibes: physischer
Leib, Ätherleib und Empfindungsleib. Wie eng verwoben diese ist und wie
fließend die Übergänge – auch zur Empfindungsseele – mag aus folgender
Äußerung Steiners deutlich werden:

„Man kann auch sagen: ein Teil des Ätherleibes sei feiner als der übrige,
und dieser feinere Teil des Ätherleibes bildet eine Einheit mit der Empfindungsseele, während der gröbere Teil eine Art Einheit mit dem physischen
Leib bildet." (GA 9/Tb. 1962/S.34)

Die funktionale Vermittlerrolle der Lebenskräfte wird z.B. am Vorgang
der Wahrnehmung deutlich:

„Mit dem ersten Regen der Empfindung antwortet das Innere selbst auf
die Reize der Außenwelt. Man mag dasjenige, was man Außenwelt zu

nennen berechtigt ist, noch so weit verfolgen: die Empfindung wird man nicht finden können. – Die Lichtstrahlen dringen in das Auge; sie pflanzen sich innerhalb desselben bis zur Netzhaut fort. Da rufen sie chemische Vorgänge (im sogenannten Sehpurpur) hervor; die Wirkung dieser Reize setzt sich durch den Sehnerv bis zum Gehirn fort; dort entstehen weitere physische Vorgänge. Könnte man diese beobachten, so sähe man eben physische Vorgänge wie anderswo in der Außenwelt. Vermag ich den Lebensleib zu beobachten, so werde ich wahrnehmen, wie der physische Gehirnvorgang zugleich ein Lebensvorgang ist. Aber die Empfindung der blauen Farbe, die der Empfänger der Lichtstrahlen hat, kann ich auf diesem Wege nirgends finden. Sie ersteht erst innerhalb der Seele dieses Empfängers. Wäre also das Wesen dieses Empfängers mit dem physischen Körper und dem Ätherleib erschöpft, so könnte die Empfindung nicht da sein. Ganz wesentlich unterscheidet sich die Tätigkeit, durch welche die Empfindung zur Tatsache wird, von dem Wirken der Lebensbildekraft. Ein inneres Erlebnis wird durch jene Tätigkeit aus diesem Wirken hervorgelockt. Ohne diese Tätigkeit wäre ein bloßer Lebensvorgang da, wie man ihn auch an der Pflanze beobachtet. Man stelle sich den Menschen vor, wie er von allen Seiten Eindrücke empfängt. Man muß sich ihn zugleich nach allen Richtungen hin, woher er diese Eindrücke empfängt, als Quell der bezeichneten Tätigkeit denken. Nach allen Seiten hin antworten die Empfindungen auf die Eindrücke. Dieser Tätigkeitsquell soll Empfindungsseele heißen." (ebd./S.32)

Der Ätherleib vermittelt der Empfindungsseele die Eindrücke der Sinneswahrnehmungen, auf die sie mit ihren inneren Empfindungen antwortet. Die Lebensbildekraft trägt also auch Eindrücke, muß verschiedene hochkomplexe lebendige Formungen mitteilen können, die von der Seele als Empfindungen nachgeschaffen werden.

„Die Empfindungsseele hängt in bezug auf ihre Wirkung vom Ätherleib ab. Denn aus ihm holt sie ja das hervor, was sie als Empfindung aufglänzen lassen soll. Und da der Ätherleib das Leben innerhalb des physischen Leibes ist, so ist die Empfindungsseele auch von diesem mittelbar abhängig." (ebd./S.33)

Es ist nun durchaus vorstellbar, daß die Seele wiederum ihre Gedanken und inneren Erlebnisse dem Ätherleib einprägt, als lebendiger Formenstrom ihre Spuren im lebendigen Gefäß des Gedächtnisses hinterläßt, wie tausendfältige Furchen in einer hochkomplizierten Ackersubstanz. Lesen wir dazu eine zusammenhängende Darstellung Rudolf Steiners:

Das Gedächtnis

„Es sei nun erst das Gedächtnis betrachtet. Wie kommt es zustande? Offenbar auf ganz andere Art als die Empfindung oder Wahrnehmung. Ohne Auge kann ich nicht die Empfindung des 'Blau' haben. Aber durch das Auge habe ich noch keineswegs die Erinnerung an das 'Blau'. Soll mir das Auge jetzt diese Empfindung geben, so muß ihm ein blaues Ding gegenübertreten. Die Leiblichkeit würde alle Eindrücke immer wieder in Nichts zurücksinken lassen, wenn nicht, indem durch den Wahrnehmungsakt die *gegenwärtige* Vorstellung sich bildet, zugleich in dem Verhältnisse zwischen Außenwelt und Seele sich etwas abspielte, was in dem Menschen eine solche Folge hat, daß er später durch Vorgänge *in sich* wieder eine Vorstellung von dem haben kann, was früher eine Vorstellung von *außen her* bewirkt hat. (Wer sich Übung für seelisches Beobachten erworben hat, wird finden können, daß der Ausdruck ganz schief ist, der von der Meinung ausgeht: man habe heute eine Vorstellung und morgen trete durch das Gedächtnis *diese* Vorstellung wieder auf, nachdem sie sich inzwischen irgendwo im Menschen aufgehalten hat. Nein, *die* Vorstellung, die ich *jetzt* habe, ist eine Erscheinung, die mit dem 'jetzt' vorübergeht. Tritt Erinnerung ein, so findet in mir ein Vorgang statt, der die Folge von etwas ist, das *außer* dem Hervorrufen der gegenwärtigen Vorstellung in dem Verhältnis zwischen Außenwelt und mir stattgefunden hat. Die durch die Erinnerung hervorgerufene Vorstellung ist eine neue und *nicht* die aufbewahrte alte. Erinnerung besteht darin, daß *wieder* vorgestellt werden kann, nicht, daß eine Vorstellung wieder aufleben kann. Was *wieder* eintritt, ist etwas anderes als die Vorstellung selbst. Diese Anmerkung wird hier gemacht, weil auf geisteswissenschaftlichem Gebiete notwendig ist, daß man sich über gewisse Dinge *genauere* Vorstellungen macht als im gewöhnlichen Leben und sogar auch in der gewöhnlichen Wissenschaft.) – Ich erinnere mich, das heißt: ich erlebe etwas, was selbst nicht mehr da ist. Ich verbinde ein vergangenes Erlebnis mit meinem gegenwärtigen Leben. Es ist so bei jeder Erinnerung. Man nehme an, ich treffe einen Menschen und erkenne ihn wieder, weil ich ihn gestern getroffen habe. Er wäre für mich ein völlig Unbekannter, wenn ich nicht das Bild, das ich mir gestern durch die Wahrnehmung gemacht habe, mit meinem heutigen Eindruck von ihm verbinden könnte. Das heutige Bild gibt mir die Wahrnehmung, das heißt meine Sinnesorganisation. Wer aber zaubert das gestrige in meine Seele herein? Es ist dasselbe Wesen in mir, das gestern bei meinem Erlebnis dabei war und das auch bei dem heutigen dabei ist. *Seele* ist es in den vorhergehenden Ausführungen genannt worden. Ohne diese treue Bewahrerin des Vergangenen wäre jeder äußere Eindruck für den Menschen immer wieder neu. Gewiß ist, daß die Seele den Vorgang, durch welchen etwas Erinnerung wird, dem Leibe wie durch ein Zeichen einprägt; doch muß eben die *Seele* diese Einprägung machen und dann ihre eigene Einprägung wahrnehmen, wie sie etwas Äußeres wahrnimmt. So ist sie die Bewahrerin der Erinnerung.

Als Bewahrerin des Vergangenen sammelt die Seele fortwährend Schätze für den Geist auf. Daß ich das Richtige von dem Unrichtigen unterscheiden kann, das hängt davon ab, daß ich als Mensch ein denkendes Wesen bin, das die Wahrheit im Geiste zu ergreifen vermag. Die Wahrheit ist ewig; und sie könnte sich mir immer wieder an den Dingen offenbaren, auch wenn ich das Vergangene immer wieder aus dem Auge verlöre und jeder Eindruck für mich ein neuer wäre. Aber der Geist in mir ist nicht allein auf die Eindrücke der Gegenwart beschränkt; die Seele erweitert seinen Gesichtskreis über die Vergangenheit hin. Und je mehr sie aus der Vergangenheit zu ihm hinzuzufügen vermag, desto reicher macht sie ihn. So gibt die Seele an den Geist weiter, was sie vom Leibe erhalten hat. – Der Geist des Menschen trägt dadurch in jedem Augenblicke seines Lebens zweierlei in sich. Erstens die ewigen Gesetze des Wahren und Guten und zweitens die Erinnerung an die Erlebnisse der Vergangenheit. Was er tut, das vollbringt er unter dem Einflusse dieser beiden Faktoren. Wollen wir einen Menschengeist verstehen, so müssen wir deshalb auch zweierlei von ihm wissen: erstens, wieviel von dem Ewigen sich ihm offenbart hat, und zweitens, wieviel Schätze aus der Vergangenheit in ihm liegen.

Diese Schätze bleiben dem Geiste keineswegs in unveränderter Gestalt. Die Eindrücke, die der Mensch aus den Erlebnissen gewinnt, schwinden dem Gedächtnisse allmählich dahin. Nicht aber ihre Früchte. Man erinnert sich nicht aller Erlebnisse, die man in der Kindheit durchgemacht hat, während man sich die Kunst des Lesens und des Schreibens angeeignet hat. Aber man könnte nicht lesen und schreiben, wenn man diese Erlebnisse nicht gehabt hätte und ihre Früchte nicht bewahrt geblieben wären in Form von Fähigkeiten. Und das ist die Umwandlung, die der Geist mit den Gedächtnisschätzen vornimmt. Er überläßt, was zu Bildern der einzelnen Erlebnisse führen kann, seinem Schicksale und entnimmt ihm nur die Kraft zu einer Erhöhung seiner Fähigkeiten. So geht gewiß kein Erlebnis ungenützt vorüber: die Seele bewahrt es als Erinnerung, und der Geist saugt aus ihm dasjenige, was seine Fähigkeiten, seinen Lebensgehalt bereichern kann.

Der Menschengeist *wächst* durch die verarbeiteten Erlebnisse. – Kann man also auch die vergangenen Erlebnisse im Geiste nicht wie in einer Sammelkammer aufbewahrt finden, man findet ihre *Wirkungen* in den Fähigkeiten, die sich der Mensch erworben hat." (ebd./S.52 ff.)

Erinnern ist inneres Wahrnehmen

Greifen wir aus dieser umfassenden Schilderung Steiners wieder einen Gesichtspunkt heraus: Die Seele prägt dem Leib ein Zeichen ein, das sie im Vorgang des Erinnerns wahrnimmt wie eine äußere Sinnentatsache. Hier wird nur allgemein vom Leib gesprochen, und daher liegt es nahe, an den Leib in seiner Ganzheit aus physischem Leib, Ätherleib und Empfindungsleib zu denken. Den Vorgang der Einprägung könnte man sich dann vom Innern der Seele über die Empfindungsseele in den Empfindungsleib, Ätherleib und bis in den physischen Leib hinein denken. Das ist jetzt allerdings nur sehr schematisch angedeutet. Es liegt auf der Hand, daß diese Einprägungen sowohl in ihrer Art als auch in bezug auf die Lokalisierung außerordentlich verschieden sein können. Auch sind verschiedene Stufen von Formungen und Einprägungen zu bedenken.

Jeder Gedanke, den wir denken, jede Vorstellung hat eine lebendige Form, wie auch jedes Wort, das wir aussprechen. Auch alle Wahrnehmungen, Empfindungen, Gefühle und Willensimpulse weisen bestimmte, wenn auch höchst unterschiedliche Formungen auf, sonst könnten wir sie gar nicht bewußt fassen. An allen Formungen, sowohl an den physischen als auch an den seelisch-geistigen, sind die Lebensbildekräfte des Ätherleibes beteiligt. Ohne Lebenskräfte könnten wir gar nicht denken, keine Vorstellungen bilden. Zwar ist das Denken eine seelische Tätigkeit, aber wir denken im Medium des Ätherischen. Und mit diesem lebendigen Formenschaffen sind wiederum aufs engste Empfindungen und Gefühle verbunden.

Gefühle und Empfindungen, die ja mit allen Gedanken und inneren Erlebnissen mehr oder weniger stark verbunden sind, spielen nicht nur in der Wahrnehmung, Aufnahme und Aneignung der Welt eine wesentliche Rolle, sondern erwiesenermaßen auch bei der Erinnerung. Wenn die Seele sich an etwas erinnern will, was ihr nicht einfällt, vollzieht sie eine innere Suchbewegung, die von einem ersten „Gefühl des Wissens" begleitet wird (FOK, Feeling of knowing), das unbestimmt und vage ist. – Die Gedächtnisforschung unterscheidet davon den Moment, wenn einem das „Wort auf der Zunge" liegt (TOT, Tip of the tongue), der nah an der Bewußtwerdung einer verbalen Erinnerung eintreten kann. – Erlebnisse und Gedanken, die von intensiven Gefühlen und Gemütsregungen begleitet waren, erinnern wir leichter als solche, die uns kalt gelassen haben. Und schließlich erinnern wir uns eher an ein bestimmtes Ereignis, wenn wir uns in einer ähnlichen Stimmungslage befinden wie seinerzeit, als wir es erlebten. In der folgenden Aussage setzt Steiner das Erinnern mit dem Wahrnehmen – nach innen gerichtet – gleich und benennt das Gefühlsleben als Träger des Bleibenden der Vorstellungen:

„Wir können ganz gut das Erinnern mit dem Wahrnehmen nicht nur vergleichen, sondern in einer gewissen Beziehung als eins ansehen. Wenn wir wahrnehmen, also wenn wir auch des Kindes seelische Tätigkeit auf irgendeinen äußeren Gegenstand lenken und mit ihm irgendeine Vorstellung erarbeiten, ist das durchaus eine Selbsttätigkeit des Kindes. Das Kind erarbeitet sich diese Vorstellung; wir sprechen von Wahrnehmung. Wenn das Kind irgend etwas erinnert, so ist das derselbe Vorgang nur nach innen gerichtet; es geht im Inneren etwas vor. Und das, was im Inneren vorgeht, das wird genau ebenso von innen heraus erarbeitet, wie von außen herein die Wahrnehmung erarbeitet wird. Dasjenige, was im Inneren des Menschen weiterlebt, wenn eine Vorstellung nicht mehr im vorstellungsmäßigen Sinn vorhanden ist, das sind allerdings sehr, sehr komplizierte innere Vorgänge, und es wird im einzelnen Fall außerordentlich schwierig sein, diesen Prozeß wirklich darzustellen, der sich da im Inneren des Menschen abspielt, wenn eine Vorstellung gerade aufhört, präsent zu sein, und dann sich bereitet, sich mit dem Menschen zu verbinden, um später wiederum in der Erinnerung aufzutauchen, das heißt, denjenigen Vorgang vorzubereiten, der darin besteht, daß man etwas, was im Inneren geschieht, wiederum wahrnimmt. Man nimmt gerade so von innen etwas wahr, wenn man erinnert, wie wenn man von außen etwas wahrnimmt. Es ist auch nicht eigentlich notwendig, daß man das kennt und beschreibt, was da im Inneren des Menschen sich abspielt, sondern dasjenige, was notwendig ist, ist etwas anderes: Wenn wir auf das Bleibende des Vorstellungslebens sehen, das dann als Erinnerung wieder auftaucht, so ist die Summe der Vorgänge, die dann zu dem führen, was erinnert wird, eigentlich in derselben Seelenregion des Menschen vorhanden, in welcher das Gefühlsleben vorhanden ist. Das Gefühlsleben mit seiner Freude, seinem Schmerz, seiner Lust und Unlust, Spannung und Entspannung und so weiter, dieses Gefühlsleben ist dasjenige, was eigentlich der Träger des Bleibenden der Vorstellung ist und aus dem die Erinnerung wiederum geholt wird. Unsere Vorstellung verwandelt sich durchaus in Gefühlsregungen, und diese Gefühlsregungen sind es, die wir dann wahrnehmen und die zur Erinnerung führen." (GA 302/1978/12.06.1921/S.12 f.)

Der Astralleib liest die Formen des Ätherleibes

Den Vorgang der Wahrnehmung beim Erinnern schildert Steiner auch in bezug auf die Prägungen im Ätherleib. Die drei übersinnlichen Wesensglieder des Menschen – Ätherleib, Astralleib und Ich – werden zwar dadurch, daß der Mensch in einem physischen Leib inkarniert ist, gehalten, sie sind aber deswegen nicht vom Rest der Welt abgekapselt, auch wenn der Mensch sich im Wachbewußtsein so erlebt. Sie stehen vielmehr fortwährend mit der Welt, mit dem Kosmos in Verbindung. Man kann z.B. den Ätherleib des Menschen nicht von seiner geistigen Umgebung losgelöst denken. Weil der Ätherleib fortwährend mit dem Kosmos in Verbindung steht, ihn mitlebt, schreiben sich alle kosmisch-geistigen Geschehnisse in den Ätherleib, in das Unterbewußtsein des Menschen ein. So verhält es sich auch mit allen unbewußten Wahrnehmungen, die ein Mensch im Erdenleben macht. Auch sie schreiben sich in den Ätherleib ein.

Die Lebensbildekräfte des Ätherleibes sind sowohl an der Wahrnehmung als auch an der Vorstellungsbildung als Kraftsubstanz, Medium, bildsamer Formenstrom beteiligt. Eine bewußte Wahrnehmung, von der man sich eine Vorstellung bildet und die man gedanklich verarbeitet, wird daher in einer bestimmten, aber auch wandelbaren Form in den Ätherleib, in das Gedächtnis eingeschrieben. Will man nun eine in das Gedächtnis eingeprägte Vorstellung wieder in die Erinnerung rufen, dann liest der Astralleib die Prägungen im Ätherleib, empfindet die Formen, so daß die Seele eine versunkene Vorstellung wieder im Bewußtsein hervorbringen kann:

„Wesenhaftes lebt im Kosmos. Das alles bildet sich ab, schreibt sich ein in den Ätherleib. Der ätherische Leib des Menschen ist in der Tat ein richtiger Abbildner des gesamten Kosmos. Es gibt nichts im Kosmos, was sich nicht im ätherischen Leibe des Menschen bildhaft imaginativ abdrückt und, wenn man den Ausdruck gebrauchen will, sich spiegelt. Und der astralische Menschenleib liest fortwährend das, was die Welt in den ätherischen Menschenleib einschreibt. Das geht in der Tat im Unterbewußtsein des Menschen vor sich, daß der astralische Menschenleib dasjenige liest, was die Welt in den ätherischen Menschenleib einschrieb.

Wenn wir nun selbst in unserem bewußten, wachen Tagesleben einem Ereignis oder auch nur einem Gegenstande gegenübertreten, der auf uns einen Eindruck macht, dann bilden wir uns eine Vorstellung dieses Gegenstandes. Bei dem Bilden dieser Vorstellung des Gegenstandes ist zunächst der astralische Leib beschäftigt. Er ist in einer vehementen Bewegung, während wir uns eine Vorstellung von einem Gegenstande bilden, oder uns die Vorstellung des Eindruckes eines äußeren Ereignisses bilden. Was wir so als Vorstellung bilden, was wir als seelisches Erlebnis haben, das schreibt sich auch ein in den Ätherleib des Menschen, bleibt im Ätherleibe des Menschen eingeschrieben. Geradeso wie die Welt mit ihren Ereignissen fortwährend in unseren Ätherleib sich einschreibt, so schreiben wir auch dasjenige, was wir selbst erleben, seelisch in unseren ätherischen Leib ein. Darinnen bleibt es eingeschrieben, und wenn wir uns an etwas erinnern, so geschieht in der Tat ein komplizierter Vorgang: unser Astralleib liest dasjenige, was in unseren Ätherleib eingeschrieben worden ist, und das Ergebnis dieses Lesens ist das Heraufdringen einer Vorstellung, für die vielleicht zunächst die Erinnerung sogar fehlte." (GA 156/1967/12.12.1914/S.82 f.)

Die Bedeutung des physischen Leibes für das Gedächtnis

Wenn ich nun verschiedene Aspekte einer prozessual zu denkenden seelisch-ätherisch-leiblichen Gedächtniskonzeption angeführt habe, so darf nicht vergessen werden, wie sehr die Seele im normalen Bewußtsein vom physischen Leib bestimmt wird. Ihm verdanken wir überhaupt unser Selbstbewußtsein, die Möglichkeit einer seelischen Innenraumbildung und alle Entwicklungsmöglichkeiten. Wichtig zu betonen ist allerdings, daß weder die Seele noch der Geist des Menschen ein Produkt des physischen Leibes sind. Der Geist und die Seele des Menschen ergreifen den Leib als ihre Hülle, ihr Instrument und Werkzeug. Und die Seele kommt durch die Spiegelung am physischen Leib zum Bewußtsein. Auch das Gehirn ist Instrument der Seele und nicht Erzeuger von Gedanken und Erinnerungen, Gefühlen und Willensimpulsen. Allerdings ist die Arbeit des Gehirns notwendig, damit sich der Mensch seiner Gedanken und Erinnerungen bewußt werden kann:

„Der Mensch würde seine Gedanken zwar denken, aber er könnte nichts wissen von ihnen als gegenwärtiger Erdenmensch, wenn er nicht den spiegelnden Leibesorganismus, zunächst das Gehirn hätte." (GA 129/1977/24.08.1911/S.141)

Auch die Erinnerungen des gewöhnlichen Bewußtseins sind daher abhängig von der Konstitution des physischen Leibes:

„Im gewöhnlichen physischen Bewußtsein hat der Mensch sein Erdenleben nur als Erinnerung in seiner Seele vorhanden. Was ist darum die Erinnerung? Sie ist etwas, das in Bildern besteht, in Bildern, die allerdings durch ihre eigene innere Wesenheit hinweisen auf die Erlebnisse, die der Mensch seit seiner Geburt oder seit einem Zeitpunkte, der etwas danach liegt, durchgemacht hat. Aber es sind doch Bilder, von denen aus den Erkenntnissen des gewöhnlichen Menschenlebens, so wie es heute der Mensch auf Erden hat, nicht gesagt werden kann, daß sie unabhängig vom Leibe ein Dasein zu entfalten imstande sind. Die heutige physische Wissenschaft hat ja durchaus recht, wenn sie den Menschen hinweist darauf, wie diese Erinnerungsbilder abhängig sind von der Konstitution des physischen Leibes. Sie hat recht, wenn sie darauf hinweist, wie diese Erinnerung in den allerersten Lebensjahren für den Menschen noch nicht vorhanden ist, wie sie sich heranentwickelt mit dem physischen Organismus, wie sie auch wieder heruntersinkt, wenn der physische Organismus des Menschen selbst seiner Abendröte entgegengeht. Und sie kann auch aus gewissen Krankheitserscheinungen, aus Untersuchungen des physischen Organismus bei erkrankten Menschen nach dem Tode konstatieren, wie der Ausfall des Gedächtnisses bedingt ist durch gewisse physische Organisationsglieder. Gewiß, die Wissenschaft ist in solchen Dingen heute nicht zu einem Abschluß gekommen; aber derjenige, der in den Geist der betreffenden physisch-wissenschaftlichen Ergebnisse eindringt, kann schon durchschauen, wie einmal doch der Zeitpunkt kommen wird, wo für die gewöhnlichen Erinnerungsbilder wird aufgezeigt werden können, wie sie gebunden sind an den physischen Menschenorganismus." (GA 218/1972/14.10.1922/S.30)

An anderer Stelle wird Steiner noch deutlicher und spricht aus, daß die Gedanken ihre Spuren bis in den physischen Leib eingraben:

„Gewiß, wenn man so im allgemeinen spricht, kann man sagen: Denken, Fühlen und Wollen gehen im astralischen Leibe vor sich. Aber damit ist nur in einer recht einseitigen, recht abstrakten Weise die Tatsache des Denkens erschöpft. So, wie wir als Menschen zunächst in der physischen Welt darinnen stehen, so ist allerdings der Impuls zu unserem Denken im astralischen Leibe, sogar im Ich, gegeben. Aber das Denken entwickelt sich als Vorstellung, als Gedanke nur dadurch, daß wir den beweglichen Ätherleib haben. Hier, als physische Menschen, würde unser ganzes Denken unbewußt bleiben, wenn nicht der astralische Leib seine Impulse, seine

Denkimpulse in den Ätherleib hineinsenden würde und der Ätherleib in seiner Beweglichkeit eben aufnehmen würde die Denkimpulse des astralischen Leibes. Und jeder Gedanke wiederum würde einfach vorübergehen, ohne daß eine Erinnerung bliebe, wenn wir nicht einen physischen Leib hätten. Man kann nicht sagen, daß der physische Leib der Träger des Gedächtnisses ist; das ist schon der Ätherleib. Aber für uns Menschen im physischen Leibe würde dasjenige, was im Ätherleib vorhanden bleibt von unserem Denken, verfließen, wie die Träume verfließen, wenn es sich nicht eingraben könnte in die physische Materie des physischen Leibes. So daß unsere Gedanken hier im physischen Leibe sich behaupten können dadurch, daß wir eben diesen physischen Leib haben.

Sie sehen also, was für ein komplizierter Prozeß dieses Denken eigentlich schon ist. Es hat seine Impulse im astralischen Leibe, eigentlich schon im Ich. Diese Impulse setzen sich als Kräfte in den Ätherleib hinein fort, rufen da die Gedanken hervor, und die Gedanken graben wiederum ihre Spuren in den physischen Leib ein. Und dadurch, daß sie eingegraben sind, können sie immer wiederum aus der Erinnerung während des physischen Lebens herausgeholt werden." (GA 167/1962/07.03.1916/S. 31 f.)

Damit haben wir jetzt vor Augen, daß am vielschichtigen Vorgang der Erinnerung und an der Gedächtnisbildung alle Wesensglieder des Menschen beteiligt sind und daß der physische Leib als Grundlage überhaupt erst die Möglichkeit einer Erinnerung und damit einer geistig-seelischen Entwicklung gibt.

Gedächtnis und Liebe als Entwicklungsaufgabe

Die Mission, die Aufgabe des Menschen auf der Erde ist nach Steiner die Entwicklung und Vervollkommnung der Liebe und des Gedächtnisses. Ohne die Liebe wäre nicht nur das menschliche Zusammenleben kalt und leer, sondern der Mensch würde sich in seiner physischen Inkarnation immer mehr von der Welt abkapseln. Nur Interesse und Liebe für ein fremdes Geschöpf überwinden die Kluft, die Mensch und Welt sowie die Menschen untereinander trennt. Das Gedächtnis dagegen macht den Menschen erst zu einem Wesen, das sich seiner selbst bewußt wird, das ein kontinuierliches Bewußtsein seiner Vergangenheit, Gegenwart und Entwicklung bekommt. Alle Erfahrungen, die der Mensch während seines Lebens macht, können durch das Gedächtnis bewahrt, in Fähigkeiten verwandelt oder durch die Erinnerung hervorgeholt werden. Gedächtnis, Fähigkeiten und

Erinnerungen sind die Bausteine unseres täglichen Lebens. Unsere Erinnerungen fließen in die Impulse des Handelns, das denkende Reflektieren und in die Gefühle. Wer seine Erinnerung verliert, verliert sich selbst! Und wenn die Liebe erlischt, wird man zu einem kaltherzigen Egoisten, der in sich selbst verhärtet und die Brücke zur Welt verliert!

Liebe und Gedächtnis hängen mit den zwei Bewußtseinsgrenzen zusammen, an die der Mensch in seiner Inkarnation fortwährend stößt. Die erste Grenze ist die zur Außenwelt. Wir können Wahrnehmungen der äußeren sinnlichen Welt machen, können auch versuchen, die Sprache der Welt zu enträtseln, sie in uns nachbilden, aber wir sehen und erleben die Welt nicht in ihrer geistigen Wirklichkeit. Ich sehe z.B. die knorrige braunschwarze Rinde eines Baumes, das Grün der Blätter, die imposante Gestalt des ganzen Baumes, und ich höre das Rauschen des Windes in den Blättern und Zweigen, vielleicht nehme ich sogar einen schwachen Duft des Baumes wahr. Ich deute vielleicht sogar einen Teil der Wesenhaftigkeit des Baumes, aber ich sehe im normalen Bewußtsein nicht sein geistiges Wesen. Vor dem Geistig-Wesenhaften der Welt liegt ein Schleier, den der Mensch mit seinen gewöhnlichen Sinnes- und Bewußtseinsfähigkeiten nicht durchdringen kann.

Wenn der Sinnesschleier nicht den Blick auf die Geistigkeit der Welt verbergen würde, würden wir mit unserer Wahrnehmung in die Dinge hineinfließen. Nur weil uns dieser Blick verstellt ist, sind wir Menschen Eigenwesen, die nicht mit der Geistigkeit der Welt, der eigentlichen Wirklichkeit, zusammenfließen. Durch diese Trennung von der Welt und allen anderen Wesen wird der Mensch erst liebefähig. Etwas, mit dem man verschmolzen, mit dem man eins ist, kann man nicht lieben, weil Liebe nur aus Freiheit möglich ist. Der Mensch ist als Individuum auf sich selbst verwiesen, kann aber durch die Liebe eine wärmegetragene Brücke zur Welt und den anderen Wesen bilden.

Die zweite Bewußtseinsgrenze ist die zur Innenwelt der Organe. Steiner beschreibt diese Grenze, die uns das bewußte Erleben unserer organischen Innenwelt verstellt, in einer sehr geheimnisvollen Weise. Würde man mit dem geistigen Blick in das Innere des Menschen schauen können, dann würde man eine Art Spiegel entdecken. Nur darf man sich diesen Spiegel nicht physisch-räumlich vorstellen, denn er liegt im Grenzbereich zwischen Ätherleib und Astralleib. Die Oberfläche eines jeden inneren Organs gehört zu diesem Spiegel, und die Oberflächen aller Organe machen in ihrer Gesamtheit diesen Spiegel aus. Alle unsere Gedanken, alle Wahrnehmungen und Gefühle, die wir gedanklich verarbeiten, spiegeln sich an der Oberfläche der Organe, dem Gedächtnisspiegel:

„Was ist diese Oberfläche der Organe? Diese Oberfläche der Organe ist nämlich nichts anderes als ein Spiegelungsapparat für das seelische Leben. Was wir wahrnehmen und auch was wir gedanklich verarbeiten, das spiegelt sich an der Oberfläche unserer sämtlichen inneren Organe, und diese Spiegelung bedeutet unsere Erinnerungen, unser Gedächtnis während des Lebens. Also was sich da, nachdem wir es wahrgenommen und verarbeitet haben, an der Außenfläche unseres Herzens, unserer Lunge, unserer Milz und so weiter spiegelt, was da zurückgeworfen wird, das ist dasjenige, was die Erinnerungen abgibt. Und bei einer gar nicht sehr weitgehenden Trainierung können Sie schon bemerken, wie gewisse Gedanken auf den ganzen Organismus zurückstrahlen in der Erinnerung. Da sind die verschiedensten Organe beteiligt. Wenn es sich zum Beispiel handelt um die Erinnerung, sagen wir sehr abstrakter Gedanken, da ist außerordentlich stark beteiligt daran die Lunge, die Lungenoberfläche. Wenn es sich mehr um gefühlsgefärbte Gedanken handelt, um Gedanken also, die eine Gefühlsnuance haben, da ist sehr stark die Leberoberfläche daran beteiligt. So daß wir wirklich im einzelnen gut beschreiben können, wie die einzelnen Organe des Menschen beteiligt sind an dieser Rückstrahlung, die dann als Gedächtnis, als Erinnerungsvermögen auftritt." (GA 205/1967/02.07.1921/S.100 f.)

Immer wenn ein Erinnerungsvorgang in uns abläuft, dann bewirken die Oberflächen der Organe, der Erinnerungsspiegel, daß wir uns überhaupt erinnern können, weil dieser Spiegel uns die Erinnerungen zurückwirft, wodurch sie uns überhaupt erst zu Bewußtsein kommen. Hätten wir kein Gedächtnis, gäbe es diesen Gedächtnisspiegel nicht, würden wir mit unserem Bewußtsein bis ins Innere unserer Organe dringen können:

„Wir haben in unserem Inneren ein Häutchen; es ist eigentlich das Grenzhäutchen zwischen dem Ätherleib und dem Astralleib [...]. Es wird dasjenige, was wahrgenommen ist, durch die Kraft der Organe, die dahinter sind, zurückgeworfen; es wird dadurch gespiegelt, aber es wird eben dennoch hier gespiegelt, und wir können nicht durchschauen im gewöhnlichen Bewußtsein, wir können durch die Gedächtnishaut nicht in das Innere des Menschen hineinschauen. Das Gedächtnis deckt uns das Innere des Menschen zu. Es muß das Innere des Menschen zudecken, sonst wäre der Mensch nicht normal im gewöhnlichen Leben zwischen Geburt und Tod. Das Gedächtnis ist dasjenige, was uns unser gewöhnliches Bewußtsein nach innen zu verschließt. Sobald dieses Gedächtnis unterbrochen wird, sobald also irgendwo ein Riß entsteht, wie es durch die okkulte Entwickelung geschieht, sehen wir so, wie ich es gestern beschrieben habe, in unsere Organe hinein." (ebd./03.07.1921/S.118)

So wie uns die Grenze zur Außenwelt zurückstößt, damit wir die Liebesfähigkeit entwickeln können, so wird das Innere unseres Organismus durch den Gedächtnisspiegel verhüllt, damit wir unser Gedächtnis entwickeln und zu einem kontinuierlichen Selbstbewußtsein kommen können.

Nach dem Tod werden die Erinnerungen Imaginationen

Eine Erinnerung bleibt immer ein gedankliches Element, sie wird höchstens zu einem mehr oder weniger lebendigen inneren Vorstellungsbild. Sie wird aber kein äußeres anschaubares Bild. Aber gleich nach dem Tod eines Menschen, also wenn sich Ätherleib, Astralleib und Ich vom physischen Leib lösen, nehmen unsere Erinnerungen äußere Gestalt an. Dann werden die Gedanken zu Imaginationen, zu geistig-lebendigen Bildern:

„In dem Augenblicke, wo wir sterben, [...] da wird der Gedanke Imagination. Diese Imagination, die in der okkulten Entwickelung mit aller Mühe erstrebt wird, die tritt ein, wenn der Mensch durch den Tod geht. Alle seine Gedanken werden Bilder. Der Mensch lebt dann ganz in Bildern. Man kann daher den Toten nur verstehen, wenn man diese Bildersprache kennengelernt hat. Sofort nach dem Tode verwandeln sich die Gedanken in Bilder. Mit diesen Bildern lebt der Mensch ja einige Zeit zwischen dem Tod und einer neuen Geburt." (GA 205/1967/03.07.1921/S.120 f.)

Diese Imaginationen, die jeder Verstorbene wesenhaft erlebt, die wir auch aus den Schilderungen der Nah-Todeserfahrungen (vgl. FLENSBURGER HEFTE 51) kennen, sind die in unser Gedächtnis eingeprägten bewußten und unbewußten Wahrnehmungen sowie alle Vorstellungen, die wir uns während unseres Lebens gebildet haben.

Geistige Wahrnehmungen sind nicht erinnerbar

Kehren wir nun mit dem letzten Aspekt an den Anfang dieses Artikels zurück. Goethes Schilderung seiner Fähigkeit, das Wesen einer Pflanze in seinem Bewußtsein selbstlos hervorzubringen und ihre gesetzmäßige Metamorphose anzuschauen, sie zu imaginieren, beschreibt eine geistige Wahrnehmung. Auch die später geschilderte Wahrnehmung der Natur des Ich in der Bewußtseinsseele ist bereits geistiger Art.

Nun haben alle geistigen Wahrnehmungen die Eigenart, daß sie nicht in gleicher Weise erinnert werden können wie sinnliche Wahrnehmungen. Man kann sich zwar Vorstellungen dazu bilden und diese auch erinnern, aber das Erlebnis selbst läßt sich durch sie nicht fassen. Die Seele kann sich aufgrund dieser Vorstellungen nicht an das Erleben erinnern, die reale Bedeutung und den Vorgang nicht wachrufen. Sie müßte ihn von neuem erzeugen, weil sich das Geistig-Wesenhafte nicht in die abgeschatteten Vorstellungen formen läßt. Das Eigentliche einer geistigen Wahrnehmung, das Wesenhafte, ist aus einer Erinnerungsvorstellung heraus nicht erlebbar. Das Ich muß aufs neue tätig werden, die Seele sich vorbereiten, damit geistige Wahrnehmungen im Bewußtsein auftreten können:

„Die Wahrnehmungen, welche die Seele im Bereiche der geistigen Wirklichkeit macht, leben in dieser nicht in der gleichen Art fort wie die Vorstellungen, die an sinnlichen Wahrnehmungen gewonnen werden. Obgleich [...] ein Vergleich dieser Wahrnehmungen mit den Erinnerungsvorstellungen möglich ist, so verhalten sich die ersteren in der Seele doch nicht wie die letzteren. Was als geistige Wahrnehmung erlebt wird, kann nämlich in dieser seiner unmittelbaren Gestalt *nicht* wie eine Erinnerungsvorstellung in der Seele behalten werden. Soll man dieselbe geistige Wahrnehmung erneut wieder haben, so muß sie auch *erneut* in der Seele wieder hergestellt werden. Das heißt, es muß die Beziehung der Seele zu der entsprechenden geistigen Wirklichkeit wieder gesucht werden. Und diese Wieder-Erneuerung läßt sich nicht mit einem Erinnern an einen Sinneseindruck vergleichen, sondern nur mit dem Vor-Augen-Führen desselben sinnenfälligen Objektes, das man bei einem früheren Eindruck gehabt hat. Was von der realen geistigen Wahrnehmung unmittelbar in der Erinnerung behalten werden kann, ist nicht diese selbst, sondern die Verrichtung der Seele, durch die man zu der entsprechenden Wahrnehmung gelangt. Strebe ich danach, eine geistige Wahrnehmung, die ich vor einiger Zeit gehabt habe, wieder zu haben, so sollte ich nicht nach der Erinnerung dieser Wahrnehmung suchen, sondern nach *der* Erinnerung, die mir die Vorbereitungen meiner Seele zurückruft, welche mich zu der Wahrnehmung geführt haben. Die Wahrnehmung stellt sich dann durch einen von mir unabhängigen Vorgang ein. Es ist wichtig, vollbewußt sich zu sein dieser Zweiheit des Vorganges, weil man nur dadurch eine richtige Erkenntnis von dem erlangt, was wirklich *geistig objektiv* ist. – In der Praxis ist aber das Wesen dieser Zweiheit dadurch modifiziert, daß der Inhalt des geistigen Wahrnehmens aus dem schauenden Bewußtsein in das gewöhnliche Bewußtsein übertragen werden kann. Dann wird er in dem letztern zu einer abstrakten Vorstellung. Und *diese* kann in der gewöhnlichen Art erinnert werden. – Man kann aber gerade dadurch für ein richtiges bewußtes Verhältnis der Seele zur geistigen Welt viel gewinnen, daß man sich sorgfältig übt für die Erkenntnis der innerhalb des Seelenlebens mit einer gewissen Feinheit auftretenden Unterschiede: 1. Seelenvorgänge, welche zu einer geistigen Wahrnehmung führen; 2. geistige Wahrnehmungen selbst; 3. in Begriffe des gewöhnlichen Bewußtseins umgesetzte geistige Wahrnehmungen." (GA 21/1960/S.142 f.)

Wann? Was? Wer? Wie? Wo?

Gedächtnisübungen und -tests

Wolfgang Weirauch

Der Vergeß

Er war voll Bildungshung, indes,
soviel er las
und Wissen aß,
er blieb zugleich ein Unverbeß,
ein Unver, sag ich, als Vergeß;
ein Sieb aus Glas,
ein Netz aus Gras,
ein Vielfreß –
doch kein Haltefraß.

(Christian Morgenstern)

Der schwarze Montag

Sind Sie auch ein Vergeß? Gleicht Ihr Gedächtnis auch einem Sieb aus Glas oder einem Netz aus Gras, in denen man nichts behalten kann?

Es gibt ja solche Tage – Tage, an denen einem so richtig vor Augen geführt wird, daß man alt wird. Meint man! Denn alles scheint schiefzugehen, das Gedächtnis verläßt einen mit einem Mal auf breitester Ebene, und abends stellt man sich vielleicht die bange Frage: Was ist los mit mir? Bekomme ich Alzheimer? Früher ist mir das nicht passiert!

Die besten Voraussetzungen für einen solchen Tag bietet z.B. ein Montag voller Streß am Arbeitsplatz. Und – liebe Leserinnen und Leser – um solche oder ähnliche Erlebnisse wachzurufen, versetzen Sie sich doch einmal in der folgenden Geschichte in die Rolle eines Mannes, der in einem Büro arbeitet und der sich zum erstenmal seiner Zerstreutheit bewußt wird. (Die Geschlechter können Sie sich natürlich genauso gut umgekehrt vorstellen.) Vielleicht waren Sie am Sonnabend auf einer geselligen Veranstaltung, auf der Sie einen über den Durst getrunken haben. Der Sonntag verlief dementsprechend: Rasende Kopfschmerzen plagten Sie bis in die Abendstunden, alles nervte Sie, und Ihre schlechte Laune ließen Sie an Ihren Kindern und Ihrer Frau ab. Eigentlich waren Sie nur unzufrieden mit sich selbst, aber das wollten Sie sich nicht so schnell eingestehen. Voller Abscheu und mit größter Unruhe dachten Sie an den morgigen Tag, wissend, wieviel unerledigte Arbeit auf Sie im Büro warten würde. Und spätabends im Bett, als Sie selig entschlummern wollten, stellte Sie auch noch Ihre Frau zur Rede: Sie sagte Ihnen alles, was Sie Ihnen schon immer sagen wollte, und es war keineswegs angenehm. Der Ehekrach, der sich anschloß, raubte Ihnen viele kostbare Stunden erquickenden Schlafes.

Nun ist es also Montagmorgen. Unausgeschlafen und mürrisch, aber doch hektisch und angespannt wegen des bevorstehenden Arbeitstages, fahren Sie zur Arbeit. Heute sitzen Sie in Ihrem Wagen, obwohl Sie sonst immer mit der S-Bahn fahren, aber die städtischen Verkehrsbetriebe befinden sich mal wieder im Streik. Entsprechend verstopft ist die Stadt. Viel zu spät erscheinen Sie an Ihrem Arbeitsplatz und ernten hämische Blicke Ihrer Kollegen. Bereits jetzt ist Ihnen klar, daß Sie abends einige Akten mit nach Hause nehmen müssen, wenn Sie Ihr Pensum schaffen wollen.

Wie oft am Montagvormittag, so ist es auch heute: Der ganze Tag vergeht mit ständiger Hektik, das Telefon steht nicht still, die Kolleginnen und Kollegen gehen bei Ihnen ein und aus. Verzweifelt stützen Sie sich mitunter auf Ihren unordentlichen Schreibtisch, raufen sich die Haare und fragen sich, ob es eigentlich heute jeder auf Sie abgesehen habe.

Mittlerweile ist es bereits Nachmittag, und da geschieht es! Gerade sind Sie mit einem Kunden in einer wichtigen telefonischen Verhandlung und wollen ihm noch eine entscheidende Mitteilung machen, als eine Kollegin in Ihren Büroraum eilt und Ihnen eine Aktennotiz hereinreicht. Die Unterbrechung war zwar nur kurz, aber entscheidend, denn als Sie sich wieder Ihrem Telefonpartner zuwenden, um ihm die noch ausstehende wichtige Mitteilung zu machen, stocken Sie. Ihnen ist der Faden gerissen. Sie wissen zwar noch genau, *daß* Sie noch einen bedeutsamen Baustein in Ihrer Verhandlung hinüberreichen wollten, aber Sie wissen nicht mehr, *was* es war.

Sie müssen eingestehen, daß Sie den Faden verloren haben, und versprechen Ihrem Telefonpartner, möglichst bald zurückzurufen. Er gibt Ihnen noch seine Telefonnummer durch, und konsterniert legen Sie den Hörer auf. „Was ist los mit mir?" fragen Sie sich verwirrt. „Das ist mir ja noch nie passiert!"

Gedankenverloren stehen Sie auf und treten ans Fenster und beobachten einen Vogelschwarm, der oben am Himmel vorüberzieht. In diesem Moment fällt Ihnen wieder ein, was Sie Ihrem Kunden noch mitteilen wollten. Schnell greifen Sie zum Telefonhörer, aber: „Wie war noch seine Telefonnummer? Er hatte sie doch extra noch am Ende des Gespräches mitgeteilt! Warum habe ich sie nicht aufgeschrieben?" Genervt verlassen Sie Ihr Büro, denn seine Nummer ist nur in einer Kartei am anderen Ende der Büroräume zu finden. In einem der Durchgangszimmer treffen Sie auf eine Kollegin, die gerade die Belegschaft zusammenruft, denn sie hat Geburtstag und enthüllt ein riesiges Kuchentablett.

Hastig greifen Sie nach einem Stück, wechseln ein paar flüchtige Worte mit ihr, murmeln dann aber eine halbseidene Entschuldigung, weil sie noch ... Ja, was wollten Sie eigentlich hier? Wieso hatten Sie sich aus Ihrem Büro entfernt? Es fällt Ihnen nicht ein. Als Sie wieder an Ihrem Schreibtisch sind, fällt Ihnen natürlich alles wieder ein, und Sie müssen sich erneut in Bewegung setzen, um an die gewünschte Telefonnummer zu kommen.

Da Sie sonst ein sehr wacher Zeitgenosse sind und auch immer von Ihrem ausgezeichneten Gedächtnis überzeugt waren, verkraften Sie diese soeben erlebten Bewußtseinslücken nicht so leicht. Nachdenklich beschließen Sie, zu Hause weiterzuarbeiten, raffen das notwendige Arbeitsmaterial zusammen und machen sich auf den Weg zu Ihrem Auto.

Wie gewöhnlich gehen Sie den Weg an dem kleinen Park entlang zu dem Firmenparkplatz, auf dem Sie sonst immer Ihren Wagen abstellen, wenn Sie einmal nicht mit der S-Bahn zur Arbeit fahren. Aber Ihr Wagen ist nicht da! Einige Sekunden bleiben Sie verdutzt stehen, bis Ihnen wieder einfällt, daß Sie heute morgen wegen Ihres Zuspätkommens keinen Parkplatz mehr bekommen haben und den Wagen irgendwo abgestellt haben. Aber wo? Während Sie noch überlegen, hören Sie, wie hinter Ihnen Ihr Name gerufen wird. Eine jüngere Dame eilt auf Sie zu und hält Ihnen freudig Ihre Hand entgegen.

Sie erkennen die Dame zwar wieder, aber wissen nicht, wer sie ist. Und natürlich fällt Ihnen auch ihr Name nicht mehr ein. Während Sie mit ihr ins Gespräch kommen, bemerken Sie sehr bald, daß Ihre Gesprächspartnerin scheinbar eine ganze Menge über Sie weiß, denn sie stellt gezielte Fragen, die beinahe schon eine intime Kenntnis Ihrer Person verraten. Aufgrund Ihrer Redegewandtheit können Sie die Peinlichkeit umgehen, zuzugeben, daß Sie nicht wissen, wen Sie vor sich haben. Sie schaffen es auch, sich dem Gespräch sehr bald zu entziehen, finden nach einigem Suchen sogar Ihr Auto, und nach einer langen Stop-and-go-Fahrt durch die Stadt erreichen Sie erschöpft Ihre Wohnung.

Während der ganzen Rückfahrt grübelten Sie und zerbrachen sich fast den Kopf, um herauszufinden, woher Sie die Dame auf dem Parkplatz kennen. Dumpf schwant es Ihnen, daß sie in irgendeinem Zusammenhang mit Ihrer Frau steht. Kaum sind Sie zu Hause, erzählen Sie deshalb Ihrer Frau von der Begegnung und fragen sie, ob sie vielleicht eine Ahnung habe, wer die Dame gewesen sein könnte. „Wie sah sie denn aus?" – „Ziemlich groß, ganz hübsch." – „Welche Haarfarbe?" – „Irgendwie dunkel, genau weiß ich es nicht mehr." – „Was hatte sie denn an?" – „Weiß ich nicht, ich habe nicht darauf geachtet." – „Wie soll ich Dir dann sagen, wer sie war, wenn Du so wenig auf Deine Umgebung achtest?" entgegnet Ihnen Ihre Frau schroff. „Du warst sicherlich wieder mal nur an Dir selbst und Deiner Arbeit interessiert und hattest nicht den geringsten Blick für Deine Mitmenschen übrig."

Beleidigt ziehen Sie sich in Ihr Arbeitszimmer zurück, um wenigstens noch etwas an diesem vermaledeiten Tag zu schaffen. „Endlich allein!" durchzieht es Sie, und Sie sortieren Ihre mitgebrachten Akten und Bücher. Aber die Ruhe währt nicht lange – die wichtigste Akte fehlt! Sie hatten sie Ihrem Chef zur Unterschrift reingereicht und nicht mitgenommen. Sie müssen noch einmal ins Büro fahren. Mit einem Schrei der Verzweiflung sacken Sie zusammen und denken: „Was ist heute nur los mit mir?"

Wenn einen das Gedächtnis im Stich läßt

Die obige Geschichte ist natürlich fiktiv, aber sie schildert Begebenheiten des Alltags, die den meisten Menschen widerfahren können. Vermutlich treten sie nicht so geballt auf, denn das wäre schon bedenklich, aber jeder von Ihnen wird das eine oder andere dieser Mißgeschicke bzw. Gedächtnisschwächen erlebt haben.

Bevor Sie jetzt versuchen, Ihr eigenes Gedächtnis einzuschätzen, müssen Sie wissen, daß das Gedächtnis für verschiedene Bereiche – z.B. Namen, Zahlen, Ereignisse – unterschiedlich ausgebildet, geschult oder trainiert ist. Wer auf einem Gebiet sehr gut memorieren kann, muß das noch lange nicht auf allen anderen können. Um Ihnen einen kleinen Einblick zu geben, wie vielfältig das Lebenspanorama ist, für das unser Gedächtnis zuständig ist bzw. sein könnte, zähle ich Ihnen 25 Ausschnitte dieses Spektrums im folgenden Kasten auf. Sie umfassen viele Gebiete, auf denen unser

Gedächtnis sich beweisen muß, auf denen es große Leistungen vollbringt oder versagt.

1. Was wissen Sie noch von dem, was Sie sich vor Ihrer Geburt vorgenommen haben?
2. Wissen Sie noch, was Sie am ersten Tag Ihres Lebens gemacht haben?
3. Wissen Sie, was Sie während der letzten Nacht, als Sie schliefen, alles erlebt haben?
4. Beherrschen Sie noch die Gedichte, die Sie in der Schulzeit auswendig gelernt haben?
5. Wieviel Prozent des Fachwissens eines Unterrichts- oder Studienfaches Ihrer Schul- oder Studienzeit haben Sie noch heute parat?
6. Sie treffen mit einem alten Bekannten zusammen, und er erzählt Ihnen die interessantesten Begebenheiten, die Sie gemeinsam erlebt haben, aber Sie hatten sie längst vergessen. Erst durch den Bericht Ihres Bekannten können Sie sich wieder erinnern. Ist Ihnen das schon vorgekommen?
7. Haben Sie es schon erlebt, daß Menschen sich an Begebenheiten, die ihnen peinlich sein müßten, bei denen sie sich daneben benommen haben, bei denen sie andere Menschen verletzt haben, nicht mehr erinnern können?
8. Standen Sie schon einmal vor einem Geldautomaten und wußten Ihre Geheimnummer nicht mehr, die Sie sonst ständig parat hatten?
9. Vergessen Sie mitunter Namen von guten Bekannten oder alltägliche Begriffe, die Sie ständig gebrauchen?
10. Sie greifen in Ihren Bücherschrank, weil Sie ein bestimmtes Buch benötigen. Aber es ist weg. Können Sie sich immer erinnern, an wen Sie es verliehen haben?
11. Sie nehmen sich vor, einige Dutzend Vokabeln zu lernen. Scheitern Sie trotzdem immer wieder an einigen?
12. Wie lange benötigten Sie, bis Sie die neue Postleitzahl Ihres Wohnbezirkes oder die Telefonnummer der letzten neuen Bekanntschaft intus hatten?
13. Sie lernen eine Gruppe Ihnen fremder Menschen kennen, die sich Ihnen alle namentlich vorstellen. Können Sie die Namen alle spontan und langfristig behalten?

14. Vergessen Sie oft Termine, Geburtstage oder andere wichtige Daten?

15. Sie reisen zum zweiten Mal in eine Stadt, in der Sie vor einigen Jahren zwei, drei Tage verbracht haben. Können Sie sich dort noch gut orientieren?

16. Sie sind gerade mit einer wichtigen Arbeit beschäftigt und müssen in einigen Stunden jemanden besuchen. Es fällt Ihnen ein, daß Sie einen bestimmten Gegenstand mitnehmen müssen. Sie lassen sich aber nicht von Ihrer Arbeit ablenken, aber im entscheidenden Moment – wenn Sie das Haus verlassen – vergessen Sie diesen Gegenstand. Kennen Sie dieses Problem?

17. Während einer Autofahrt fällt Ihnen etwas Wichtiges ein: eine zündende Idee, die Sie umsetzen wollen, oder eine Mitteilung, die Sie jemandem machen möchten. Stunden später, wenn Sie zu Hause sind, ist Ihr Einfall aus dem Gedächtnis verschwunden. Kommt so etwas hin und wieder bei Ihnen vor?

18. Sie wollen Ihr Leben in den Griff bekommen und nehmen sich vor, demnächst früher aufzustehen, jeden Tag eine geistige Übung zu machen und eine bestimmte Eigenschaft im Gespräch mit anderen Menschen zu unterlassen. Können Sie sich die nächsten Monate an Ihre Vorsätze erinnern?

19. Sie verlassen Ihre Wohnung. Irgendwann durchzuckt es Sie plötzlich: Habe ich abgeschlossen, das Licht gelöscht, den Herd abgeschaltet? Wie oft passiert Ihnen das?

20. Während eines Telefonats möchten Sie mit Ihrem Gesprächspartner einen Termin vereinbaren, finden aber Ihren Terminkalender nicht, und Sie müssen das halbe Zimmer durchwühlen, weil Sie ihn mal wieder unaufmerksam irgendwo hingelegt haben. Vergeuden Sie durch solche oder ähnliche Sucherei wertvolle Lebenszeit?

21. Während eines Gespräches werden Sie unterbrochen, und wenn Sie anschließend den Gesprächsfaden wieder aufnehmen wollen, dann merken Sie erschrocken, daß Sie ihn verloren haben. Schon vorgekommen?

22. Jemand erzählt Ihnen etwas und irgendein Begriff seiner Erzählung lenkt Sie ab. Sie assoziieren aufgrund dieses Begriffes andere Vorstellungen und hören Ihrem Gegenüber überhaupt nicht mehr zu. Kennen Sie diese Schwäche?

23. Sie lesen die ersten Kapitel eines Buches, werden für einige Stunden abgelenkt, greifen dann wieder zu dem Buch, wissen aber nicht mehr, was Sie gelesen haben und müssen es nochmals beginnen. Haben Sie dieses Problem häufiger?
24. Wissen Sie, wie viele Treppenstufen bis zu Ihrer Wohnung hinaufführen?
25. Wissen Sie, welche Schuhe die letzten sechs Menschen trugen, mit denen Sie heute gesprochen haben?

Wie können wir diese obengenannten Problemfelder bzw. Ausschnitte des menschlichen Lebens definieren?

1–3:	Übersinnliche bzw. dem Gedächtnis nicht zugängliche Bereiche; man dringt normalerweise nicht mit dem Wachbewußtsein in sie vor. Keine Erinnerung an diese Daseinszustände
4, 5:	Langzeitgedächtnis für kognitive Inhalte
6:	Langzeitgedächtnis für Erlebnisse
7:	Verdrängung unangenehmer Erinnerungen
8, 9:	Gedächtnis für ständig zu benötigende alltägliche Begriffe
10:	Gedächtnis für Einzelheiten bzw. Kleinigkeiten des alltäglichen Lebens
11:	Gedächtnis für Begriffe
12:	Gedächtnis für Zahlen
13:	Gedächtnis für Gesichter und Namen
14:	Gedächtnis für Termine
15:	Gedächtnis für Orte
16:	Erinnerung zum richtigen Zeitpunkt
17:	Erinnerung an die eigenen Ideen und Einfälle
18:	Erinnerung an Vorsätze und Absichten
19:	Mangelndes Vertrauen in die eigenen Handlungen, Automatismen, eventuell Ticks
20:	Zerstreutheit, Unordnung
21:	Erinnerung an das, was man vor einer Unterbrechung getan hat
22, 23:	Mangelnde Konzentration und Aufmerksamkeit, eventuell Desinteresse
24, 25:	Wahrnehmungsfähigkeit

Obenstehende Kategorien zeigen die Vielfalt, für die unser Gedächtnis zuständig ist. Vieles habe ich nicht einmal berücksichtigt, z.B. das Gedächtnis, das sich auf den gesamten Bereich der Fähigkeiten bezieht. – Die letzten vier Kategorien gehören streng genommen nicht in den Bereich des Gedächtnisses, aber eine möglichst gute Konzentrationskraft und Wahrnehmungsfähigkeit sind Vorbedingungen für einen Menschen, der sich überhaupt erinnern will.

Wie gut ist Ihr Gedächtnis?

Ein erster Schritt auf dem Wege zu einem besseren Gedächtnis ist, überhaupt erst einmal herauszufinden, wie gut das eigene Gedächtnis ist, auf welchen Gebieten man Spitzenleistungen bringt, auf welchen man eher versagt. Als Vorbedingung dafür sollten Sie vorerst Ihr eigenes Gedächtnis selbst einschätzen. Nehmen Sie dafür die folgenden Zahlen und tragen Sie die Zahl Ihrer eigenen Einschätzung auf der Linie vor der jeweiligen Frage ein:

1 – immer (alle)
2 – oft (die meisten)
3 – in der Hälfte der Fälle
4 – hin und wieder (wenige)
5 – nie (keine)

A – Wie gut funktioniert Ihr Langzeitgedächtnis?

_____ 1. Wie viele der Gedichte, die Sie während der Schulzeit auswendig konnten, beherrschen Sie noch heute?
_____ 2. Wie viele der Vokabeln einer Fremdsprache, die Sie vor längerer Zeit gelernt haben, beherrschen Sie noch heute?
_____ 3. Denken Sie an den Weg zur Schule, den Sie immer gegangen sind. Können Sie sich noch an alle Örtlichkeiten – Häuser, Straßenkreuzungen, Bäume usw. – erinnern?
_____ 4. Freunde erzählen Ihnen gemeinsame Begebenheiten, die Sie vor Jahren zusammen erlebt haben. Können Sie sich an alle erinnern?
_____ 5. Wie viele Namen Ihrer Klassenkameraden kennen Sie noch?

B – Wie gut erinnern Sie notwendige Arbeitsschritte?

_____ 1. Sie kaufen sich ein technisches Gerät (z.B. einen CD-Player) und lesen die Gebrauchsanweisung. Behalten Sie sofort alle notwendigen Anweisungen und Beschreibungen?

_____ 2. Sie reparieren zum wiederholten Mal ein Fahrrad oder etwas an Ihrem Auto. Können Sie alle Arbeitsschritte und technischen Details der Reihe nach im Geiste rekapitulieren, bevor Sie mit der Reparatur beginnen?

_____ 3. Sie wollen zum zweiten Mal ein Gericht kochen, das Sie vor einem Monat aufgrund Ihres Kochbuches zusammengestellt haben. Wissen Sie noch sämtliche Zutaten, die Mengen und alle Arbeitsabläufe?

_____ 4. Sie kommen zum wiederholten Mal in eine andere Stadt und stehen erneut vor dem Fahrkartenautomaten, an welchem Sie schon manchmal Ihren Fahrschein erworben haben. Können Sie mühelos alle Bedienungsschritte ausführen, ohne die Gebrauchsanweisung zu lesen?

_____ 5. Sie wollen eine Arbeit erledigen, für die Sie mindestens zehn Geräte oder Zutaten benötigen. Stellen Sie vor dem Beginn der Arbeit alle Teile richtig zusammen, so daß die Arbeit zügig vorankommt und Sie sich unnötiges Laufen ersparen?

C – Wie gut erinnern Sie sich an die Dinge des täglichen Lebens?

_____ 1. Sie müssen sich eine Adresse, Telefonnummer oder Kontonummer merken. Erinnern Sie sich daran, ohne noch einmal in Ihre Notizen zu schauen?

_____ 2. Ihnen wird jemand vorgestellt. Können Sie sich noch Stunden später an den Namen erinnern?

_____ 3. Sie kaufen in einem großen Kaufhaus ein und werden von einer Verkäuferin bedient. Erinnern Sie sich bei dem nächsten Einkauf an das Gesicht der Verkäuferin?

_____ 4. Jemand erzählt Ihnen etwas. Können Sie gleich anschließend wiedergeben, was Ihnen erzählt worden ist?

_____ 5. Sie werden während eines Gespräches unterbrochen. Können Sie nach der Unterbrechung den Gedankenfaden wieder mühelos aufgreifen?

_____ 6. Sie sind in einer fremden Stadt und fragen nach einem bestimmten Ziel. Können Sie sich immer an die Wegbeschreibung erinnern?

_____ 7. Wie oft sind Sie sicher, daß Sie nach Verlassen der Wohnung Herd und Licht ausgeschaltet und die Wohnungstür abgeschlossen haben?

D – Erinnerung an Einfälle und Absichten

_____ 1. Ihnen fällt eine gute Idee ein, oder Sie nehmen sich vor, jemandem etwas mitzuteilen. Mangels Gelegenheit können Sie diese Idee bzw. die Mitteilung erst Stunden später umsetzen. Wie oft wissen Sie sie dann noch?

_____ 2. Sie nehmen sich vor, für Ihren Besuch, der erst in einigen Stunden ist, verschiedene Gegenstände mitzunehmen. Denken Sie daran, alle mitzunehmen?

_____ 3. Erinnern Sie sich an alle die Dinge, die Sie täglich mitnehmen müssen: z.B. Auto- oder Wohnungsschlüssel, Handtasche, Bücher, Hut, Regenschirm?

_____ 4. Wie oft erinnern Sie sich an den willkürlich gewählten Ort in Ihrer Wohnung, an dem Sie Gegenstände plaziert haben?

_____ 5. Sie gehen in ein anderes Zimmer. Wissen Sie dann immer, was Sie dort wollten?

_____ 6. Sie verabreden sich mit jemandem. Erinnern Sie sich an den Termin, ohne in Ihren Terminkalender zu schauen?

_____ 7. Jemand bittet Sie, einem Bekannten etwas auszurichten, einen Gruß zu bestellen oder eine Nachricht gerade *nicht* an andere weiterzugeben. Wie oft erinnern Sie sich genau an das, was Ihnen aufgetragen wurde?

Wenn Sie die Fragen ehrlich beantwortet haben, dann besitzen Sie jetzt einen guten Überblick Ihrer Gedächtnisleistung; allerdings nur aufgrund Ihrer eigenen Einschätzung. Aber ist Ihre Beurteilung realistisch? Vermutlich haben Sie sich bei den oben aufgeführten Fragen meistens die Kategorie 2 gegeben.

Wahrscheinlich werden Sie aber auch bemerkt haben, daß Ihr Gedächtnis nicht für alle Lebensbereiche gleich gut oder schlecht entwickelt ist. Deswegen ist es sehr nützlich, ein sicheres Fundament Ihrer Gedächtnisleistung zu erhalten, das nicht nur auf einer spontanen Einschätzung beruht.

> **Übung:** Legen Sie sich ein Tagebuch an. Schreiben Sie alle aufgeführten 24 Fragen hinein, gegebenenfalls variieren Sie einige der Fragen, falls die geschilderten Lebensumstände nicht auf Sie zutreffen sollten. Lassen Sie genügend Platz hinter jeder Frage, und fertigen Sie für jede Frage einen Monat lang eine Strichliste an: einen Strich für die richtige Erinnerung bzw. einen für etwas, was sie vergessen haben. Wenn es irgend geht, machen Sie diesen Strich immer sofort, ansonsten abends im Rückblick. Bei den meisten Fragen wird die ehrliche Beurteilung verhältnismäßig unproblematisch sein, da die jeweiligen Fälle nicht ständig vorkommen. Bei Dingen, die an jedem Tag ständig vorkommen – z.B. Gegenstände in der Wohnung ablegen –, müssen Sie natürlich Kompromisse machen und abends einen ungefähren Schätzwert eintragen, denn sonst ruinieren Sie sich den Tag mit Strichlisten.

Sie werden auch feststellen, daß Ihr Gedächtnis und das aller anderen Menschen einen bestimmten Ruf hat. Gilt es als gut, so verzeiht man Ihnen womöglich viel leichter etwas, das Sie vergessen haben. Gilt es als schlecht, so werden Sie vielleicht pauschal als verkalkt abgestempelt, auch wenn Sie eine gute Gedächtnisleistung erbringen. Dabei haben wir mittlerweile festgestellt, daß das Gedächtnis niemals für alle Lebensbereiche gleich ausgebildet, sondern höchst unterschiedlich einzustufen ist. Oft hängt es auch davon ab, wie sicher ein Mensch auftritt, ob man ihm ein gutes Gedächtnis zumißt, bzw. wie gut er durch Redegewandtheit und Geschicklichkeit ein vergessenes Detail überspielen kann.

Voraussetzungen für einen Gedächtnistest

In einem nächsten Schritt können Sie Ihr Gedächtnis, Ihre Konzentration und Ihr Wahrnehmungsvermögen testen. Als Einschränkung möchte ich aber voranschicken, daß dies kein medizinischer Test für Demente ist, sondern ein spielerischer, der Sie anregt, Methoden zu entwickeln, wie Sie Ihr Gedächtnis verbessern können. Es wird auch nicht der gesamte Bereich Ihres Gedächtnisses getestet, sondern nur ein gewisser Ausschnitt.

Bedenken Sie bitte auch, daß Ihr Gedächtnis mit zunehmendem Alter nachläßt; bei älteren Menschen kann die Gedächtniskapazität zwischen 20 bis 40 Prozent abnehmen. Das bedeutet aber nicht, daß ältere Menschen sich nicht geistig fithalten können. Das Gedächtnis zu aktivieren und zu trainieren, sich in jeder Hinsicht geistig fitzuhalten, ist gerade für ältere Menschen wichtig und auch möglich.

Sie haben sicherlich schon das Erlebnis gehabt, wie es ist, wenn man etwas Wichtiges vergessen hat. Das kann wie eine Bombe einschlagen, der Schreck kann einem buchstäblich bis in die Knochen fahren. Während des Lebens vergißt man aber unzählige Kleinigkeiten. Es hängt von dem Verantwortungsbewußtsein des Menschen und von seiner Aufmerksamkeit ab, inwieweit er sich dieser Schwäche bewußt ist. Man wird z.B. gebeten, jemanden zu grüßen, und vergißt es. Für den, der den Gruß bestellt hat, ist es sehr wichtig, einem selbst ist es aber vielleicht vollkommen egal. In diesem Fall wird man der eigenen Gedächtnisschwäche kaum eine Bedeutung beimessen. Oder man sucht ständig irgendwelche Zettel: Macht man sich wirklich klar, daß man sich durch etwas mehr Ordnung und Bewußtsein für Details eine erhebliche Erleichterung des Tagesablaufes schaffen könnte?

Andererseits ist es völlig normal, wenn man etwas vergißt. Man sollte sich nicht verrückt machen lassen oder nicht gleich Alzheimer bei sich vermuten, wenn man in einem normalen Rahmen Dinge vergißt. Mitunter ist es sogar segensreich, wenn man vieles vergißt: Stellen Sie sich vor, Sie würden noch alles wissen, was Sie in Ihrem Leben gesehen, gehört, empfunden, gedacht haben. Spannend wäre es sicherlich, aber zugleich auch außerordentlich lästig.

Wenn Sie den nachstehenden Test machen wollen, nehmen Sie sich etwa eine Stunde Zeit. Sorgen Sie dafür, daß Sie in dieser Zeit nicht gestört werden. Legen Sie eine Stoppuhr oder eine Uhr mit Sekundenzeiger sowie Stift und Papier parat. Es wäre dienlich, wenn Sie guter Stimmung, erfrischt und entspannt und nicht völlig überarbeitet bzw. gestreßt oder mieser Laune sind.

Wenn Sie den Test jetzt nicht machen wollen, aber zu einem späteren Zeitpunkt, lesen Sie diesen Artikel bitte so lange nicht weiter!

Gedächtnistest

1. Aufmerksamkeitstest: Prüfen Sie Ihre Aufmerksamkeit für die alltäglichen Dinge. Fast jeden Tag haben Sie Geldscheine in der Hand, und Sie werden auch einen 20-DM-Schein von einem 200-DM-Schein unterscheiden können. Aber wissen Sie auch, wie Sie im Detail aussehen? Schauen Sie sich die folgenden Ausschnitte an: Von welchen Banknoten stammen Sie?

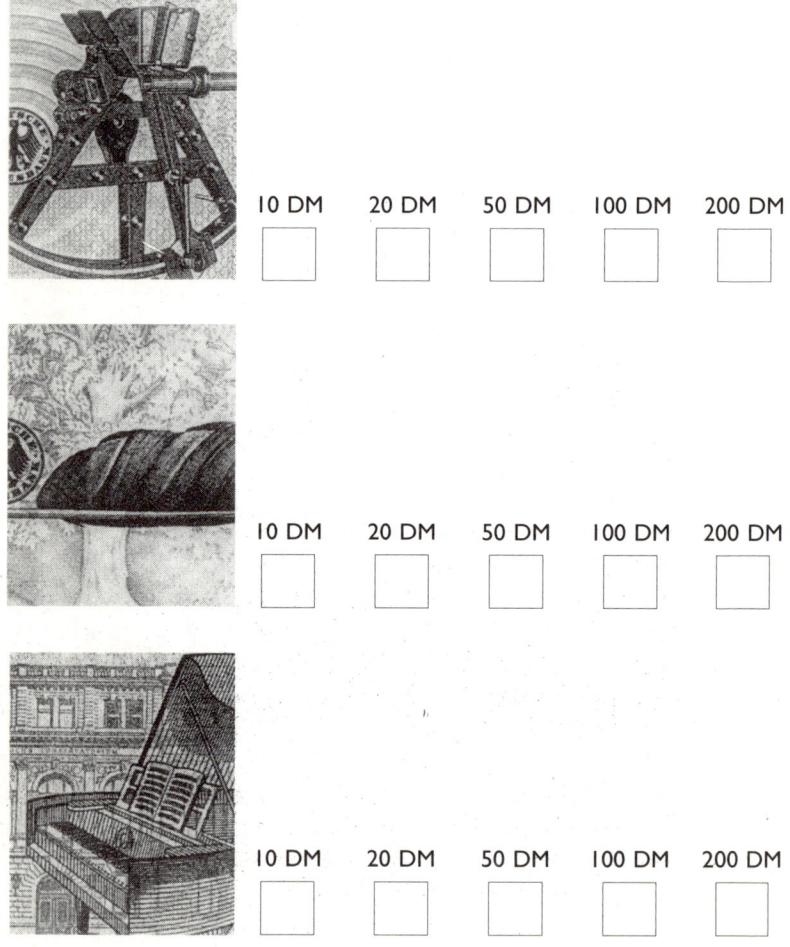

10 DM	20 DM	50 DM	100 DM	200 DM
☐	☐	☐	☐	☐

10 DM	20 DM	50 DM	100 DM	200 DM
☐	☐	☐	☐	☐

10 DM	20 DM	50 DM	100 DM	200 DM
☐	☐	☐	☐	☐

2. Konzentrationstest: Für den folgenden Test kommt es nicht auf Ihr Gedächtnis an, sondern auf Ihre Schnelligkeit und Konzentration. Sie sehen 48 unterschiedlich große weiße Kästen, in denen die Zahlen 1 bis 48 enthalten sind. Tippen Sie auf die Zahlenfelder, und zwar in aufsteigender Reihenfolge. Beginnen Sie mit der 1 und lassen Sie keine Zahl aus. Sie haben eine Minute Zeit. Versuchen Sie, so viele Zahlenfelder wie möglich anzutippen.

3. Zahlengedächtnis I: Nehmen Sie ein Blatt Papier und decken Sie zunächst alle Zahlenreihen, mit Ausnahme der ersten (211), ab. Lesen Sie jetzt die erste Zahlenreihe kurz und aufmerksam durch. Decken Sie dann auch diese Zahlenreihe mit dem Blatt ab und sprechen die Zahlen in umgekehrter Reihenfolge laut aus. Anschließend schreiben Sie die umge-kehrte Zahlenfolge auf ein Blatt Papier. Dann nehmen Sie die nächste Reihe.

Beispiel: Heißt es 1 2 7 6 , dann lesen und schreiben Sie 6 7 2 1 .

2 1 1
7 6 5
3 2 0 4
9 8 7 6
5 7 3 9 4
6 8 0 2 9
1 9 7 4 7 8
8 4 6 9 3 2

4. Zahlengedächtnis II: Schauen Sie die untenstehende 20stellige Zahl zwei Minuten an und versuchen Sie, sich möglichst viele Zahlen in der richtigen Reihenfolge zu merken. Nach Ablauf der zwei Minuten decken Sie die Zahlenreihe zu und schreiben möglichst viele Zahlen in richtiger Reihenfolge nieder. Für die Auswertung gelten nur die Zahlen, die in der tatsächlichen Reihenfolge erscheinen.

7 5 3 3 0 1 2 1 9 7 6 9 4 5 6 8 9 2 5 6

5. Bildhaftes Gedächtnis (Kofferpacken): Schauen Sie sich alle 12 Ge-genstände eine Minute an. Schlagen Sie das Buch zu und versuchen Sie, möglichst viele in Ihr Gedächtnis zu rufen, und schreiben Sie diese auf.

6. Bildhaftes Gedächtnis (US-Staaten): Schauen Sie sich die folgenden sechs Figuren eine Minute an. Schlagen Sie das Buch zu, warten Sie eine Minute, dann öffnen Sie das Buch wieder auf der folgenden Seite. Suchen Sie die sechs Figuren aus den 18 Figuren heraus. Die Größenverhältnisse der US-Staaten sind manchmal etwas verändert, die Lage ist gleichbleibend.

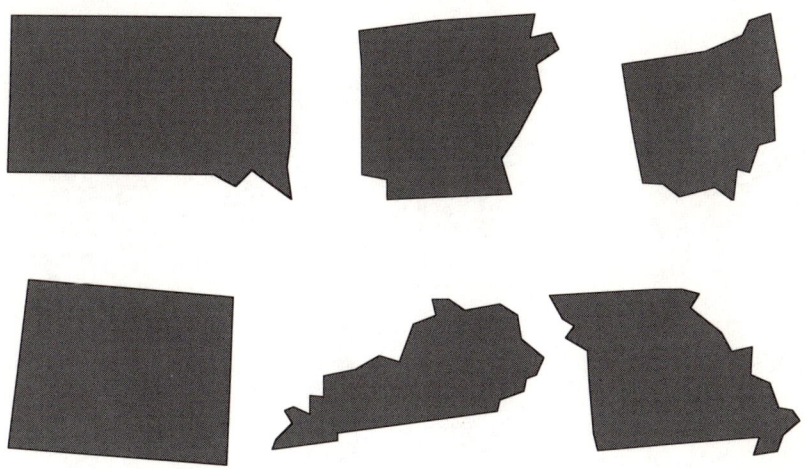

7. Bildhaftes Gedächtnis (Arabische Buchstaben):

ﺝ ﺝ ﺝ ﻑ ﺏ ﺝ

Bevor Sie die sechs arabischen Buchstaben der oberen Reihe anschauen, decken Sie die beiden unteren Buchstabenreihen ab. Schauen Sie nun die sechs Buchstaben der oberen Reihe eine Minute an. Achten Sie besonders auf die Punkte, Striche und Häkchen. Decken Sie nun auch diese obere Buchstabenreihe ab. Warten Sie zwei Minuten. Sehen Sie sich dann die beiden unteren Reihen an und versuchen Sie, ohne die obere Reihe noch einmal anzuschauen, die sechs Buchstaben aus den beiden unteren Reihen herauszufinden, und markieren Sie diese.

ﺝ ﺝ ﺝ ﻑ ﻑ ﺝ ﺝ ﺝ ﺝ ﺝ ﺝ ﺏ ﺝ

ﻯ ﻯ ﻯ ﻯ ﻑ ﻑ ﻑ ﻑ ﻑ ﻑ ﺝ ﺝ ﺝ ﺝ ﺝ

8. Gedächtnis für Begriffe: Versuchen Sie, sich die folgenden 20 Begriffe in der Zeit von drei Minuten einzuprägen. Schließen Sie das Buch, und schreiben Sie jetzt so viele Begriffe wie möglich auf ein Blatt Papier. Falls Sie es schaffen, die exakte Reihenfolge einzuhalten, wäre dies ein hervorragendes Ergebnis.

1. Straße	6. Spiegel	11. Fischer	16. Kaktus
2. Briefträger	7. Apfelsinen	12. Hammelkeule	17. Nachbarin
3. Känguruh	8. Mülleimer	13. Brille	18. Badewanne
4. Klingel	9. Eichhörnchen	14. Taschentuch	19. Sonnenbrille
5. Höllenlärm	10. Baum	15. Kaffeetasse	20. Balkon

9. Gedächtnis für sinnzusammenhängende Sätze: Lernen Sie nachstehendes Gedicht auswendig. Sie haben drei Minuten Zeit. Decken Sie es ab, und schreiben Sie es Wort für Wort genau auf.

Weltende

Dem Bürger fliegt vom spitzen Kopf der Hut,
In allen Lüften hallt es wie Geschrei,
Dachdecker stürzen ab und gehn entzwei
Und an den Küsten – liest man – steigt die Flut.

Der Sturm ist da, die wilden Meere hupfen
An Land, um dicke Dämme zu zerdrücken.
Die meisten Menschen haben einen Schnupfen.
Die Eisenbahnen fallen von den Brücken.

(Jakob van Hoddis)

10. Gedächtnis für Gesichter und Namen: Schauen Sie sich auf der folgenden Doppelseite die Gesichter und die Namen an (einige Namen wurden verändert). Beginnen Sie mit dem ersten Bild, und versuchen Sie, sich eine Minute den ersten Namen und das erste Gesicht einzuprägen. Alle anderen decken Sie mit einigen Blättern ab. Arbeiten Sie sich jetzt Gesicht für Gesicht vor: jeweils eine Minute, alle anderen Gesichter werden jeweils abgedeckt. Nach 12 Minuten schlagen Sie die nächste Doppelseite auf. Versuchen Sie nun, den Gesichtern die exakten Namen zuzuordnen, indem Sie diese entweder unter das entsprechende Bild schreiben oder auf einem gesonderten Blatt an der entsprechenden Stelle notieren.

Gudrun Hofrichter

Johan Baumann

Juha Haarnagel

Carmen Holländer

Felix Guevara

Anne Störtebecker

Claudia Wilke

Sarah Mattausch

Eva Schrader

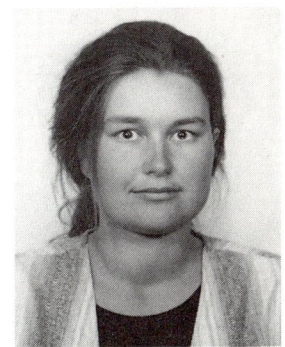

Nicol Beer

Ludger Trautmann

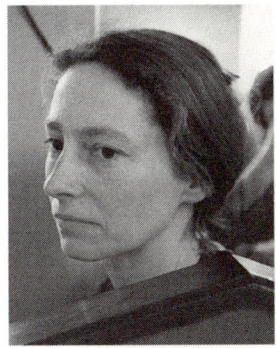

Christine Raabe

 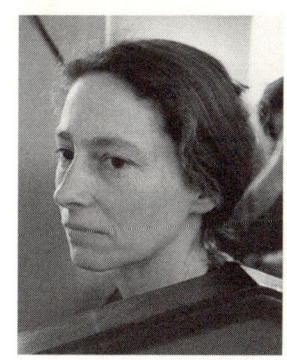

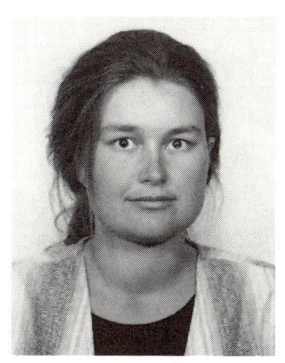 

Testauswertung

War der Test anstrengend? Sind Sie geschafft oder vielleicht sogar erfrischt? Sicherlich werden Sie bemerkt haben, daß Sie mit einigen Aufgaben sehr viel besser zurechtgekommen sind als mit anderen. Sie kennen nun Ihre Schwachstellen. Die folgende Testauswertung kann Ihnen einen annähernden Richtwert Ihrer Gedächtnisleistung geben.

1. **Aufmerksamkeitstest:**

Eine Banknote erkannt:	durchschnittlich
Zwei Banknoten erkannt:	gut
Drei Banknoten erkannt:	hervorragend

2. **Konzentrationstest:**

Bis 14:	durchschnittlich
Bis 23:	gut
Über 23:	hervorragend

3. **Zahlengedächtnis I:**

6 Richtige:	durchschnittlich
7 Richtige:	gut
8 Richtige:	hervorragend

4. **Zahlengedächtnis II:**

10 Richtige:	durchschnittlich
10–15 Richtige:	gut
Über 15 Richtige:	hervorragend

5. **Bildhaftes Gedächtnis (Kofferpacken):**

8–9 Richtige:	durchschnittlich
10–11 Richtige:	gut
12 Richtige:	hervorragend

6. **Bildhaftes Gedächtnis (US-Staaten):**

4 Richtige:	durchschnittlich
5 Richtige:	gut
6 Richtige:	hervorragend

7. **Bildhaftes Gedächtnis (arabische Buchstaben):**

3–4 Richtige:	durchschnittlich
5 Richtige:	gut
6 Richtige:	hervorragend

8. Gedächtnis für Begriffe:

11–13 Richtige:	durchschnittlich
14–16 Richtige:	gut
Über 16 Richtige:	hervorragend

9. Gedächtnis für sinnzusammenhängende Sätze:

4–5 Zeilen exakt:	durchschnittlich
6–7 Zeilen exakt:	gut
8 Zeilen exakt:	hervorragend

10. Gedächtnis für Gesichter und Namen:

6 korrekte Angaben:	durchschnittlich
7–8 korrekte Angaben:	gut
9 und mehr:	hervorragend

Warum Sie sich geistig fithalten sollten

Man mag einwenden, daß obenstehende Gedächtnisaufgaben einseitig sind und daß das Training solcher Aufgaben – das im folgenden beschrieben wird – nicht dem Gedächtnis als Ganzem dienlich ist. Dieses Argument ist sicherlich nicht von der Hand zu weisen, aber es ist nur ein Teil der Wahrheit.

Wenn Sie den obenstehenden Test ehrlich durchgeführt haben, wissen Sie ungefähr, wie es mit Ihrem Gedächtnis bestellt ist, aber vor allem kennen Sie jetzt Ihre Schwächen. Haben Sie eher Schwierigkeiten, sich Zahlen zu merken, können Sie keine Begriffe auswendig lernen, oder tauchen die Schwierigkeiten vielleicht bei der Zuordnung von Namen und Gesichtern auf? Wenn Sie nun Ihre Schwachstelle herausgefunden haben – was kann es schaden, eine Methode zu entwickeln, die es einem ermöglicht, sich z.B. Zahlen oder Begriffe sehr viel schneller und auch in größerer Anzahl zu merken?

Eine Grundregel gilt immer: Verlassen Sie sich ausschließlich auf sich selbst, nie auf das Gedächtnis anderer. Wenn Sie z.B. Ihren Lebenspartner als Ihr wandelndes Gedächtnis benutzen, verkümmert Ihre Erinnerungskraft. Ähnlich ist es, wenn man statt eigener Bemühung technische Hilfsmittel wie Terminkalender, gespeicherte Telefonnummern, Daueraufträge usw. benutzt. Zwar sind dergleichen Einrichtungen sinnvoll und notwendig, aber sie nehmen einem die Bemühung ab, sich zu erinnern. Deswegen sollte man sich zum Ausgleich durch Gedächtnisübungen geistig fithalten.

Unser Gedächtnis und unsere Erinnerungskraft sind unser individuelles Potential, das nur uns allein gehört und mit dem jeder in der Welt – für sich und unter seinen Mitmenschen – agiert. Dieses Potential gilt es zu erkennen, zu bewahren, auszubilden und für die Welt und seine Mitmenschen einzusetzen. Wer etwas für die Welt ermöglichen will, darf nicht geistig verkümmern. Wer selber nichts ist, kann auch anderen nichts geben. Also muß man bei sich selbst beginnen. Das gilt nicht nur für die moralische Schulung, eine meditative Entwicklung, den Erwerb vielerlei Fähigkeiten für den Beruf, sondern auch für Gedächtnisübungen. Auch wenn eine kleine Übung unscheinbar oder geringfügig erscheinen mag – übt man regelmäßig, so potenziert sich ihre Wirkung.

Wahrnehmung

Eine entscheidende Voraussetzung für ein gutes Gedächtnis ist eine möglichst umfangreiche und exakte Wahrnehmung. Die Tore der Wahrnehmung sind unsere Sinne. Sind sie zerstört, sind wir nicht wahrnehmungsfähig. Sind unsere Sinne schlecht, so beeinträchtigen Sie unsere Aufmerksamkeit. Nicht selten kommt es vor, daß man von einem Menschen glaubt, er habe etwas vergessen – in Wirklichkeit hat er die Information wegen seiner Schwerhörigkeit aber gar nicht aufgenommen. Gerade bei älteren Menschen läßt das Wahrnehmungsvermögen nach, und die Aufmerksamkeitsdauer verringert sich, weil sie schneller ermüden. Ein äußeres technisches Hilfsmittel, z.B. eine stärkere Brille oder ein Hörgerät, kann deswegen bereits erhebliche Verbesserungen schaffen.

Was ist – unter erkenntnistheoretischem Gesichtspunkt – die Wahrnehmung? Stellen Sie sich vor, daß Sie an einem kleinen Bach sitzen, der sich durch eine grüne Wiese schlängelt, die mit unzähligen Löwenzahnblüten übersät ist. Wenn Sie jetzt ein Wesen wären, das nicht denken könnte – natürlich ist das hypothetisch –, dann hätten Sie eine Chance, die Welt so wahrzunehmen, wie sie sich Ihnen mitteilen möchte. Ein ungeordnetes Chaos von Farben, Gerüchen und Geräuschen würde von Ihren Sinnen aufgenommen werden. Der Bewußtseinsinhalt, den ich – ohne zu denken – von der sinnlichen Welt aufnehme, wird von Rudolf Steiner als die Wahrnehmung bezeichnet. In unserem Bewußtsein verbinden wir die Wahrnehmungen mit den dazugehörigen Begriffen. Das ist der Erkenntnisprozeß. Steiner beschreibt dieses Auftreten des Wahrnehmungsinhaltes im Bewußtsein und den Erkenntnisvorgang in seinen grundlegenden erkenntnistheoretischen Schriften (GA 2 und GA 4; vgl. auch: „Denk mal!" Artikel von Thomas Höfer, in: FLENSBURGER HEFTE 47, „Übungen zur Selbsterziehung", S.121 ff.).

Wahrnehmungsübungen

Eine reine Wahrnehmung macht der Mensch nie, da sich seine Vorstellungen immer in die Wahrnehmungen hineinmischen. Dadurch erhalten die an sich objektiven Wahrnehmungen einen subjektiven Charakter. Will man sich aber etwas merken, so ist es wichtig, möglichst exakte, objektive und vielseitige Wahrnehmungen zu machen.

> Erweitern Sie Ihre Wahrnehmungsfähigkeit!
> Erhöhen Sie Ihre Aufmerksamkeit!
> Zeigen Sie Interesse für alles!

Oft latschen wir blind durch die Welt, sind nur mit uns selbst beschäftigt und bemerken nicht, welche erstaunliche Vielfalt sich um uns herum darbietet. Machen Sie es sich deswegen zur Aufgabe, jeden Tag eine neue Wahrnehmung zu entdecken. Versuchen Sie am ersten Tag, auf alle Vogelstimmen zu achten: beim Spaziergang, vor Ihrem Bürofenster oder zu Hause. Gehen Sie einen Tag wach durch die Welt, achten Sie auf jede Vogelstimme, hören Sie einfach zu. Sie werden Erstaunliches bemerken. Ganz neue Welten gehen Ihnen dabei auf.

Am zweiten Tag nehmen Sie sich vor, ganz besonders auf die Schuhe aller Menschen zu achten, die Ihnen begegnen. Am dritten Tag achten Sie auf die Gestik aller Menschen, die mit Ihnen sprechen. Am nächsten Tag versuchen Sie, bei allen Speisen, die Sie zu sich nehmen, den Geschmack der Gewürze näher zu ergründen. An den folgenden Tagen lenken Sie Ihre Aufmerksamkeit auf die Stimmen Ihrer Mitmenschen, auf Ihre Augen oder darauf, ob Sie vollständige Sätze sprechen. Versuchen Sie auf alle Farben zu achten: Schauen Sie sich alle Rotfärbungen an, die Sie wahrnehmen, gleich ob die rötliche Färbung an einem Auto oder am Himmel ist. Ertasten Sie die verschiedenen Oberflächen von Holz, Plastik, Metall usw. Achten Sie an einigen Tagen auf sich selbst, z.B. auf Ihre Schrift oder auf automatische Handbewegungen. Schauen Sie sich Ihre vertraute Umgebung an: In welcher Lage steht der Lichtschalter, wenn das Licht angeschaltet ist? Wie viele Treppenstufen führen bis zu Ihrer Wohnung hinauf?

Lassen Sie bei dieser Übung Ihrer Phantasie freien Lauf. Sie können bis zu Ihrem Lebensende jeden Tag neue Wahrnehmungen machen und haben Ihre Aufmerksamkeit doch nur auf einen Bruchteil der Wahrnehmungswelt gelenkt.

Übung: Nehmen Sie sich vor, Ihre Aufmerksamkeit jeden Tag auf ein Detail unserer Welt zu lenken. Öffnen Sie Ihre Sinne für Ihr Wahrnehmungsobjekt. Versuchen Sie, es so wahrzunehmen, wie es sich Ihnen zeigen will. Lösen Sie es aus allen anderen Wahrnehmungen heraus. Rufen Sie sich abends vor dem Schlafen noch einmal Ihre Wahrnehmungen ins Bewußtsein.

Sie können Ihre Wahrnehmungsübung auch anhand eines bestimmten Gegenstandes bewußt durchführen. Nehmen Sie das Buch, das Sie gerade in der Hand halten, Ihren Kaffeebecher, einen Stein oder eine Pflanze. Schließen Sie Ihre Augen und ertasten Sie die Oberfläche. Öffnen Sie wieder Ihre Augen und lassen Sie jede Einzelheit – Farbe, Form, Gewicht, Duft usw. – auf sich wirken. Lassen Sie das Objekt Ihrer Wahrnehmung sich selbst aussprechen. Beschreiben Sie anschließend Ihr Wahrnehmungsobjekt, so daß es sich durch Ihre geistige Mithilfe noch detaillierter und umfassender aussprechen kann. Schließen Sie anschließend Ihre Augen und beschreiben Sie alle wahrgenommenen Einzelheiten. Öffnen Sie wiederum Ihre Augen und kontrollieren Sie, ob Sie aus dem Gedächtnis eine exakte Beschreibung gegeben haben. Am besten eignen sich für diese Übung Pflanzen. (Vgl.: „Wenn die Welt zu sprechen beginnt", Interview mit Cordula und Emanuel Zeylmans, in: FLENSBURGER HEFTE 47, „Übungen zur Selbsterziehung", S.63 f. und S.73 ff.)

Übung: Nehmen Sie sich vor, jeden Tag ein bestimmtes Objekt genau wahrzunehmen. Schauen Sie es an, ertasten, riechen, schmecken und beschreiben Sie es. Schließen Sie Ihre Augen und rekapitulieren Sie Ihre Wahrnehmungen. Öffnen Sie wieder Ihre Augen, und korrigieren Sie Ihre Gedächtnisleistung an der objektiven Wirklichkeit.

Wenn man diese Übungen einige Zeit durchführt, wird man bemerken, wie mangelhaft man gewöhnlich seine Umgebung wahrnimmt. Um das zu testen, können Sie als kleines Spiel z.B. eine Gruppe von Menschen bitten, die Augen zu schließen und aus der Erinnerung eine möglichst exakte

Beschreibung der anderen Gruppenmitglieder oder des Raumes abzugeben. Sie werden erstaunliche Wahrnehmungslücken feststellen. Und doch ist eine exakte Wahrnehmung *die* entscheidende Voraussetzung für alles, was in unserem Gedächtnis gespeichert werden soll.

Visualisierung

Sehr hilfreich ist es, wenn Sie unabhängig von jeglicher Gedächtnis- und Wahrnehmungsübung in vielseitiger Weise lernen, einen Begriff in ein Bild umzusetzen bzw. überhaupt ein Bild in Ihrer Vorstellung erstehen zu lassen. Schauen Sie sich die Menschen an, beobachten Sie, wie sie lachen, sich bewegen, wie sie beim Sprechen gestikulieren. Schauen Sie sich die Pflanzen und Tiere an oder die abendlichen Sonnenuntergänge und rufen Sie die Objekte Ihrer Beobachtung erneut möglichst exakt in Ihre Vorstellung. Je häufiger Sie diese Übung machen, desto leichter wird sie Ihnen fallen.

Auf dem Wege zu einem Supergedächtnis?

Sicherlich haben Sie auch schon irgendwann von den sogenannten Gedächtniskünstlern gehört. Das sind Menschen, die ihr Gedächtnis in meist extremer Weise trainieren. Es gibt sogar eine Gedächtnis-Weltmeisterschaft in London. Vor etwa einem Jahr ging Dominic O'Brien als Sieger aus diesem Gedächtniswettbewerb hervor. Zwei Tage plagten sich die 13 Teilnehmer durch verschiedene Wettkämpfe: Sie lernten Namen und Porträtfotos zuzuordnen und versuchten, sich Zahlen- und Wortkolonnen sowie gut gemischte Spielkarten einzuprägen. Dominic O'Brien schaffte das mit 624 Karten. Von einer 2.000stelligen Zahl konnte er sich immerhin 1.140 Ziffern merken.

Erstaunlich, aber wahr! So weit werden wir es wohl kaum bringen. Ist auch nicht nötig. Jedes zu einseitige Training ist fragwürdig. Aber wir können unsere Gedächtnisleistung ohne allzu große Anstrengung verdoppeln oder gar verdreifachen.

Allerdings ist es nicht möglich, mit nur einer Methode bzw. einer einzigen Übung sämtliche Funktionen unseres Gedächtnisses – für Zahlen, Begriffe, Bilder usw. – zu verbessern. Dazu bedarf es einer breitgefächerten Übungspalette. Je vielseitiger die Übungen sind, desto wirkungsvoller ist das Gedächtnistraining. Aus diesem Grunde gebe ich in den folgenden Kapiteln einige Methoden zur Gedächtnisverbesserung. Es sind bei weitem nicht alle, aber sie mögen Ihnen einen Einblick in das Prinzip bieten, so daß Sie mit Ihrer eigenen Phantasie auch weitere Methoden entwickeln bzw. aus der angegebenen Literatur heraussuchen können.

Wie man sich Zahlen besser merken kann

Kennen Sie das Gefühl, vor einem EC-Automaten zu stehen, und die Geheimzahl nicht mehr zu wissen? Ich erinnere mich noch lebhaft, wie mir das einmal passierte. Ich hatte gerade ein Interview geführt und brauchte Geld aus dem Automaten. Meine Geheimzahl trage ich nirgendwo mit mir herum, sie ist nur in meinem Gedächtnis. Viele Jahre ging es immer gut, niemals vergaß ich sie. Aber dieses Mal versagte mein Gedächtnis. Ich konnte meine Geheimzahl nicht abrufen. Da ich eine ungefähre Ahnung von ihr hatte, versuchte ich mich an dem Automaten, aber es klappte nicht. Es war schon abends, und ich hatte noch mehrere Stunden bis zur Abfahrt meines Zuges. Also ging ich ins Kino. In dem Film kam eine Tastatur vor, deren Zahlen genau wie die bei dem Geldautomaten angeordnet waren. Der Schauspieler tippte kurz darauf herum, und sofort wußte ich meine Geheimzahl wieder. Das Bild der Tastatur, die Anordnung der Zahlen rief die Erinnerung meiner Geheimzahl jetzt in mein Bewußtsein.

Und es gibt noch viel wirkungsvollere Bilder: diejenigen, die man sich selbst schafft. Folgende Faustregel gilt immer: Eine abstrakte Größe – Zahl, Buchstabe, Begriff – ist schwerer zu lernen als ein Bild. Also gilt es, Zahlen möglichst in Bilder umzusetzen.

Bildvorstellungen: Wählen Sie sich für die Zahlen 0–9 je ein Ihnen vertrautes Bild und prägen Sie sich diese Bildvorstellungen gut ein. Für die 0 nehmen Sie beispielsweise eine holländische Käserolle, für die 1 einen Fahnenmast mit wehendem Wimpel, für die 2 den gebogenen Hals eines Schwans, für die 3 den Dreizack eines Neptuns, für die 4 ein Segelboot, für die 5 einen wippenden Kinderstuhl usw. – Angenommen, Sie sollen sich die Geheimnummer 4302 merken: Stellen Sie sich ein fahrendes Segelboot vor. Auf ihm steht der Neptun mit dem Dreizack, auf welchen die Käserolle gespießt ist. Und das Segelboot rammt einen Schwan.

Zahlen-Konsonanten-Verbindungen: Sie können auch für die Zahlen 0–9 Konsonanten wählen. 0 = K, 1 = L, 2 = M, 3 = N, 4 = P usw. Dann lautet die oben angeführte Geheimnummer in Konsonanten umgewandelt: PNKM. Ergänzen Sie jetzt die Konsonanten mit irgendwelchen Vokalen:

Punkmädchen, Pinkmalerei usw. Dieses Wort vergessen Sie nicht, und Sie können jederzeit Ihre Geheimnummer rekapitulieren.

Merkverse: Aus der Schulzeit kennen Sie sicherlich noch die Eselsbrücke des Merkverses, die sogenannte Mnemotechnik: 753 – Rom kroch aus dem Ei; 333 – bei Issos Keilerei. Solche Verse oder Sprüche können Sie sich selbst ausdenken. Selbstverständlich lassen sie sich auch für Buchstaben oder Begriffe anwenden.

Zahlen strukturieren: Was macht man z.B. mit der Zahl 30121976, wenn man sie sich leichter merken will? Ganz einfach: Man macht ein Datum daraus: 30.12.1976. Und blitzschnell sind Sie in der Lage, sich diese acht Zahlen zu merken.

Was macht man mit der Zahl 237021044156? Man löst sie in Geldbeträge auf: 237,02 und 10.441,56. So einfach ist das, und schon kann man sich diese zwölf Zahlen merken.

Oder machen Sie folgendes: 2 (370) 2 – 1044 – 156. Durch eine derartige Strukturierung können Sie sich Zahlen leichter einprägen.

Verborgene Rechenaufgaben: Wie gehen Sie bei der Zahl 4141122 vor? Man untersucht, ob eine Rechenaufgabe in ihr steckt: 4 x 14 = 112 : 2.

Überlegen Sie, was man mit der nachstehenden Zahl machen kann: 945689256. Das ist natürlich nicht einfach zu bewerkstelligen. Die Auflösung ist 945 - 689 = 256. Selbstverständlich werden die Zahlen nicht immer so liegen, daß man durch Multiplikations-, Additions- oder andere Rechenverfahren sinnvolle Größen zusammenstellen kann. Es geht hierbei nur um das Prinzip.

Schauen wir uns jetzt noch einmal die 20stellige Zahl aus der Testaufgabe 4 an: 75330121976945689256. Die Auflösung ist: 753 v.Chr. (Rom kroch aus dem Ei) 30.12.1976 (945 - 689 = 256). Oder Sie strukturieren diese Zahl folgendermaßen: 75.330,12 (197,69) 45,68 – 92,56.

Test: Jetzt wenden Sie eine der genannten Methoden an und machen den Test mit einer 20stelligen Zahl. Schauen Sie sich die Zahl 2 Minuten an und versuchen Sie, sich möglichst viele Zahlen zu merken:

2 4 7 2 8 8 1 7 4 9 2 7 2 1 8 6 1 1 3 5

Ich bin sicher, daß Sie sich dieses Mal mehr Zahlen merken konnten. Haben Sie auch den Sinn dieser Zahl entschlüsselt?

Wie man sich Begriffe besser merken kann

In der Testaufgabe 8 bat ich Sie, sich 20 Begriffe möglichst der Reihe nach zu merken. Sicherlich konnten Sie sich nicht alle merken. Wenn Sie aber die Methode kennen, ist es kein Problem mehr.

Erweiterung zu einer Geschichte: Lernen Sie nicht stur die Begriffe auswendig, denn dabei stoßen Sie sehr bald an Ihre Grenze, sondern erfinden Sie um die Begriffe herum ein möglichst auffälliges, möglichst absurdes Bild, das Sie mit den anderen Bildern zu einer Geschichte verbinden. Sie könnte in unserer Testaufgabe etwa folgendermaßen lauten:

Die Straße kommt ein Briefträger entlang, und er ist dieses Mal ein Känguruh. Es drückt auf Ihre Klingel, macht im Treppenhaus einen Höllenlärm, bringt Ihnen den *Spiegel* und schüttet zusätzlich eine Kiste fauliger Apfelsinen in Ihren Flur. Während Sie die Apfelsinen einsammeln und zum Mülleimer bringen, schauen Sie nach draußen, wo ein Eichhörnchen im Baum sitzt, das fragend zu Ihnen herüberschaut.

Endlich wieder in der Wohnung, schauen Sie sich eine Bundestagsdebatte an, bei der Joschka Fischer gerade zur Unterstützung seiner Rede mit einer Hammelkeule auf das Podium haut, während sich der Bundeskanzler entsetzt mit einem Taschentuch seine Brille putzt. Plötzlich hören Sie es poltern, und die Kaffeetasse, die Sie in der Hand halten, fällt Ihnen in den neben Ihnen stehenden Kaktus. „Wahrscheinlich ist wieder die Nachbarin in der Badewanne ausgerutscht", denken Sie, „diese merkwürdige Frau, die selbst im Winter mit Sonnenbrille Ihren Balkon schrubbt."

Wenn Sie auf diese Weise die Begriffe in Bilder verwandeln und zu einer absurden Geschichte verbinden, können Sie sie mühelos in der entsprechenden Reihenfolge behalten. Prüfen Sie sofort, ob Ihnen das gelingt.

Test: Prägen Sie sich die folgenden 20 Begriffe der Reihe nach ein. Sie haben drei Minuten Zeit. Schlagen Sie nun das Buch zu, und schreiben Sie die 20 Begriffe der Reihe nach auf.

1. Quark	6. Stinktier	11. Kerze	16. Fasan
2. Kaugummi	7. Stuttgart	12. Pfeffer	17. Banknote
3. Liegestuhl	8. Papier	13. Fahrrad	18. Strand
4. Sonnenblume	9. Millionenbetrug	14. Dieb	19. Rauch
5. Hochhaus	10. Hölle	15. Regentonne	20. Kind

Loci-Methode: Angenommen, Sie wollen sich eine längere Einkaufsliste einprägen, ohne sich einen Zettel zu schreiben: Eier, Heringe, Kaffee, Salz, Schinken, Ananas, Margarine, Lakritz, Eis, Oregano, Öl, Zimt, Brot, Marmelade, Lorbeerblätter, Erdbeeren, Bohnen, Milch, Zeitung, Tee.

Diese 20 Gegenstände können Sie sich leichter als 20 willkürliche Begriffe merken, da Sie einen realen Bezug zu Ihrem Leben haben und Ihnen die Möglichkeit eröffnet wird, sie im Supermarkt zu entdecken. Trotzdem ist es angebracht, eine sichere Methode anzuwenden, und zwar die sogenannte Loci-Methode eines römischen Redners, der zur Unterstützung seines Gedächtnisses die Örtlichkeiten seines Hauses zu Hilfe nahm. Wählen auch Sie ein Ihnen vertrautes Gebäude mit möglichst vielen Räumen oder Ihre eigene Wohnung. Suchen Sie sich 20 verschiedene Räume oder fest verankerte Gegenstände in der Wohnung, die Sie in der Reihenfolge Ihrer Lage mühelos in Ihrer Vorstellung ablaufen können: Flur, Besenkammer, Bad (Badewanne, Waschbecken, Waschmaschine), Küche (Kühlschrank, Mülleimer, Herd) usw.

Nehmen Sie jetzt Ihre Einkaufsliste und plazieren Sie jeweils einen einzukaufenden Gegenstand an den von Ihnen gewählten Orten in Ihrer Wohnung. Übertreiben Sie dabei, wählen Sie ungewöhnliche Situationen, stellen Sie sich jedes Bild kurz und lebhaft vor. Das könnte dann etwa folgendermaßen aussehen: Sie zertrampeln auf Ihrem Flur Dutzende rohe Eier, öffnen die Tür zur Besenkammer, und es kommt Ihnen ein Schwarm Heringe entgegengeschossen. Um sich zu reinigen, gehen Sie ins Bad und entdecken zu Ihrer größten Verwunderung, daß die Badewanne mit dampfendem Kaffee gefüllt, das Waschbecken voll mit Salz ist und in der Waschmaschine ein großer Schinken schleudert.

Sie können diese Loci-Methode auch für einen Vortrag anwenden, den Sie halten müssen. Wählen Sie für jeden Sinnabschnitt Ihres Vortrages ein klares Symbol und plazieren Sie es an den jeweiligen Ort in Ihrer Wohnung. Statt Ihrer Wohnung können Sie auch eine Ihnen gut bekannte Wegstrecke nehmen, z.B. den Weg zur Arbeit.

Begriffe nach Sachgruppen ordnen: Ihre Einkaufsliste können Sie auch nach Sachgruppen ordnen: Gemüse, Obst, Gewürze, Fleisch, Getränke usw. Derart geordnete Begriffe prägen sich leichter ein.

Anfangsbuchstaben einprägen: Schnell und einfach – wenn auch nicht ganz so sicher – ist es, sich die Anfangsbuchstaben der Begriffe einzuprägen und gegebenenfalls ein neues Wort daraus zu bilden. Etwas Ähnliches ist längst in unseren Sprachgebrauch übergegangen, nämlich die sogenannten Akronyme. Das sind Kurzwörter aus den ersten Buchstaben eines aus mehreren Wörtern zusammengesetzten Begriffes: NATO – North Atlantic Treaty Organisation; SALT – Strategic Arms Limitation Talks; PEN – Poets, Essayists, Novellists.

Erweiterungen und Sprüche: Besser ist es, man erweitert die Anfangsbuchstaben zu einem Spruch. Sicherlich kennen Sie den Satz für die Reihenfolge der Planeten: Mein Vater Ernst macht jeden Sonntag Unsinn nach Plan. Ähnliche Sprüche gibt es zuhauf, z.B. für die Bestandteile des Granits: Feldspat, Quarz und Glimmer – die drei vergeß ich nimmer. Oder für die Noten: Es geht hurtig durch Fleiß (auf den Linien), Fritz aß Citronen-Eis gern (zwischen den Linien).

Natürlich läßt sich bei der Loci-Methode – wie auch bei allen anderen – einwenden: Wer macht das schon?! Vielleicht werden Sie jetzt auch diese Methoden lesen und denken: Wie toll! Aber Sie üben keine einzige! Deswegen mein Tip: Überwinden Sie sich, üben Sie alle Methoden wenigstens dreimal. Wählen Sie z.B. die Orte Ihrer Wohnung aus. Irgendwann wird nämlich die Situation kommen, bei der Sie kein Diktiergerät oder keinen Schreibstift parat haben, und dann ist es äußerst nützlich, wenn man diese Methoden beherrscht.

Wie man sich besser Namen und Gesichter merken kann

Wahrscheinlich kennen Sie auch die Situation, daß Ihnen mehrere Menschen namentlich vorgestellt werden, und nach wenigen Minuten haben Sie die meisten Namen bereits wieder vergessen. Vorausgesetzt der Name wurde deutlich ausgesprochen und Sie interessieren sich überhaupt für ihn, gilt wieder die Regel der Verbildlichung bzw. Visualisierung: Versuchen Sie, den Namen innerlich zu wiederholen und assoziieren Sie ein möglichst auffälliges Bild, das mit dem Namen zusammenhängt.

Gesichter prägen sich schneller ein. Aber auch hier gibt es Hilfen. Legen Sie sich den Blick eines Karikaturisten zu, suchen Sie das auffälligste Merkmal eines Gesichtes heraus und verstärken Sie es in Ihrer Vorstellung.

Wenn Sie dagegen Namen und Gesichter – wie bei der Testaufgabe 10 – verbinden wollen, müssen Sie eine Abfolge von drei Schritten bewältigen. Danielle C. Lapp beschreibt diese Methode sehr anschaulich in Ihrem Buch: „Nichts mehr vergessen!"

Erster Schritt, prägender Gesichtszug: Suchen Sie als erstes das auffälligste Merkmal eines Gesichts, z.B. den Schnurrbart, die schiefe Nase, die buschigen Augenbrauen, die abstehenden Ohren usw. Übertreiben Sie diesen prägenden Gesichtszug in Ihrer Vorstellung. Schließen Sie dann die Augen, setzen Sie als erstes diesen prägenden Gesichtszug in Ihr Vorstellungsbild und formen Sie dann das ganze Gesicht um dieses Merkmal herum. Wählen Sie nur ein auffälliges Gesichtsmerkmal, nicht mehrere.

Zweiter Schritt, Verbildlichung des Namens: Viele Namen tragen bereits eine Bedeutung in sich, z.B. Lenz, Bäcker oder Sommer. Bei eher abstrakten Namen, wie z.B. Thiemke oder Tkacz, ist eine Bedeutung nur schwer oder gar nicht ersichtlich. Ihre Aufgabe ist es nun, den Namen in ein möglichst auffälliges Bild oder ein damit zusammenhängendes Symbol umzusetzen. Sie können dabei auch den Klang des Namens zur Hilfe nehmen oder einige Buchstaben vertauschen, so daß sich ein Sinn ergibt. Verdeutlichen Sie sich dieses Bild und prägen Sie es sich ein.

Dritter Schritt, Übertragung: Das Bild, das Sie aus dem Namen gewonnen haben, setzen Sie jetzt auf den prägenden Gesichtszug des jeweiligen Menschen. Lassen Sie diese Bildübertragung mehrere Sekunden in Ihrer Vorstellung wirken.

Erstes Beispiel:

Name:	Kaufmann; Symbol dafür: Kaufmannswaage
Prägender Gesichtszug:	Lange Nase
Verbindung:	Hängen Sie die Waage an ihre lange Nase, so daß diese noch länger wird.

Zweites Beispiel:

Name:	Mordhorst; Symbol dafür: Ein Messer
Prägender Gesichtszug:	Volle Lippen
Verbindung:	Schieben Sie das Messer zwischen seine vollen Lippen.

> **Test:** Schauen Sie sich wieder die 12 Gesichter und Namen auf der folgenden Doppelseite jeweils eine Minute an. Wenden Sie die oben beschriebenen drei Schritte an und ordnen Sie auf der nächst folgenden Doppelseite den Gesichtern die entsprechenden Namen zu.

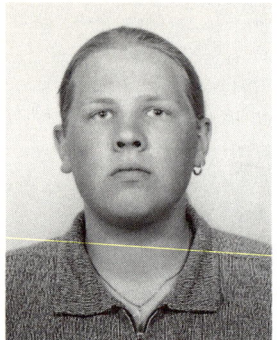

Nicolas Scharnweber

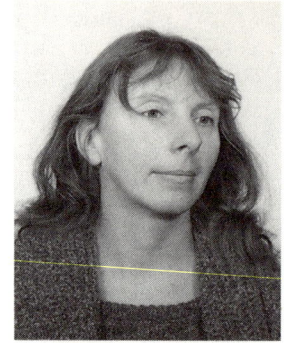

Barbara Puttkammer

Astrid Gebauer

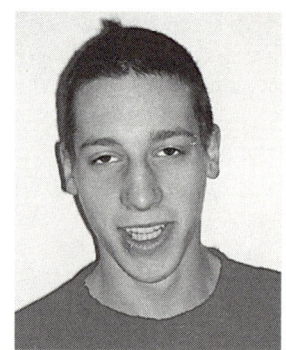

Jakob Wendt

Julia Morrison

Jo Pasinski

Mareike Schiller

Rikke Rubrecht

Simon Loewe

Anika Palm

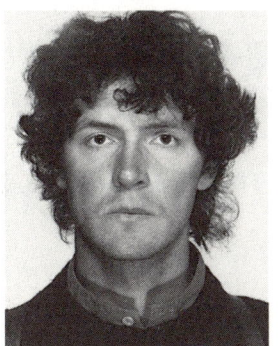

Thomas Hofer

Ingrid Sundsvalen

 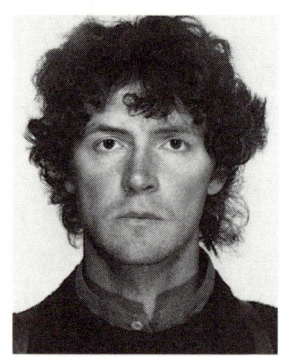

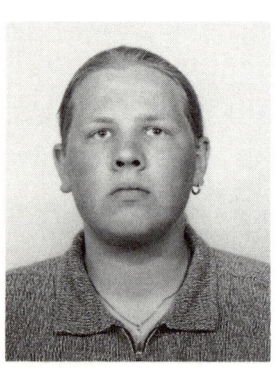 

 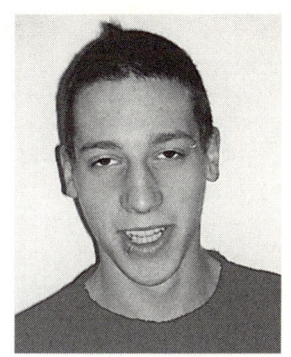

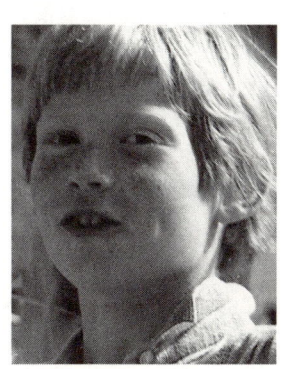 

Symbolische Erinnerungsstützen

Gilt es, sich einfache oder einmalig vorkommende Dinge zu merken, z.B. gleich am nächsten Morgen einen Geburtstagsanruf zu erledigen, so legt man am besten am Abend vorher eine symbolische Erinnerungsstütze irgendwo in der Wohnung ab. Sie müssen deswegen nicht gleich die Waschmaschine vor Ihre Schlafzimmertür hieven, aber eine einfache Tomate auf der Kaffeemaschine wird Sie wegen der ungewöhnlichen Plazierung am nächsten Morgen in Erstaunen versetzen und sofort an den Geburtstagsanruf erinnern. Wenn Sie eine Reise planen oder oft Gegenstände mitnehmen müssen, empfiehlt es sich, eine *Mitnahmekiste* anzuschaffen, in die Sie sofort alles hineinlegen, sobald es Ihnen einfällt.

Allgemeine Vergeßlichkeit, Zerstreutheit

Sind Sie oft unsicher, ob Sie Ihren *Herd abgeschaltet* oder Ihre *Tür abgeschlossen* haben, dann empfiehlt es sich, diesen Akt mit einer übertriebenen körperlichen Geste – z.B. herumschwingenden Armen – zu erledigen. Besser ist es, Sie prägen sich das Bild des Herdes oder der Tür genau ein, während sie den Herd abschalten bzw. den Schlüssel im Schloß herumdrehen. Verbinden Sie mit der Bildvorstellung Ihre ich-gelenkte Willenstat und sagen Sie: „Ich schließe jetzt die Tür ab. Ich schalte jetzt den Lichtschalter im Flur aus." Diese bewußte, mit einer Bildvorstellung verbundene Tat werden Sie nicht vergessen.

Wenn Sie oft vergessen, wo Sie Ihr *Auto geparkt* haben, machen Sie es dementsprechend: Prägen Sie sich die Stellung des Autos, die umstehenden Häuser und Bäume genau ein, möglichst aus dem Blickwinkel, den Sie haben werden, wenn Sie am nächsten Tag wieder zu Ihrem Auto gehen.

Vergessen Sie oft *Termine,* so machen Sie sich die Mühe, z.B. am Tag vorher den Weg bis zu dem Ort Ihrer Verabredung in Ihrer Phantasie abzuschreiten.

Gedächtnisübungen Steiners

Auch Rudolf Steiner hat in seinem Vortragswerk Gedächtnisübungen gegeben, die sich kaum von einigen der oben dargestellten unterscheiden. Im Grunde sind es zwei Übungen. Beide basieren auf einer erhöhten Aufmerksamkeit.

Übung: Setzen Sie sich abends für einige Minuten ruhig in Ihren Sessel und versuchen Sie, in Ihrer Vorstellung eine möglichst exakte Erinnerung eines oder mehrerer Menschen herbeizuführen, mit denen sie am selben Tag zusammengetroffen sind. Erzeugen Sie dabei ein möglichst detailliertes Bild dieser Menschen: von ihren Gesichtszügen, ihrer Haarfarbe, dem Klang ihrer Stimme und der Beschaffenheit ihrer Kleidung. Sie werden bemerken, daß Sie irgendwann an eine Grenze stoßen, weil Sie viele Details nicht wahrgenommen bzw. vergessen haben. Ergänzen Sie jetzt das Bild des Menschen in Ihrer Phantasie. Wenn Sie die Haarfarbe einer Frau, bei der Sie am Postschalter Briefmarken gekauft haben, nicht mehr erinnern, geben Sie ihr z.B. rote Haare. Gehen Sie dann am nächsten Tag wieder zu diesem Schalter und korrigieren Sie gegebenenfalls Ihr durch Ihre Phantasie ergänztes Vorstellungs- bzw. Erinnerungsbild. – Diese Übung trägt enorm dazu bei, mit erhöhter Aufmerksamkeit durch die Welt zu gehen.

Übung: Legen Sie möglichst viele Gegenstände in Ihrer Wohnung ganz bewußt ab. Schmeißen Sie z.B. die Banane nicht einfach in den Obstkorb, sondern prägen Sie sich die Lage der Banane ganz genau ein. Sagen Sie auch bewußt: „Ich lege diese Banane in die Obstschale."
Durch diese Übung wird dreierlei bewirkt: Man löst eine Handlung aus ihrer Automatik, prägt sich die Bildlichkeit des zu erinnernden Gegenstandes ein und verbindet sein Ich mit dieser Bildlichkeit. Die Gedanken, die die Individualität dabei denkt, verbinden sich mit dem Gegenstand in der Außenwelt, und durch diesen bewußt geführten Akt der Verbildlichung, der Visualisierung, wird das Bild des Gegenstandes tief in die Leiblichkeit des Menschen – in seinen Ätherleib – eingeprägt und damit in seinem Gedächtnis verankert. (Vgl. FLENSBURGER HEFTE 47, „Übungen zur Selbsterziehung", S.117 ff., S.170 f., S.176 f.)

Schluß

Was wollte ich doch noch gleich? ...

Literatur zum Thema:
Bauer, Harald/Müller, Ernst/Michelfelder, Hildegard: Leitfaden Gedächtnistraining. Memo Verlag, Stuttgart

Berchem, Frank: Noch mehr Gehirnjogging. Mosaik-Verlag, München

Beyer, Günther: Gedächtnistraining. Humboldt Taschenbuchverlag, München

Birkenbihl, Vera F.: Stroh im Kopf? Gebrauchsanleitung fürs Gehirn. mgv Verlag, München/Landsberg am Lech

Brost, Hauke: Jogging für den Kopf. Herbig Verlagsbuchhandlung, München

Gose, Kathleen/Levi, Gloria: Wo sind meine Schlüssel? Gedächtnistraining in der zweiten Lebenshälfte. Rowohlt Taschenbuch Verlag, Reinbek

Herrmann, Douglas J.: Gedächtnistraining. Falken Verlag, Niedernhausen/Ts.

Krämer, Sabine/Walter, Klaus: Konzentration und Gedächtnis. Ein Trainingsprogramm für 30 x 20 Minuten. Lexika Verlag, München

Langer, Ellen J.: Aktives Denken. Wie wir geistig auf der Höhe bleiben wollen. Rowohlt Verlag, Hamburg

Lapp, Danielle C.: Nichts mehr vergessen! Neuer Schwung für graue Zellen. Mosaik Verlag, München

Lehrl, Siegfried/Fischer, Bernd (Hg.): Gehirn-Jogging – So bringen Sie Ihr Gedächtnis in Schwung. Mosaik Verlag, München

Minninger, Joan: Gutes Gedächtnis – das Erfolgsgeheimnis. Humboldt Taschenbuchverlag, München

Norman, Ursula: Heiteres Gedächtnistraining. Memo Verlag, Stuttgart

Oppolzer, Ursula: Verflixt, das darf ich nicht vergessen! Gutes Gedächtnis bis ins hohe Alter. Humboldt Taschenbuchverlag, München

Ostrander, Sheila/Schroeder, Lynn: Super Memory. Der Weg zum optimalen Gedächtnis. Goldmann, München

Savanat, Marylin v./Fleischer, Leonore: Brain Building – Das Supertraining für Gedächtnis, Logik, Kreativität. Rowohlt Taschenbuchverlag, Reinbek

Steiner, Rudolf: Nervosität und Ichheit. Vortrag vom 11.01.1912, als Einzelausgabe oder in GA 143: Erfahrungen des Übersinnlichen. Die drei Wege der Seele zu Christus. Rudolf Steiner Verlag, Dornach

Steiner, Rudolf: Praktische Ausbildung des Denkens. Vortrag vom 18.01.1909, als Einzelausgabe oder in GA 108: Die Beantwortung von Welt- und Lebensfragen durch Anthroposophie. Rudolf Steiner Verlag, Dornach

Stengel, Franziska: Gedächtnis spielend trainieren. Memo Verlag, Stuttgart

Stürmer, Ernst: Geistig fit bleiben – Eine praktische Anleitung zum Gehirntraining. Herder Verlag, Freiburg

Werneck, Tom/Heidack, Clemens: Gedächtnistraining. Heyne Verlag, München

Folgende Broschüren erhalten Sie gegen eine Schutzgebühr von je 2,– DM beim Bayer-Patientenservice – Stichwort „Top im Alter" – Postfach 10 13 68, D-51313 Leverkusen:
 – Bewußt und kreativ den Alltag trainieren
 – Geistig rege bis ins hohe Alter

Memory Clinic

Interview mit Hartmut Fahnenstich

von Michael Alberts

Hartmut Fahnenstich, *geb. 1962, verheiratet, zwei Kinder. Nach dem Abitur Studium der Diplom-Pädagogik an der Universität Dortmund. Anschließend Aufbaustudium der Geragogik, Abschluß Diplom-Pädagoge und -Geragoge. Danach u.a. auch Fan-Betreuung bei Schalke 04. Seit 1991 Mitarbeiter der Memory Clinic Essen, wesentlich am Aufbau derselben beteiligt. Die Memory Clinic erhielt unter Mitarbeit von Hartmut Fahnenstich 1995 den Preis der Hirnforschung im Bereich der Geriatrie der Universität Witten-Herdecke.*
    Zahlreiche Veröffentlichungen in diversen Fachzeitschriften wie z.B. in Geriatrika *oder* Heilberufe.

Mit der zunehmenden Anzahl älterer Menschen nimmt naturgemäß auch der Anteil derjenigen zu, die Probleme mit dem Gedächtnis haben. Denn die Leiblichkeit des Menschen ist im Alter allgemein im Abbau begriffen, und auch die Gehirn- und die Gedächtnisleistungen sind davon betroffen. Diese Abbauentwicklung kann durch krankhafte Erscheinungen beschleunigt werden. Bestimmte Krankheiten, wie z.B. die Alzheimer-Erkrankung, treten typischerweise bei älteren und alten Menschen auf.

Diese Tatsachen veranlassen manche Medien dazu, Zukunftsbilder auszumalen, in denen die Entwicklung so dargestellt wird, daß bereits im Jahre 2030 eine Minderheit junger, geistig reger Menschen unter der Übermacht einer alten, debilen und an Alzheimer erkrankten Mehrheit zu leiden hätte. Daß dies ein unseriöses Schreckgespenst ist, soll das folgende Gespräch mit Hartmut Fahnenstich, Mitarbeiter der Memory Clinic Essen, zeigen, in dem wir auf die Problematik alters- und krankheitsbedingter Gedächtnisstörungen eingehen.

In der Memory Clinic Essen und ähnlichen ambulanten Einrichtungen geht es zunächst darum, Gedächtnisprobleme zu untersuchen, die Ursachen zu diagnostizieren, um dann eine entsprechende Behandlung mit einzuleiten. Dabei zeigt sich, daß Alzheimer nur eine von vielen Ursachen ist, die Gedächtnisstörungen hervorrufen können. Und viele Gedächtnisstörungen kann man auch noch im Alter mit dem Ziel der Linderung oder

Heilung behandeln. Die Symptome von Gedächtnisstörungen sind – unabhängig davon, welche Ursache einer Gedächtnisstörung zugrunde liegt – oft ähnlich und in vielen Fällen sogar gleich. Nur durch eine saubere Diagnose kann man erkennen, welche Ursache einer Gedächtnisstörung zugrunde liegt und ob und wie man sie behandeln kann. Gegenwärtig ist die Gefahr groß, jeden an Vergeßlichkeit leidenden alten Menschen vorschnell als Alzheimer-Erkrankten einzustufen, dem man sowieso nicht mehr helfen könne.

Michael Alberts: Was ist eigentlich eine Memory Clinic? Woher kommt der Begriff, und seit wann gibt es diese Einrichtungen?

Hartmut Fahnenstich: Die Aufgabe der Memory Clinic ist ganz allgemein Diagnostik und Beratung in bezug auf Gedächtnisschwierigkeiten. Wir haben es dabei nicht nur mit kranken älteren Menschen zu tun. Und nicht jeder, der zu uns kommt, hat wirklich eine Gedächtnisstörung. Denn die Zufriedenheit mit dem eigenen Gedächtnis ist eine ganz individuelle Angelegenheit.

Den Begriff der Memory Clinic gibt es seit Anfang der 80er Jahre, er wurde in London geprägt. Dort wurde in einer psychiatrischen Klinik versucht, auf ambulantem Wege Hirnleistungsstörungen zu diagnostizieren, also festzustellen, ob und warum ein Gedächtnis nicht mehr oder nicht mehr ausreichend funktioniert. – Die Memory Clinic Essen gibt es seit 1991. Auch wir arbeiten ambulant, haben also keine Betten zur Verfügung, um Patienten stationär aufzunehmen. Ein Aufenthalt in der Memory Clinic mit allen Untersuchungen dauert jeweils etwa zwei Stunden.

Die Alterspyramide entwickelt sich zum Pilz

M.A.: Warum wird seit den 80er Jahren den Gedächtnisstörungen eine wachsende Aufmerksamkeit geschenkt?

H. Fahnenstich: Es wird immer mehr ältere und alte Menschen geben. Die Entwicklung geht dahin, daß jeder zweite oder dritte über 60 Jahre alt sein wird. Die Alterspyramide entwickelt sich zum Pilz. Damit steigt auch proportional die Anzahl der Menschen an, die im Alter an einer Demenz, einer Hirnleistungsstörung, erkranken. Der Risikofaktor für Krankheiten im Bereich der Demenzen ist nun mal das Älterwerden.

In der Zeit vor der Gründung der Memory Clinic sah man sich hier in Essen einer Zahl von hirnleistungsgestörten älteren Menschen gegenüber, für die es keine entsprechenden Angebote in der Diagnose und der Therapie gab. Diese Menschen waren einfach unterversorgt. Es gab weder in der Diagnostik noch in der Therapie genügend Möglichkeiten, diesen besonderen Formen der Erkrankung gerecht zu werden. Da hat man sich an das Beispiel in London erinnert. So wurde von einem psychosozialen Arbeitskreis, in dem Vertreter der Parteien, der Stadt, der Krankenhäuser, der Sozialstationen und der Wohlfahrtsverbände regelmäßig zusammenkommen, die Memory Clinic Essen als Modellversuch initiiert.

M.A.: Demnach sind Ihre Klienten in erster Linie ältere Menschen?

H. Fahnenstich: Ja, wir mußten unseren Arbeitsschwerpunkt auf ältere Menschen begrenzen. Das Zugangsalter haben wir daher auf 45 Jahre festgesetzt. Anfangs haben wir auch viel mit jüngeren Patienten gearbeitet. Der Bedarf für eine Betreuung auf dem Gebiet der Gedächtnisstörungen ist unzweifelhaft auch bei jüngeren Menschen vorhanden. Nur liegen hier die Ursachen der Gedächtnisstörungen von der Gewichtung her ganz anders als bei den älteren. Das heißt nicht, daß nicht auch ältere Menschen aufgrund der gleichen Ursache Gedächtnisstörungen bekommen können wie jüngere. Wir können aber mit unserem derzeit vorhandenen Untersuchungsinventar nicht allen Fällen gerecht werden. Wir haben uns auf das Alter spezialisiert.

Eingangssymptom: Gedächtnisstörung
Wieviel Vergeßlichkeit ist normal?

M.A.: Hirnleistungsstörungen sind also bei jüngeren Menschen anderer Natur als bei älteren?

H. Fahnenstich: Das läßt sich nicht generell sagen. Als Eingangssymptom liegt sowohl bei den älteren als auch bei den jüngeren Menschen immer eine Gedächtnisstörung vor. Die muß man sich allerdings sehr genau anschauen. Denn oft genug haben Menschen, die Probleme mit dem Gedächtnis haben, keine objektiv nachweisbaren Hirnleistungsstörungen. Und nicht jeder, der mit 70 Jahren etwas vergißt, hat gleich Alzheimer.

Hinter dem Symptom der Gedächtnisstörung steckt oft ein ganz anderes Krankheitsbild. Das gilt sowohl für ältere als auch für junge Patienten. So können internistische oder psychiatrische Krankheiten, aber auch psychosoziale Probleme die Ursache von Gedächtnisstörungen sein. Von der Gewichtung her gilt letzteres insbesondere für die Jüngeren. Psychosoziale Probleme sind bei Jüngeren sehr oft die Ursache. Streß im Beruf, Probleme in der Partnerschaft, Kränkungen und ähnliche Faktoren können Gedächtnisstörungen bedingen. Der Kopf ist dann zu, er ist angefüllt mit Problemen. Wenn man gestreßt ist, wenn man Ärger hat, dann weiß man in solchen Situationen einfach nicht, wo der Wagen geparkt ist, wo der Autoschlüssel liegt etc. Diese Problematik finden Sie allerdings auch bei älteren Menschen.

M.A.: Damit stehen wir auch vor dem Abgrenzungsproblem zwischen normaler Vergeßlichkeit und krankhafter Gedächtnisstörung. Sie haben gerade ein Beispiel angeführt: Nicht jeder, der mit 70 etwas vergißt, hat Alzheimer. Gibt es da schleichende Übergänge? Und wie können Sie eine Erkrankung eindeutig diagnostizieren?

H. Fahnenstich: Damit sprechen Sie die Hauptaufgabe der Memory Clinic an, denn unser Schwerpunkt liegt auf der Diagnostik. Es ist in der Tat oft schwer, diese schleichenden Übergänge zwischen normaler Vergeßlichkeit und krankhafter Gedächtnisstörung zu diagnostizieren. Ob eine krankhafte Gedächtnisstörung vorliegt, ist nicht so eindeutig und leicht zu bestimmen wie etwa ein zu hoher Blutdruck. Hinzu kommt, daß die Patienten – insbesondere diejenigen, die wirklich erkrankt sind – bei der Untersuchung oft eine Fassade aufbauen, sich nicht eingestehen und nicht zugeben wollen, daß sie unter Gedächtnisstörungen leiden. Dann läßt sich nur durch bestimmte Untersuchungstechniken herausfinden, ob tatsächlich eine Gedächtnisstörung vorliegt und, wenn dies so ist, welche Ursache dieser Erkrankung zugrunde liegt.

Durch die Art der Untersuchungen unterscheidet sich die Memory Clinic von Hausärzten, Psychiatern und Neurologen. Wir sind ein Team und sehen den Patienten aus verschiedenen Blickrichtungen. Wir führen die Untersuchung immer zu dritt, aus drei verschiedenen Fachrichtungen durch: ein Geragoge, ein Psychologe und ein Nervenarzt und Psychiater. Das sind nicht nur drei verschiedene Ausbildungen, sondern dahinter stehen auch drei verschiedene Menschen mit ihrem jeweils besonderen Urteilsvermögen.

Jeder von uns untersucht den Patienten mit seinem speziellen Untersuchungsinventar. Das sind zum einen lange Gespräche über die Biographie des Patienten, bei denen beobachtet wird, wie er seine Geschichte wiedergeben kann. Dazu kommen Testuntersuchungen, psychometrische Tests, die ganz konkret einzelne Teile des Gedächtnisses überprüfen, inwieweit sie noch funktionsfähig sind, inwieweit bestimmte Bereiche geschädigt oder gar zerstört sind. Ein weiterer Bestandteil ist die medizinische Untersu-

Das Team der Memory Clinic Essen:
Dr. Haseke, Brandenberg, Dr. Nehen, Fahnenstich (von links nach rechts)

chung, die sich wieder andere Schwerpunkte setzt. Neben die auch dort stattfindenden Gespräche tritt die Beobachtung: Wie zieht der Patient sich an und aus, hat er z.B. Schwierigkeiten, das Hemd zuzuknöpfen? Es werden Vorerkrankungen abgefragt und – soweit vorhanden – Untersuchungsergebnisse, wie z.B. Bluttests des Hausarztes, mit einbezogen.

Wenn vorhanden, werden möglichst die Angehörigen in die Diagnose mit einbezogen. Sie geben uns eine vierte Sichtweise des Patienten: Wie benimmt sich der Patient zu Hause in seiner vertrauten Umgebung? Ist vielleicht auch die häusliche Situation eine Ursache der Gedächtnisstörung? Die Angehörigen spielen schon eine wichtige Rolle, denn eine Untersuchungssituation ist immer auch eine Streßsituation für den Patienten, insbesondere dann, wenn er vor dem Resultat der Untersuchung Angst hat. Die Untersuchung kann nur eine Momentaufnahme sein. Und auch wir haben unsere guten und schlechten Tage. Für uns ist es auf jeden Fall wichtig, diese Komponente mit einzubeziehen. Denn bei der Auswertung der Untersuchungen, bei der zusammenfassenden Diagnose können uns die Informationen, die wir von den Angehörigen bekommen, sehr von Nutzen sein.

M.A.: Wie nehmen Sie diese zusammenfassende Diagnose vor?

Die Diagnose – Zusammenfassung der einzelnen Untersuchungen

H. Fahnenstich: Wir Mitarbeiter treffen uns zweimal in der Woche, um unsere Erkenntnisse aus den einzelnen Untersuchungen auszutauschen. Diese Konferenzen sind das eigentliche Kernstück der Memory Clinic. Jeder der Untersucher berichtet über den Patienten aus seiner Sicht, ohne vorher zu wissen, was die anderen Untersucher diagnostiziert haben, zu welchen Ergebnissen sie gelangt sind.

In einem Bericht wird z.B. geschildert, wie das Leben des Patienten früher aussah, wie die Auffälligkeiten sind, wie der Patient selbst seinen Gedächtnisverlust erlebt, ob er entscheidende biographische Stammdaten präsent hat usw. Es werden in dieser Gruppe die Auswertungen der Tests diskutiert, mit dem Gesamtbild abgeglichen und eingeordnet. Es werden etwaige medizinische Probleme und die Stellungnahmen der Angehörigen in die Untersuchungsergebnisse mit einbezogen. Durch diese Diskussion in der Gruppe entsteht das Bild von dem Patienten neu. Man hat einfach mehr Informationen verschiedener Art von diesem Patienten. Unser Ziel muß es sein, auch hinter die Fassaden eines Patienten zu schauen, wenn er welche aufgebaut hat.

In 95 Prozent der Fälle kommen wir auf diese Weise ziemlich sicher zu einer Diagnose. Bei den anderen 5 Prozent müssen dann eventuell noch andere Untersuchungen gemacht werden, die wir in der Memory Clinic nicht leisten können, z.B. eine Computertomographie. Wir arbeiten ohne große apparative Aufwendungen, die Untersuchung ist für den Patienten völlig schmerzfrei. Unserer Ansicht nach können technische Untersuchungen das Bild lediglich abrunden. Eine Computertomographie ohne jegliche Verdachtsmomente ist nicht ausreichend, um eine Alzheimer-Erkrankung zu diagnostizieren, insbesondere im Frühstadium. Sie sehen vielleicht auf dem Computertomogramm abgenommene Hirnmasse, aber das sehen Sie bei jedem älteren Menschen, ohne daß dies eine krankhafte Erscheinungsform sein muß.

Die Untersuchung in der Memory Clinic

M.A.: Sie haben jetzt schon einige Faktoren genannt, die in der Untersuchung und später in der Diagnose berücksichtigt werden. Wie sieht nun der Untersuchungsverlauf ganz konkret aus, welche Tests werden gemacht? Nehmen wir einmal an, jemand möchte sich bei Ihnen testen lassen, was passiert mit ihm?

H. Fahnenstich: Zunächst wird der Patient ein Gespräch mit unserem Geragogen haben. Dieser wird mit ihm ein von uns so genanntes psychosoziales Kompetenzinterview führen: „Warum kommen Sie? Was sind die Auffälligkeiten? Sind Sie verheiratet, haben Sie Kinder?" Er fragt in diesem Gespräch alle biographischen Stammdaten ab. Hintergrund dieser Fragen ist es, einerseits festzustellen, ob der Patient diese Daten zuverlässig weiß, andererseits versucht man auch herauszufinden, ob sich bereits Anhaltspunkte ergeben, die auf ganz andere Ursachen für die Gedächtnisstörungen hinweisen, wie z.B. psychosoziale Probleme.

Wir lassen uns dann von dem Patienten seinen Tagesablauf schildern. Wir haben in unserer Arbeit feststellen können, daß Menschen auch schon mit Frühformen von Demenz Schwierigkeiten haben, ihren Tagesablauf in der Schilderung zu halten. Das kann z.B. folgenden Ablauf haben: „Ich steh' morgens auf, frühstücke und hol' die Zeitung von draußen rein. Dann ruft meine Tochter an, meine Tochter ist Lehrerin in Mönchengladbach. Wir haben da jetzt zusammen ein Haus gebaut. Mein Schwiegersohn hat da sehr viel selbst gemacht, und ich habe auf meine Enkelkinder aufgepaßt ..." Die Patientin ist plötzlich ganz emotional bei ihrer Familie und völlig weg von der Beschreibung des Tagesablaufes, den sie eigentlich schildern wollte. Es gelingt ihr auch nicht, wieder zu diesem Ausgangspunkt zurückzukommen. Was ich jetzt geschildert habe, ist keine Beschreibung von einem Alzheimer-Patienten, der gar nicht mehr weiß, was los ist. Das kann jemand in einem relativ frühen Stadium sein, der im Alltag noch völlig unauffällig ist.

Es folgen dann die psychometrischen Testverfahren. Die Tests, die wir dabei anwenden, sind marktübliche psychometrische Testverfahren von Hirnleistungsstörungen im Alter. Dabei beschränken wir uns auf die wirklich notwendigen Tests. Immer alle Tests durchzuführen wäre auch nicht sinnvoll. Aufgrund unserer Erfahrungen haben wir uns einen Stamm von Tests zusammengestellt, die uns gute Aussagen geben und uns bei der Erstellung der Diagnose sinnvoll unterstützen.

Die psychometrischen Testverfahren

M.A.: Welche Tests haben Sie in diesen Stamm einbezogen?

H. Fahnenstich: Die Testreihe beginnen wir mit dem *Mini-Mental-State* (MMS). Dieser Test gewährt einen ganz groben Einstieg in Gedächtnisauffälligkeiten. Man will hier testen, wie es um die Orientierungsfähigkeit des

Patienten bestellt ist. Das beginnt z.B. mit der Beantwortung folgender Fragen: „Welches Datum haben wir heute, welchen Tag, welchen Monat, welches Jahr, welche Zeit? In welcher Stadt sind wir, in welchem Land, in welchem Bundesland? Wie lautet der Name der Klinik? Ich nenne Ihnen drei Begriffe: *Pfennig, Apfel* und *Tisch*. Können Sie das bitte einmal wiederholen."

Dann folgen in diesem Test Rechenaufgaben, in denen der Patient z.B. von 100 immer 7 abziehen muß. Von dem jeweiligen Ergebnis muß er also wiederum 7 abziehen usw. Es wird nach dem Unterschied zwischen einem See und einem Fluß gefragt, um das abstrakte Denken zu prüfen. Nun kommt man zur Prüfung des Kurzzeitgedächtnisses wieder auf die drei Begriffe zurück. Im Anschluß daran muß eine dreidimensionale Zeichnung abgezeichnet werden. Dabei wird versucht zu ermitteln, ob die Fähigkeit zur Auffassung der Dreidimensionalität noch erhalten ist.

Eine weiterer Bestandteil dieses Tests ist das Benennen von Gegenständen. Man hält z.B. eine Armbanduhr und einen Kugelschreiber hoch, und der Patient muß diese Gegenstände benennen. Da ist es sehr auffällig, daß Patienten, die einen Schlaganfall erlitten haben, große Schwierigkeiten in dem Benennen von Gegenständen haben. Sie sagen: „Das ist etwas zum Schreiben", nennen aber nicht den Begriff *Kugelschreiber,* oder sie sagen: „Das ist etwas, um die Uhrzeit abzulesen", kennzeichnen den Gegenstand aber nicht mit dem Wort „Uhr".

Dieser MMS-Test ist der Einstieg. Die zu erreichende Höchstpunktzahl beträgt 30 Punkte. Die Normwerttabelle dieses Tests besagt, daß man bei einer erreichten Punktzahl von 23 oder weniger von einer schwerwiegenden Hirnleistungsstörung ausgehen muß. Aber solche Aussagen muß man gewichten, sie müssen in das Gesamtbild, das man von dem Patienten hat, hineinpassen. Denn isoliert betrachtet, sagt der Test nichts aus. Wir haben Patienten gehabt, die diesen Test mit 28 Punkten, also fast mit der Höchstpunktzahl, bestanden. Alle anderen Untersuchungen führten aber zu dem Ergebnis, daß sie an Alzheimer litten.

Man muß, um die Ergebnisse von Tests richtig deuten zu können, eine Menge an Hintergrundinformationen hinzuziehen: Welchen Ausbildungsstand hat der Patient? War er in der letzten Zeit geistig tätig? Ich möchte das bildlich einmal mit einem Eimer Intelligenz vergleichen: Wenn Sie in einen vollen und in einen halbvollen Eimer jeweils ein Loch hineinschneiden, so ist es ganz eindeutig, daß der halbvolle Eimer sehr viel schneller leer ist.

M.A.: Welche weiteren Tests wenden Sie an?

H. Fahnenstich: Der nächste Test ist der SKT, der *Syndrom-Kurz-Test,* der schon sehr viel genauer ist. Es werden Tafeln mit Symbolen gezeigt, die Tafeln werden wieder zugedeckt, und der Klient soll sagen, an welche Symbole er sich noch erinnern kann. Im Anschluß daran wird eine andere Aufgabe gestellt, dann kommt man wieder auf die Tafeln mit den Symbolen zurück. Wieder soll er sagen, an welche Symbole er sich noch erinnern kann.

In diesem SKT-Verfahren sind dann auch Konzentrationsaufgaben enthalten. Dem Klienten wird eine Tafel mit zwei untereinanderstehenden Reihen mit Buchstaben gezeigt. In der ersten Reihe steht z.B. die Kombination ABAABABB, in der zweiten z.B. AABABABB. Der Klient soll nun auf Zeit diese beiden Reihen vorlesen, allerdings mit der Maßgabe, daß er dort, wo er A sieht, B sagen soll. Dann wird er wieder auf die Tafeln mit den Symbolen angesprochen. Wieder soll er sagen, an welche Symbole er sich noch erinnern kann.

Dieser Test ist schon sehr viel umfangreicher, aber zeitlich auch nicht zu lang. Wir können und wollen die Patienten hier in der Ambulanz nicht drei Stunden lang dauertesten, denn dann testen wir nur noch das Durchhaltevermögen und nicht mehr das Gedächtnis.

Ein weiterer Test, den wir verwenden, ist der MWT-B, der *Mehrfachwahl-Wortschatz-Test (Version B).* Dieser Test überprüft den Intelligenzquotienten des Patienten auf sprachlichem Niveau. Mit diesem Test wollen wir ansatzweise – und nur das kann der Test auch leisten – das prämorbide Intelligenzniveau feststellen. Wir versuchen hier also festzustellen, wie intelligent der Patient vor seiner Erkrankung war.

Das wiederum hilft uns, auch die Ergebnisse der anderen Tests einzuordnen. Wird für jemanden im MWT ein Intelligenzquotient von 130 festgestellt, der im MMS-Test eine Punktzahl von 25 erreicht hat, dann relativiert sich das Ergebnis des MMS. Zunächst liegt das Ergebnis des MMS ja über dem Grenzwert. Demnach wäre der Patient gesund. Setzt man aber die im MMS-Test erreichte Punktzahl in das Verhältnis zum im MWT-Test festgestellten Intelligenzquotienten, so hat er im recht leichten MMS-Test eine viel zu geringe Punktzahl erreicht.

Durch diese Art, Testergebnisse in Beziehungen zu setzen, und dies wiederum unter Berücksichtigung der Biographie des Patienten und der anderen Untersuchungsergebnisse, kann man sich dann schon einen Weg zu einer sicheren Diagnose bahnen.

Bei 24 Punkten gesund – bei 22 krank?

M.A.: Die Diagnose entsteht bei Ihnen also in einer Synthese der verschiedenen Beobachtungen aus den unterschiedlichen Fachrichtungen in Verbindung mit Testmethoden, wobei mir die Tests nicht im Vordergrund zu stehen scheinen. Wie geht die Untersuchung weiter?

H. Fahnenstich: Was Sie jetzt festgestellt haben, ist ganz richtig. Die Tests runden das Bild ab, sie helfen uns bei der Beurteilung und der Feststellung der Ursachen bestimmter Hirnleistungsstörungen. Es kann aber nicht sein, daß man sagt: „Der Patient hat 24 Punkte erreicht, er ist gesund. Hätte er zwei weniger gehabt, wäre er krank." Das ist einfach Blödsinn. Ein Test ist nur eine Momentaufnahme, ein Bestandteil unserer Untersuchung, und bei weitem nicht der wichtigste.

Nach den Tests wird dann noch eine medizinische, nervenärztlich-psychiatrische Untersuchung durchgeführt. Unser Arzt überprüft, ob es z.B. Ausfälle in den Nervenleitungen gibt. Es wird nach Hinweisen auf Depressionen gesucht, denn auch diese können Ursache für eine Gedächtnisstörung sein. Weiterhin wird dabei auch auf die Medikamente geschaut, die der Patient einnimmt. Bestimmte Medikamente können ursächlich für Hirnleistungsstörungen sein. In diesem Teil der Untersuchung bezieht unser Arzt gerne die Untersuchungsergebnisse des Hausarztes mit ein. Daher ist für uns die Zusammenarbeit mit den Hausärzten sehr wichtig. – Das wäre im großen und ganzen der Untersuchungsablauf.

Der Weg in die Memory Clinic

M.A.: Wie kommen die Patienten zu Ihnen? Nehmen wir an, ein Leser dieses Interviews beschließt, sich bei Ihnen untersuchen zu lassen, welche Wege gibt es in die Memory Clinic?

H. Fahnenstich: Die Wege sind sehr unterschiedlich. Vielleicht sollte ich dazu vorweg etwas zur Trägerschaft der Memory Clinic sagen. Der Träger der Memory Clinic Essen ist immer noch ein Verein der Freunde und Förderer. Die Memory Clinic ist eine Stiftung, die 1991 vom erwähnten psychosozialen Arbeitskreis als Modellprojekt ins Leben gerufen wurde. Wie alle Modellprojekte in der heutigen Zeit fand auch die Memory Clinic niemanden, der den Betrieb geregelt finanzieren wollte. Man hatte zwar die Unterversorgung älterer Menschen mit Gedächtnisproblemen erkannt, konnte derzeit den Bedarf aber noch nicht bestimmen.

Es wurde ein Verein gegründet von zwei Stiftungen, der Alfred-Krupp-Stiftung und der Stiftung der Stadtsparkasse Essen. Diese gewährten uns die Startgelder für die Personalkosten, den Umbau der Räumlichkeiten usw. Diese Art der Finanzierung über Spenden ist so geblieben, obwohl wir längst über den Charakter eines Modellprojektes hinausgewachsen sind. Auch der Bedarf für diese Memory Clinic ist längst nachgewiesen. Dazu sei nur erwähnt, daß wir phasenweise Wartezeiten von etwa zwei Jahren hatten! Ein Umstand, den wir mittlerweile abbauen konnten. In den fünf Jahren unserer Arbeit haben wir ca. 3.500 Patienten behandelt, wodurch der Bedarf ganz klar nachgewiesen ist. Trotzdem haben wir bis heute für unsere Memory Clinic keine geregelte Finanzierung.

Wir haben einen Antrag auf Anerkennung als Institutsambulanz gestellt. Dann könnten wir die Leistungen mit der Krankenkasse abrechnen. Dieser Antrag ist von der Kassenärztlichen Vereinigung wie erwartet abgelehnt worden, denn die hat kein Interesse daran, daß noch mehr Leistungsanbieter in den ohnehin eingeschränkten Topf derer kommen, die mit den Krankenkassen abrechnen dürfen. Abgelehnt wurde allerdings mit der Begründung, daß kein Bedarf für eine Memory Clinic bestünde. Das ist bei einer Anzahl von 3.500 Patienten natürlich sehr merkwürdig. Vor allen Dingen auch deswegen, weil gerade in den letzten Jahren viele dieser Patienten von den Hausärzten geschickt worden sind. Diese haben eingesehen, daß sie in den betreffenden Fällen in der Diagnostik von Hirnleistungsstörungen mit ihren Möglichkeiten nicht weiterkamen. Gegen diese Entscheidung haben wir auch Widerspruch eingelegt.

Aufgrund dieser Finanzierung ist es im Moment so, daß die Untersuchung für den Patienten kostenlos ist. Er braucht weder Krankenschein noch Chipkarte noch Bargeld, er kann einfach so zu uns kommen. Dazu muß er sich letztlich nur telefonisch anmelden, einen Termin absprechen und zu diesem Termin hier erscheinen. Der Zugang ist also sehr einfach. Die Wege, auf denen die Patienten zu uns kommen, sind sehr verschieden. Einige melden sich selber an, bei anderen sind es die Angehörigen, die aufgrund bestimmter Symptome einen Verwandten anmelden. Bei denen, die sich selbst anmelden, kann man in 99 Prozent der Fälle davon ausgehen, daß sie keine Alzheimer-Patienten sind. Da spielen andere Hintergründe eine Rolle.

Unser Ziel ist es – und das klappt nach anfänglichen Berührungsängsten eigentlich sehr gut –, mit Hausärzten zusammenzuarbeiten. Zunächst einmal sind sie diejenigen, die von den Patienten die Klagen über die Gedächtnisstörungen zu einem relativ frühen Zeitpunkt mitbekommen. Inzwischen bekommen wir sehr viele Klienten von den Hausärzten geschickt, wenn sie feststellen müssen, daß einer ihrer Patienten auffällig geworden ist, um hier genau testen zu lassen, welche Gründe für die Auffälligkeiten verantwortlich sind.

Wir arbeiten desweiteren mit Altenheimen, der Caritas, der Arbeiterwohlfahrt und anderen Sozialstationen zusammen. Diese erleben die Menschen vor Ort und sprechen sie, wenn sie Auffälligkeiten in der entsprechenden Richtung beobachten, gegebenenfalls an, ob sie sich nicht einmal in der Memory Clinic untersuchen lassen wollen.

Notwendige Nachbesprechung mit dem Patienten

M.A.: Es kann also unabhängig von jeglichen Regularien jeder zu Ihnen kommen?

H. Fahnenstich: Ja. Aber hinzufügend muß ich sagen, daß wir von unserer Seite zwei Bedingungen, vielleicht sagen wir besser: Einschränkungen, haben. Zum einen möchten wir die Adresse des Hausarztes haben, um ihm die Ergebnisse unserer Untersuchung mitteilen zu können. Zum anderen wollen wir mit dem Klienten hier bei uns eine Nachbesprechung durchführen. Das hat folgenden Hintergrund: Wenn es aufgrund unserer Untersuchung zu einer Therapie kommen muß, sei es stationär, sei es medikamentös, so muß die Verschreibung der Therapie durch den Hausarzt erfolgen. Die Therapie verschreiben und kontrollieren muß der Hausarzt, da wir, wie ich eben dargestellt habe, ja über keine Kassenzulassung verfügen. Wir leisten in erster Linie Diagnose und Beratung, indem wir z.B. unseren Berichten an den Hausarzt Empfehlungen für die Therapie beifügen. Wir machen darüber hinaus selbstverständlich noch Angehörigenarbeit, können und dürfen aber keine umfassenden therapeutischen Maßnahmen anbieten.

Die Nachbesprechung mit dem Patienten stammt noch aus der Anfangszeit der Memory Clinic, als die Zusammenarbeit mit den Hausärzten nicht immer ganz einfach war. Die Berichte über die Untersuchungen gingen zu den Hausärzten, und diese wußten zum einen manchmal nicht viel damit anzufangen, zum anderen waren sie teilweise gekränkt, weil sie vermuteten, die Patienten würden ihnen nicht mehr vertrauen. Dementsprechend war der Umgang mit den Berichten nicht immer ganz sachgemäß: „Was wollten Sie denn in der Memory Clinic? Sehen Sie mal hier im Bericht, die haben auch nichts gefunden", oder: „Lesen Sie mal hier, die sagen, Sie hätten Alzheimer".

Das ist natürlich nicht die geeignete Form, die Ergebnisse einer Untersuchung mit dem Patienten zu besprechen. Zwar ist diese Nachbesprechung nicht verpflichtend, aber wir bieten sie auf jeden Fall an, damit wir den Patienten die Ergebnisse noch erläutern können. Besonders problematisch war die Durchführung der Nachbesprechungen in der Zeit, als wir die einzige Memory Clinic in Deutschland waren. Aufgrund vieler Berichte in den Medien kamen Menschen aus der ganzen Bundesrepublik und auch aus den Nachbarstaaten zu uns. Da war die Nachbesprechung und die vernünftige Zusammenarbeit mit den Hausärzten nicht möglich. Auch die Vermittlung von Kontakten ist über weite Entfernungen kaum möglich.

Wenn Gedächtnisprobleme auf der Tatsache basieren, daß die Patienten sozial vereinsamt sind, haben wir Adressen und Ansprechpartner in Seniorenclubs usw., wohin wir solche Patienten vermitteln können. So etwas ist allerdings nur regional wirklich möglich. Für die von weiter angereisten Patienten können wir diese Dinge gar nicht anbieten. Doch durch die Gründung von weiteren Memory Clinicen, z.B. in Hamburg und München, hat sich das auch entspannt.

Diagnose – was dann?

M.A.: Sie versuchen, in der Zusammenarbeit mit den Hausärzten Therapien anzuregen, indem Sie in Ihren Berichten auf die Ursache und Behandlungsmöglichkeiten der Gedächtnisstörung eingehen. Welche Gedächtnisstörungen kann man überhaupt therapieren, und wie werden diese Therapien durchgeführt?

H. Fahnenstich: Was man im einzelnen tun kann, hängt zunächst von der Diagnose ab. Wir haben sehr viele verschiedene Diagnosen und folglich auch viele verschiedene Therapieformen. Lassen Sie uns mit der großen Gruppe irreversibler Demenzen beginnen, also krankhafter, nicht heilbarer Hirnleistungsstörungen im Alter. Alzheimer ist da die bekannteste.

M.A.: Dazu eine Zwischenfrage: Könnten Sie zunächst kurz die Begriffe *Demenz* und *Alzheimer* erläutern?

H. Fahnenstich: Demenz ist der Oberbegriff. Alzheimer ist eine Form der irreversiblen Demenz, deren Zustandekommen allerdings noch nicht ganz geklärt ist. Ganz offensichtlich steht die Alzheimer-Erkrankung mit Ablagerungen im Gehirn in Verbindung. Diese Absonderungen behindern den Stoffwechsel zwischen den Zellen im Gehirn, was dann zum Absterben der nicht mehr versorgten Zellen führt.

Eine andere Form irreversibler Demenz ist die Multi-Infarkt-Demenz. Es handelt sich dabei um eine Erkrankung, bei der viele kleine Schlaganfälle im Gehirn stattfinden, die der Betroffene nicht einmal bemerken muß. Bei jedem dieser kleinen Schlaganfälle werden Areale im Gehirn zerstört. Je häufiger diese Anfälle auftreten, desto größer ist die Anzahl der zerstörten Areale im Gehirn, und irgendwann kommt es zu Auffälligkeiten im Verhalten des Betroffenen. Die zerstörten Areale im Gehirn sind dann auch nicht mehr wiederherzustellen. Die Multi-Infarkt-Demenz hat im Gegensatz zur Alzheimer-Erkrankung eindeutige Risikofaktoren. Bluthochdruck oder ein Schlaganfall in der Vorgeschichte und Diabetes wären solche Risikofaktoren.

Kontrolle der Medikamente – Nootropika absetzen

M.A.: Welche Möglichkeiten der Therapie gibt es in den genannten Fällen? Wenn eine Wiederherstellung der zerstörten Gehirnzellen und Areale nicht möglich ist, bedeutet das, daß sich der Patient mit seinem Schicksal abfinden muß?

H. Fahnenstich: Eine Therapie zur Heilung gibt es in diesen Fällen wirklich nicht. Allerdings kann man z.B. bei der Multi-Infarkt-Demenz dafür sorgen, daß der Blutdruck richtig eingestellt ist, so daß es nicht zu weiteren kleinen Schlaganfällen kommt.

Generell empfehlen wir bei dieser Gruppe der irreversiblen, nicht heilbaren Demenzen zunächst eine Kontrolle der Medikamente, die die Patienten nehmen. Eine Vielzahl der Patienten erhält sogenannte Nootropika. Diese Medikamente kommen zur Zeit in großer Anzahl auf den Markt, angepriesen zur „Gesundung" und zur Förderung der Hirnleistung auch bei Alzheimer. Diese Medikamente führen nach unserer Erfahrung bei vielen Patienten zu schlimmen Nebenwirkungen und haben in bezug auf die Erkrankungen keine positive Wirkung. Wir beobachten den Einsatz dieser Mittel schon seit Jahren und sind zu dem Ergebnis gekommen, daß das Einnehmen und die Behandlung mit diesen Mitteln überhaupt nichts bringt. Deshalb empfehlen wir in den Hausarztbriefen generell, diese Medikamente abzusetzen, zumal sie auch in bestimmten Fällen eher das Gegenteil von dem bewirken, was sie eigentlich sollten.

Zur Zeit arbeitet man an neuen Medikamenten, die von der ganzen Logik, von der chemischen Zusammensetzung her sehr eng an die Vorgänge im Gehirn angelehnt sind. Wir versuchen, bei Studien und Untersuchungen mitzuwirken, damit wir hier den Überblick behalten. Die Entwicklungen bei diesen neuen Präparaten sind sehr vielversprechend. Aber auch diese Medikamente werden z.B. eine Alzheimer-Erkrankung nicht heilen können. Es wäre aber sehr viel erreicht, wenn es gelänge, die Erkrankung zumindest auf dem gegenwärtigen Stand zu halten, also eine weitere Verschlechterung zu verhindern.

Die Medikamenteneinstellung wäre also ein erster Schritt, den ich zur Therapie rechnen würde. Desweiteren versuchen wir, bei den irreversiblen Demenzen im Bereich der sekundären Symptome zu therapieren. Wenn jemand dement wird, sind ja die Gedächtnisstörungen nicht das einzige Problem. Für die Angehörigen sind es vielmehr die mit der Gedächtnisstörung auftretenden Frustrationen, denn gerade im Frühstadium bekommt der Patient die Verschlechterung seines Zustandes sehr wohl mit. Und das kann bei ihm einerseits zu Aggressionen, andererseits zu Depressionen führen. Diese Symptome lassen sich durch medikamentöse Behandlung positiv beeinflussen. Aber eben nicht durch die erwähnten Nootropika, sondern durch Medikamente, wie sie auch bei der Behandlung nichtdementer Patienten verwendet würden.

Der dritte Schritt der Therapie bezieht sich dann auf die Angehörigen. Es gibt in unserem Hause Angehörigengruppen, an denen immer auch einer unserer Mitarbeiter teilnimmt. Hier können die Angehörigen ihre Erfahrungen austauschen, auch mal richtig schimpfen. Das geht ein wenig in die Richtung einer Psychotherapie für die Angehörigen, die durch eine Alzheimer-Erkrankung in der Familie doch sehr stark belastet sind. Zu diesem Teil der Arbeit gehört auch die Beratung von Angehörigen in Einzelgesprächen. Wir bieten Hilfestellung, z.B. wenn es darum geht, Pflegegeld zu beantragen oder eine Pflegekraft ins Haus zu bekommen.

Sekundäre Demenzen

M.A.: Wie sind die Therapiemöglichkeiten, wenn andere Ursachen der Erkrankung vorliegen?

H. Fahnenstich: Bei der zweiten Gruppe der Hirnleistungsstörungen – den internistisch bedingten Erkrankungen – sind die Einflußmöglichkeiten auf den Verlauf und die Heilung der Erkrankung sehr viel größer. Diese sekundären Demenzen gehen nicht von der Erkrankung des Gehirns aus. Bei den primären Demenzen, wie z.B. Alzheimer, liegt die Ursache in der

Erkrankung des Gehirns, die Erkrankung findet im Kopf statt. Im Falle der sekundären Demenzen liegt eine Erkrankung irgendwo anders im Körper vor, welche sich auf das Gedächtnis auswirkt. Beispiele hierzu wären die Gruppen der Stoffwechselkrankheiten, Schilddrüsenüberfunktion bzw. - unterfunktion, aber auch Medikamentenmißbrauch. Typisch dafür ist die Verwendung von Schlafmitteln in höherer Dosierung über mehrere Jahre. Solche Mittel sind dann im Alter sehr viel schlechter abzubauen als bei jungen Menschen, beeinflussen die Leistungsmöglichkeiten des Gedächtnisses aber sehr nachhaltig.

Ein weiterer Faktor für sekundäre Demenzen ist der Vitaminmangel. Durch die Blutuntersuchung beim Hausarzt wird bei älteren Menschen sehr häufig ein Vitaminmangel festgestellt. Vitaminmangel dürfte es in unserer heutigen Gesellschaft eigentlich nicht geben, d.h. er hängt auch mit sozialen Problemen zusammen. Ein alter Mensch, der nicht mehr richtig gehfähig ist, der keinen Kontakt zu Nachbarn oder Angehörigen hat, kommt vielleicht gar nicht mehr dazu, frisches Obst einzukaufen, da er es einfach nicht mehr tragen kann. So kommt es dann zum Vitaminmangel.

Bei diesen sekundären Demenzen empfehlen wir dem Hausarzt eine Therapie, sofern er die Probleme nicht schon selbst angegangen ist. Sehr viel mehr brauchen wir dann nicht tun. Das Gute an diesen sekundären Demenzen ist eben ihre Heilbarkeit. Durch die Durchführung einer entsprechenden medizinischen Therapie können diese Demenzen wieder zurückgeführt, das Gedächtnis wieder verbessert werden. Ist der Stoffwechsel behandelt, ist der Vitaminmangel ausgeglichen, so sind auch die Hirnleistungsstörungen in vielen Fällen wieder beseitigt.

M.A.: Wovon hängt es ab, ob bei sekundären Demenzen eine vollständige Heilung gelingt, und warum muß man auch hier Einschränkungen in bezug auf die Heilbarkeit machen?

H. Fahnenstich: Auf jeden Fall ist eine frühzeitige Entdeckung und Behandlung von großem Vorteil. Man kann ca. 90 Prozent dieser Demenzen wieder zurückführen, wenn sie rechtzeitig erkannt werden. Das ist wieder ein Problem der Diagnostik. Für den Nichtfachmann liegt die Gefahr einer Fehldiagnose darin, daß ein Patient mit sekundärer Demenz exakt die gleichen Symptome aufweist wie ein Alzheimer-Patient. Es ist bei uns häufig der Fall, daß Patienten mit der Diagnose Alzheimer kommen, bereits mit Nootropika behandelt werden und wir dann bei der Untersuchung feststellen, daß wir es mit einer sekundären Demenz zu tun haben, die man längst anders hätte behandeln sollen.

Alternde Ehe: Wenn er ihr Gebiß versteckt ...

M.A.: Heißt das, daß möglicherweise Menschen mit der Diagnose Alzheimer leben und nicht oder falsch behandelt werden, obwohl eine ganz andere Erkrankung vorliegt?

H. Fahnenstich: Das ist durchaus möglich. Deshalb möchte ich ergänzend noch auf eine dritte Gruppe eingehen, bei der die Ursache der Gedächtnisstörungen überhaupt nicht auf medizinischem Gebiet liegt. Wir haben diese Form der Gedächtnisproblematik bereits kurz bei der Unterscheidung der Hirnleistungsstörungen von alten und jungen Menschen angesprochen. Diese Patienten haben weder eine Hirnerkrankung noch eine Stoffwechselstörung, sie haben einfach nur den Kopf voll mit Problemen.

Da ist z.B. das Phänomen der alternden Ehe. Die Ehepartner haben nie ganz zusammengepaßt, man ist wegen der Kinder zusammengeblieben. Nun sind die Kinder aus dem Haus, und es wird eine Art Kleinkrieg geführt. Sie kauft die Wurst, von der ihm garantiert schlecht wird, er versteckt ihr Gebiß, wenn sie zum Seniorennachmittag will. Das sind reale Vorkommnisse, die wir hier kennengelernt haben. Oder ein anderes Beispiel: Ein Partner stirbt nach 50 Jahren glücklicher Ehe, der Überlebende lebt allein im Hochhaus, hat keine Kontakte mehr. Alle diese psychosozialen Probleme können sich als Gedächtnisstörung auswirken, mit den gleichen Symptomen wie bei einer Alzheimer-Erkrankung. Diese Patienten werden uns mit dem Verdacht auf Alzheimer vorgestellt. Bereits bei der Anamnese, bei den ersten Gesprächen, stellt sich dann heraus, daß hier ein ganz anderes Problem vorliegt. In solchen Fällen nutzen wir unsere guten Kontakte zu den Wohlfahrtsverbänden, versuchen, den Patienten wieder zu einem sozialen Umgang zu verhelfen, und sind auf dieser Basis therapeutisch tätig.

M.A.: Gibt es weitere Diagnosegruppen?

H. Fahnenstich: Ja, eine vierte Großgruppe bilden die Erscheinungsformen der Altersdepression. Diese kommen allerdings sehr häufig in Verbindung mit den Faktoren vor, die wir in der Gruppe der psychosozial bedingten Gedächtnisstörung vorfinden. Ich nannte gerade das Beispiel, daß ein Partner nach 50 Jahren Ehe stirbt, dann treten natürlich leicht Depressionen auf.

Was in der Gruppe der Altersdepression hinzukommt, sind Veränderungen innerkörperlicher Zustände, die Veränderung der Hormonentwicklung im Alter und organisch bedingte Depressionen. Da muß man dann sehr genau untersuchen, welche Art der Depression vorliegt, denn die Symptome sind auch bei organisch bedingten Depressionen sozialer Rückzug und Vergeßlichkeit. Diese Patienten vergessen nicht, weil das Gehirn krank ist, sondern weil sie es praktisch abgeschaltet haben.

Das ist also eine weitere gesonderte Diagnosegruppe, welche auch häufig auf Alzheimer hin fehldiagnostiziert wird. Diese Gruppe ist z.B. durch Psychotherapie oder Medikamente therapierbar, d.h. diese Art der Gedächtnisstörung kann behandelt, kann in vielen Fällen rückgängig gemacht werden.

Was bewirkt Gedächtnistraining?

M.A.: Kommen wir zu einem weiteren Themengebiet, das mit der Therapie in Zusammenhang steht. Es gibt Seminare, kombinierte Audio- und Videokassetten sowie jede Menge Literatur zum Thema Gehirntraining bzw. Gehirnjogging. Wie beurteilen Sie diese Dinge, welche Rolle spielen sie in Ihrer Therapie?

H. Fahnenstich: Lassen Sie uns noch einmal von den Gruppen ausgehen, die ich eben genannt habe. Das sind nur die Schwerpunktgruppen, beileibe nicht alle. Was sollte nun ein Gehirntraining bewirken bei einem Alzheimer-Patienten, bei einem Patienten mit sekundärer Demenz und bei einem, dessen Partner nach 50 Jahren Ehe gestorben ist?

In der Vergangenheit war es so, daß z.B. die Volkshochschule ein Gehirntraining angeboten hat, gutgemeintes, gutgemachtes Gedächtnistraining. Nun sitzen in diesem Kurs unsere drei Patienten mit ganz unterschiedlichen Ursachen ihrer Gedächtnisstörung und bekommen alle das gleiche Gedächtnistraining. Der Alzheimer-Patient wird, da er wirklich Schwierigkeiten mit dem Gedächtnis hat, irgendwann überfordert sein. Er wird depressiv oder aggressiv werden, d.h. entweder den Kurs verlassen oder den Kurs sprengen, irgend etwas wird er machen. Auch bei dem Patienten mit der Schilddrüsenerkrankung kann das Gedächtnis durch das Gehirntraining nicht besser werden, denn die Schilddrüse wird nicht behandelt. Die meisten Aussichten hat dabei noch unser letzter Patient, obwohl auch sein Gedächtnis nicht besser wird, denn er hat ja keine Gedächtnisstörung, sondern nur eine Blockade. In Hinblick auf seine Depression kann aber der Gruppeneffekt eines solchen Kurses eine positive Auswirkung haben, obwohl das eigentliche Problem, nämlich der Tod des Partners, in diesem Kurs nicht angegangen wird.

In der Memory Clinic bieten wir Gedächtnistraining erst seit diesem Jahr an, und zwar gruppenorientiert. Die Teilnehmer an diesen Gruppen sind vorher durch die Memory Clinic untersucht worden. Entsprechend den Diagnosen werden die Teilnehmer den Gruppen zugeordnet.

Es macht also schon einen Sinn, auch mit Alzheimer-Patienten Gedächtnistraining durchzuführen, bloß muß es auf die Erkrankung abgestimmt sein. Bei Alzheimer wird ein auf die Lebensfreude abzielendes Gedächtnistraining durchgeführt. So läßt man z.b. ein Tonband mit Tierstimmen laufen, und die Teilnehmer müssen raten, um welches Tier es sich handelt. Es wird mit Düften gearbeitet, man versucht also, andere Sinne wiederzubeleben, wenn der geistige Sinn eingeschränkt ist. Oder man läßt Sprichwörter ergänzen, damit das Langzeitgedächtnis aktiviert wird. Alles Dinge, die ein Alzheimer-Patient, abhängig vom Stand der Erkrankung, gut bewältigen kann. Wichtig ist, daß der Patient Erfolge sieht. Damit lassen sich insbesondere sekundäre Symptome wie Aggression und Depression beeinflussen.

Ähnliches würde auch für die Patienten mit psychosozialen Problemen gelten. Auch für diese Gruppe ist es wichtig, daß der Patient Erfolg bei der Sache hat, Spaß und Freude bei dem Gedächtnistraining empfindet. Wir haben uns hier der Methode von Franziska Stengel angeschlossen, eine Wiener Ärztin, die ein „heiteres Gedächtnistraining" entwickelt hat. Bei dieser Methode wird sehr viel mit den Sinnen und dem Gruppenerleben gearbeitet. Und diese Form unterscheidet sich sehr stark von dem starren Gehirnjogging. Wir sind dabei, diese Methode noch weiterzuentwickeln und publik zu machen.

M.A.: Hier würde ich gerne noch einmal einhaken. Es gibt ja verschiedene Methoden, sein Gedächtnis zu üben. Folgendes Beispiel: Jemand kann sich nie merken, was er einkaufen muß, wenn er keinen Einkaufszettel mitnimmt. Um sein Gedächtnis zu unterstützen, baut er die einzukaufenden Waren nun in absurde Geschichten ein. Da er Milch einzukaufen hat, stellt er sich eine Badewanne mit Milch vor, bei Bananen stellt er sich vor, er würde auf einem Schiff aus Bananenschalen fahren usw. Für mich stellt sich die Frage, ob man damit sein Gedächtnis wirklich verbessern kann.

H. Fahnenstich: Man muß hier deutlich sagen: Der Alzheimer-Patient kann sich weder die Einkaufsliste noch die Geschichte merken. Bei Leuten, die einfach schusselig sind, kann das einen Sinn machen. Das könnte z.B. jemand sein, der sehr belesen ist, Gedichte auswendig lernt, aber für solche Alltäglichkeiten wie Einkaufen oder ähnliches einfach keinen Kopf hat.

Vielleicht auch, weil er keine Lust auf Einkaufen und Familie usw. hat. Er liest lieber Heinrich Heine. Hier kann es wirklich einen Sinn haben, sich die Einkaufsliste in eine Erzählung von Heinrich Heine einzubauen. Aber so etwas hinzustellen nach dem Motto: „Üben Sie das, und Sie haben kein schlechtes Gedächtnis mehr", das ist einfach witzlos.

Wir haben Patienten, die zu uns kommen und sagen, sie hätten Gedächtnisstörungen, aber sie würden Gedächtnistraining machen. Um zu belegen, wie gut ihr Gedächtnis aufgrund dieses Trainings funktioniert, sagen sie dann ein Gedicht nach dem anderen auf. Das ist einfach vollkommener Quatsch. Das kann auch ein mittelschwer von Alzheimer betroffener Patient. Dieser kann auch noch Gedichte aus seiner Schulzeit auswendig. Unterbricht man ihn aber und fragt, welches Jahr wir haben, dann antwortet er: 1956.

Mit dem Herzen lernen

M.A.: Gibt es überhaupt Möglichkeiten, das Gedächtnis zu verbessern?

H. Fahnenstich: Grundsätzlich ja. Wenn ich aber von einer Verbesserung des Gedächtnisses spreche, muß ich voraussetzen, daß das Gedächtnis schlecht ist. Es muß also eine Störung vorliegen. Niemand kommt mit einem schlechten Gedächtnis auf die Welt. Es gibt zwar Unterschiede, der eine hat ein besseres Gedächtnis als der andere, aber bei einem wirklich schlechten Gedächtnis liegt eine Hirnleistungsstörung vor. Das heißt, man muß die Ursachen finden. Erst wenn man alles untersucht hat, kann man bestimmte Ratschläge geben. Man kann durch ein Gedächtnistraining das Gehirn zwar nicht „verbessern", aber dafür sorgen, daß sich die Aktivitäten des Gedächtnisses erweitern.

Das Wichtigste an jedem Gedächtnistraining ist, daß es Freude, daß es Spaß macht. Das englische Wort für Auswendiglernen, „to learn by heart" – mit dem Herzen lernen –, deutet darauf hin. Eine Sache, an der ich Spaß habe, die mich interessiert, kann ich mir sehr viel besser merken als eine Sache, die mir unangenehm ist, an der ich keinen Spaß habe. Der eine kennt sich in der Literatur aus, das ist sein Hobby, ich bin ein großer Fußballfan. Ich kann die Aufstellung von Schalke 04 vom letzten Spieltag auswendig aufsagen usw.

Wir müssen von dem Begriff *Gehirnjogging* wegkommen. Da gibt es wirklich die obskursten Dinge. Eine Patientin berichtete von einer Übung, bei der sie unter Zuhilfenahme einer Eieruhr alle „R" aus einem Leitartikel in einer bestimmten Zeit herausstreichen sollte. Nachdem sie die Übung das dritte Mal durchgeführt hatte, ist sie darauf gekommen, daß es sehr viel mehr Spaß machte, den Artikel sorgfältig zu lesen und sich dann mit ihrem Mann darüber zu unterhalten. Damit hatte sie genau den Kern getroffen.

Alzheimer kann man nicht vorbeugen

M.A.: Häufig wird Gedächtnistraining auch aus Angst vor Alzheimer betrieben. Durch Presseberichte über diese Erkrankung bekommen einige Menschen Angst und wollen nun vorbeugen. Gibt es eine Möglichkeit, der Alzheimer-Erkrankung wirklich vorzubeugen?

H. Fahnenstich: Nein, man kann Alzheimer nicht vorbeugen. So makaber es klingt: Das einzige, was man gegen Alzheimer tun kann, ist früh sterben. Dann bekommt man kein Alzheimer. Es trifft den Professor genau wie den Hilfsarbeiter.

Wovon wir wegkommen müssen, ist die Panikmache unseriöser Medienberichterstattung. Da steht dann in den Revolverblättern: Wer über 60 Jahre alt ist und öfter seine Brille nicht findet, hat bestimmt Alzheimer. Das ist natürlich vollkommener Unsinn, prägt sich aber in den Köpfen der Menschen ein. Nun haben sie das gelesen, stellen bei sich selbst naturgemäße Verlangsamungen fest, die aber wirklich völlig normal sind, und bekommen Angst. Als 50jähriger kann ich auch nicht mehr so schnell laufen wie ein 20jähriger, und als 60jähriger kann ich eben drei Begriffe nicht mehr so schnell lernen wie noch vor ein paar Jahren. Ich werde das irgendwann schaffen, nur nicht mehr so schnell. Wir haben immer wieder Patienten, die dann sofort Angst haben, wenn sie eine Verlangsamung bemerken.

Da können wir allein schon mit der Untersuchung Therapie vor Ort machen, indem wir die Patienten testen. Das ist wie bei einer Röntgenuntersuchung. Man hat Kopfschmerzen und Angst, daß man einen Hirntumor hätte, steigert sich immer weiter rein, und die Kopfschmerzen werden schlimmer. Nun wird durch eine Röntgenaufnahme sichergestellt, daß kein Tumor vorhanden ist. Und plötzlich sind dann auch die Kopfschmerzen weg.

Genauso ist es in unserem Bereich. Die Menschen haben Angst, sie hätten Alzheimer, ihr Kopf ist blockiert und sie vergessen tatsächlich mehr. Dann bekommen sie noch mehr Angst und vergessen noch mehr. Da können wir mit unserer Untersuchung helfen, weil wir danach sicher sagen können, ob eine Erkrankung vorliegt oder nicht. Wir zeigen und besprechen mit dem Patienten das Testergebnis. Wir vergleichen es mit den Norm-werttabellen und können dann oft sagen: „Schauen Sie mal Ihr Ergebnis und das, was sie normalerweise erreichen müßten. Für Ihr Alter liegen Sie weit über der Norm." Die Patienten gehen dann oft von hier singend und pfeifend nach Hause. Und dabei passiert etwas sehr Wichtiges: Sie verges-sen, daß sie vergessen.

Es geht Ihnen und mir doch genau wie jedem anderen Menschen auch. Wir vergessen alle irgendwann mal irgend etwas, z.B. weil wir in Hektik sind oder weil es uns einfach nicht interessiert. Damit ist der Vorgang aber auch beendet. Vergessen, und weiter. Wenn man nun ein gewisses Alter erreicht hat und Angst vor Alzheimer hat, vergißt man eben nicht, daß man vergessen hat. Im Gegenteil: Man steigert sich immer weiter hinein, was das ganze noch weiter verschlechtert. So kann allein schon die Untersuchung in der Memory Clinic heilsam wirken, indem sie diese Angst nimmt.

Geistig fit bis ins hohe Alter!

Interview mit Brita Rentsch

von Wolfgang Weirauch

Brita Rentsch, *geb. 1962 in Kamen. Nach dem Gymnasium Beginn der Ausbildung zur Medizinisch-Technischen Laborassistentin; zweijährige MTA-Tätigkeit in den Kliniklaboratorien Kamen und Dortmund; Weiterbildung als geprüfte Pharmareferentin; 1985–1987 Pharmareferentin in der pharmazeutischen Industrie, Standort Ulm; 1988–1990 Regionalleiterin für Süddeutschland in der pharmazeutischen Industrie, Standort Ulm; 1990–1993 Außendienstleiterin national in der pharmazeutischen Industrie, Hamburg; 1993–1994 Productmanager Marketing eines Pharmaunternehmens, Freiburg; seit 1995 Projektleiterin der Geromed GmbH.*

Der Anteil älterer Mitbürger vergrößert sich von Jahr zu Jahr. Dementsprechend nehmen auch altersbedingte Krankheiten – z.B. Alzheimer und andere Formen der Demenz – immer mehr zu; ein Problem, auf das sich unsere Gesellschaft verstärkt einstellen muß.

Die Geromed GmbH, ein Dienstleistungsunternehmen mit Sitz an der Privatuniversität Witten/Herdecke, hat zur Messung der eigenen Gedächtnisleistung und zur Früherkennung von Alzheimer das Gedächtnisspiel „Der knifflige Turm" („Top im Kopf") entwickelt. Über dieses Spiel sowie psychometrische Testverfahren und über Gedächtnisübungen sprach ich mit Brita Rentsch, Projektleiterin der Geromed GmbH.

Das normale Maß der Vergeßlichkeit

Wolfgang Weirauch: Vergeßlichkeit ist ein Problem vieler Menschen, speziell unserer älteren Mitbürger. Was gehört zu dem normalen Maß der Vergeßlichkeit in der zweiten Lebenshälfte?

Brita Rentsch: Das physiologische Altern des Gehirns scheint innerhalb genetisch vorgegebener Grenzen von körperlichen und geistigen Aktivitäten des jeweiligen Menschen abhängig zu sein. Im hohen Alter gibt es eine natürliche Einschränkung einiger kognitiver Funktionen, die mit einer Veränderung der Verhaltensmuster einhergehen.

Der Abbau der Leistungsfähigkeit des Gehirns hängt stark davon ab, inwieweit sich der Mensch geistig betätigt, z.B. wie lange er aktiv im Berufsleben steht oder sich anderweitig geistig fithält. Aber allgemein kann man sagen, daß sich die Informationsverarbeitung durch das Gehirn mit zunehmendem Alter verlangsamt, vor allem fallen die Aufgaben schwerer, die Schnelligkeit erfordern.

W.W.: Das Gedächtnis braucht also mit zunehmendem Alter nicht schlechter zu werden?

B. Rentsch: Nein, nicht unbedingt, denn man kann sich bis ins hohe Alter fithalten. Wichtige Voraussetzung dafür ist aber auch die körperliche Fitneß, z.B. der Verzicht auf übermäßigen Nikotinkonsum, Kaffee und alle anderen ungesunden Genußstoffe und Ernährungsgewohnheiten. Von entscheidender Bedeutung für das Wohlbefinden und die geistige Fitneß ist auch die Kommunikation, und gerade das ist ein Problem vieler älterer Menschen, denn sie werden in unserer Gesellschaft oftmals isoliert und vom gesellschaftlichen Leben ausgeschlossen. Diese Isolation hemmt u.a. auch die geistige Aktivität unserer älteren Mitmenschen.

Alles wird gespeichert

W.W.: Täglich strömen unzählige Eindrücke auf uns ein, die nur für kurze Zeit in unserem Bewußtsein bleiben. Werden alle Wahrnehmungen in uns eingeprägt, gleich ob man eine Wahrnehmung bewußt oder unbewußt aufnimmt?

B. Rentsch: Das ist möglicherweise so. Alles, was wahrgenommen wird, scheint auch gespeichert zu werden, auch wenn die Dauer der Speicherung unterschiedlich ist. Zur Veranschaulichung unterscheidet man das Ultrakurzzeit-, das Kurzzeit- und das Langzeitgedächtnis. Bildlich gesprochen gibt es eine Art Pförtner, der entscheidet, ob eine Wahrnehmung so wichtig ist, daß sie im Langzeitgedächtnis abgespeichert wird, oder ob sie wieder vergessen werden kann. Sicherlich werden aber mehr Informationen bzw. Wahrnehmungen gespeichert als bei oberflächlicher Prüfung erkennbar. Zum Beispiel sind Hypnoseversuche sehr eindrucksvoll. Bei hypnotisierten Menschen können Erinnerungen geweckt werden, die sie längst als vergessen wähnten.

W.W.: Das würde also bedeuten – zumindest theoretisch –, daß alle Eindrücke, die während des gesamten Lebens auf einen Menschen eingeprasselt sind, wieder abgerufen werden könnten.

B. Rentsch: Ja. Grundsätzlich wird alles, was wir sehen, hören, aber auch riechen oder schmecken und fühlen, von unseren Sinnesorganen aufgenommen und über Nervenbahnen dem Gehirn gemeldet. Soweit wir wissen, wird allerdings nur ein verschwindend geringer Anteil der nahezu unendlich großen Menge an Daten, Ereignissen bzw. Erlebnissen im Langzeitspeicher des Gedächtnisses aufbewahrt. Ähnlich dem Problem, aus einem Archiv ein bestimmtes Dokument herauszufinden, scheint auch beim Gedächtnis die Suchstrategie und Übung von besonderer Bedeutung.

W.W.: Was ist das Ultrakurzzeitgedächtnis?

B. Rentsch: Das ist der Bereich vom Gedächtnis, in dem man während eines Momentes Informationen aufnimmt, die aber nur für sehr begrenzte Zeit von Bedeutung sind und somit wieder aus dem Gedächtnis verschwinden. Eine allgemeingültige Definition für das Ultrakurzzeitgedächtnis gibt es nicht, aber man weiß, daß dort Informationen für wenige Sekunden oder auch nur für den Bruchteil einer Sekunde gespeichert werden. Wenn Sie einen langen verschachtelten Satz lesen, nehmen Sie natürlich sämtliche Worte wahr und speichern sie im Ultrakurzzeitgedächtnis. Aber wenn ich Sie hinterher frage, ob Sie mir diesen langen Satz wortwörtlich wiedergeben können, so haben Sie ihn zwar vom Informationsgehalt noch gegenwärtig, aber Sie werden mir wahrscheinlich nicht mehr den genauen Wortlaut wiedergeben können.

W.W.: Wie lange werden Informationen im Kurzzeitgedächtnis gespeichert?

B. Rentsch: Man spricht davon, daß das Kurzzeitgedächtnis etwa 24 Stunden umfaßt.

W.W.: So lange?

B. Rentsch: Hier gehen die Meinungen der Experten durchaus auseinander. Die Einteilung in Ultrakurzzeit-, Kurzzeit- und Langzeitgedächtnis muß man sich ohnehin mit fließenden Übergängen vorstellen. Letztlich spielt alles zusammen. Die Speicherdauer ist vor allem davon abhängig, wie wichtig die einzelnen Informationen für die jeweilige Person sind: Manche können sich z.B. genau an das letzte Tennisspiel zwischen Becker und Agassi erinnern, vergessen aber ihren Hochzeitstag, bei anderen Menschen stehen andere Informationen in der Prioritätenliste obenan. Aber allgemein kann man schon davon sprechen, daß das Kurzzeitgedächtnis eine Kapazität von etwa 24 Stunden besitzt, danach wird die Information entweder gelöscht oder ans Langzeitgedächtnis weitergegeben. Der Neurobiologe und Verhaltensforscher Professor Calvin nennt das Kurzzeitgedächtnis einen Mechanismus der schwindenden Erinnerung, der grundsätzlich alles wegwerfe, aber nach und nach.

W.W.: Wann und wie gehen Informationen ins Langzeitgedächtnis, und was geschieht auf physischer Grundlage, wenn eine Information im Langzeitgedächtnis verankert wird?

B. Rentsch: In der Großhirnrinde werden z.B. Prozesse wie Denken und Sprechen gesteuert und die Erinnerungen langzeitgespeichert. Man vermutet, daß etwa 10 Millionen Informationen pro Sekunde in unser Gehirn gelangen. Sie stammen aus den Sinnesorganen und wandern als elektrische Impulse von Neuron zu Neuron.

Die Frage des „Wie" der Speicherung ist nach wie vor ungeklärt; vermutlich repräsentieren Verschaltungsmuster von Neuronenverbänden das, was wir zu erinnern vermögen. Bildgebende Verfahren aus der Neuroradiologie (EEG, Brain-Mapper oder PET-Studien) liefern Hinweise auf Aktivitätsmuster, die bei der Lösung von z.B. Konzentrations- oder Gedächtnisaufgaben bestehen. Es wird angenommen, daß sowohl das Aktivitäts- wie das Verteilungsmuster bei Störungen oder Erkrankungen differentialdiagnostisch wichtige Hinweise liefern können.

W.W.: Kann man mit Sicherheit sagen, wo im Gehirn bestimmte Erinnerungsprozesse ablaufen?

B. Rentsch: Soweit ich weiß, läßt sich das (noch) nicht beantworten. Die Hirnrinde (Kortex) ist Ursprung aller bewußten und vieler unbewußten Handlungen. Hier ist der Sitz des Gedächtnisses und die Sammelstation aller bewußten Sinneseindrücke. Die Hirnrinde besteht vor allem aus Nervenzellen (graue Substanz). Hier sind das Bewußtsein, Erinnerungs- und Denkvermögen sowie die willkürlichen Handlungen gebunden. Somit ist die Hirnrinde die höchste Instanz unseres Zentralnervensystems.

Das Gedächtnis regelmäßig überprüfen!

W.W.: Oft schätzt man das eigene Gedächtnis und das seiner Mitmenschen falsch ein, indem man es als zu gut oder zu schlecht beurteilt. Wie kann man sein Gedächtnis realistisch einschätzen lernen?

B. Rentsch: Meist wird das eigene Gedächtnis in seiner Fähigkeit nicht realistisch eingeschätzt. Das erkennt man z.B. bei beginnender Hirnleistungsstörung. Hier bemerken oft als erste die Angehörigen Gedächtnislücken. Deswegen kommt man nur dann zu einer realistischen Einschätzung des eigenen Gedächtnisses, wenn man es in regelmäßigen Abständen überprüft. Man sollte immer wieder bemüht sein, sich geistig fitzuhalten. Das können einfachste Übungen sein, z.B. wenn man zum Einkauf geht, sich keinen Einkaufszettel zu schreiben und zu versuchen, alle gewünschten Artikel aus dem Gedächtnis zu erinnern.

W.W.: Ist das Gedächtnis für verschiedene Bereiche – z.B. Allgemeinwissen, Bilder, Ereignisse, Begriffe, Namen, Zahlen – unterschiedlich ausgebildet?

B. Rentsch: Ja, das wird angenommen. Man geht davon aus, daß die beiden Hemisphären, die zwei Hälften des Großhirns durch einen Balken miteinander verbunden sind und Informationen miteinander austauschen. Ganz grob läßt sich sagen, daß in der linken, logischen oder verbalen Hemisphäre die analytischen geistigen Fähigkeiten angesiedelt (Zahlen, Daten, Fakten) und in der rechten, künstlerischen oder visuellen Hemisphäre Intuition, Musikalität, Phantasie und Emotionen repräsentiert sind.

W.W.: Inwieweit ist das Gedächtnis mit der eigenen Seelenlage verknüpft? Funktioniert es z.B. schlechter, wenn man in depressiver oder allgemein schlechter Stimmung ist?

B. Rentsch: Auf jeden Fall ist es so, daß man schneller lernt, wenn man Interesse für eine Sache entwickelt. Auf der anderen Seite lernen Menschen in depressiven Phasen schlechter als in Phasen positiver Grundstimmung und Leistungsmotivation.

W.W.: Vergißt man leichter unangenehme Dinge, die einem peinlich sind und die man gern verdrängen möchte?

B. Rentsch: Viele unangenehme Dinge werden vergessen bzw. verdrängt. Das hat aber weniger mit einem „guten" oder „schlechten" Gedächtnis zu tun, sondern eher mit unseren Emotionen. Unangenehme Situationen oder Gedanken verdrängt man sehr gern, um Emotionen wie Angst, Panik, Peinlichkeiten etc. nicht nochmals „zu fühlen".

W.W.: Eine Begebenheit, bei der man stark engagiert ist, die einen interessiert, bei der man seelisch beteiligt ist, kann man besser und länger erinnern als einen trockenen Begriff, der einen nicht interessiert. Woran liegt das?

B. Rentsch: Ein Mensch, der für eine Sache interessiert ist, sich für etwas stark engagiert, lernt in diesem Bereich auch gerne dazu. Andere Bereiche, die ihn vielleicht überhaupt nicht interessieren, wird er nur lernen wollen, wenn er es muß. Das kann man bereits in der Schule feststellen: Die Kinder lernen in den Bereichen, in denen sie Interesse entwickeln, besser als in jenen, für die sie kein Interesse aufbringen. Letztlich ist dies natürlich auch ein pädagogisches Problem, denn man kann jeden Stoff so aufbereiten, daß er nicht als dürres, intellektuelles Gebilde bestehen bleibt, sondern das Interesse des Schülers entfacht.

Gedächtnisübungen

W.W.: Eine schlechte Erinnerung muß nicht immer eine Gedächtnisschwäche sein. Oftmals liegt es auch an der mangelhaften Wahrnehmung. Wie kann man seine Wahrnehmung, seine Aufmerksamkeit während des alltäglichen Lebensvollzuges schulen?

B. Rentsch: Grundsätzlich sollte man sich vornehmen, daß das Leben ein stetiger Lernprozeß sein sollte, daß man nach allen Seiten offen bleibt und sich nicht vor neuen Dingen verschließt. Man sollte neugierig und aufgeschlossen sein, seine Phantasiekräfte anregen, seinen geistigen Horizont stetig erweitern, mit anderen Menschen kommunizieren und Probleme aus verschiedenen Blickwinkeln betrachten lernen. Wenn man in die Rollen anderer Menschen schlüpft, ihre unterschiedlichen Sichtweisen durchdenkt, spielt man mit neuen Gedanken und wird auch für die Vielseitigkeit des alltäglichen Lebens angeregt, und so entsteht die Offenheit, kreativ zu werden. Natürlich sollte man auch bemüht sein, möglichst viele Einzelheiten während des täglichen Lebens – sei es zu Hause, während der Arbeit, auf einem Spaziergang oder während der Begegnung mit Menschen – bewußt wahrzunehmen. Informationen, die man ständig vergißt, sollte man immer wieder versuchen, durch Wiederholung aufzunehmen.

W.W.: Oft vergißt man Namen von entfernten Bekannten. Jemand kommt auf einen zu, und es fällt einem der Name nicht gleich ein. Wie kann man in diesem Bereich sein Gedächtnis verbessern?

B. Rentsch: Dafür gibt es verschiedene Möglichkeiten. Beispielsweise kann man lernen, einen Namen zu verbildlichen oder einen einprägsamen Spruch mit ihm zu verbinden. Hin und wieder kennt man solche Lernreime auch noch aus der Schule: Im Jahre 333 vor Christus schlug Alexander der Große die Perser bei Issos, und man prägte sich diese Jahreszahl mit dem Spruch „333 – bei Issos Keilerei" ein. Mit einem derartigen Gedanken- bzw. Wortspiel ist es leichter, sich dürre Fakten wie Namen oder Zahlen einzuprägen. Wer sich z.B. gut das Gesicht eines Menschen einprägen kann, aber nicht seinen Namen, sollte zu dem Namen einen Spruch oder ein Bild erfinden, das er dann mit dem jeweiligen Gesicht verbinden kann.

W.W.: Ist es nicht sehr mühselig, für viele Menschen, die man kennt, ein derartiges Sprüchlein auszudenken, das man gegebenenfalls in dem Moment ziehen kann, in welchem man einem bestimmten Menschen gegen- übertritt?

B. Rentsch: Es ist richtig, das ist mühselig. Aber wenn man Schwierig- keiten hat, sich Namen zu merken, sollte man diese Anstrengung nicht scheuen. Die Praxis sieht natürlich anders aus: In den meisten Fällen wird man eine solche Übung nicht durchführen. Das ist das Problem, das wir auch von anderen Gesundheits-, Fitneßprogrammen her kennen. Die Ein- sicht in die Wirksamkeit einer Methode ist meist nicht hinreichend, um die Anstrengungen für ihre regelmäßige Anwendung zu unternehmen.

W.W.: Ist es vorteilhaft, sich Checklisten mit Schlüsselinformationen über bestimmte Personen anzulegen, die man hin und wieder durchliest, so daß man bestimmte, prägnante Details aus dem Leben oder der Charakte- ristik des jeweiligen Menschen parat hat, wenn man ihm begegnet?

B. Rentsch: Es ist sicherlich möglich, sich z.B. Karteikarten für be- stimmte Menschen anzulegen, auf denen man Stichworte – z.B. von wich- tigen Gesprächen – notiert. Für ein Folgegespräch kann man dann die entsprechende Karteikarte kurz durchlesen, so daß man an das letzte Ge- spräch anknüpfen kann. Aber jeder Mensch muß für sich selbst entscheiden, wie wichtig ihm so etwas ist. Letztendlich ist diese Methode, zumindest im privaten Bereich, praxisfern.

W.W.: Viele Namen kann man sich besser merken, wenn man sie mit auffälligen Bildern verbindet, die in dem Namen enthalten sind. Bei einer Fülle von Namen – z.B. Kohl, König oder bei meinem Nachnamen – ist dies ohne weiteres möglich. Was macht man aber, wenn ein Name vollkommen abstrakt und kein naheliegendes Bild in ihm enthalten ist?

B. Rentsch: Hierfür wurde von verschiedenen Psychologen die Mnemotechnik entwickelt, mit der man trainieren kann, sich besser abstrakte Namen, Begriffe oder Zahlen zu merken. Allgemein bekannt sind ja solche Menschen, die hin und wieder in den Medien auftreten, weil sie in der Lage sind, sich z.B. große Mengen von Zahlen zu merken. Diese Menschen sind geübt, sich aufgrund bestimmter Anhaltspunkte viele Daten wieder in Erinnerung zu rufen. Entsprechend ist es auch mit Namen möglich. – Einige Menschen durchforsten auch das Alphabet, wenn ihnen ein Name nicht mehr einfällt, und nachdem sie verschiedene Möglichkeiten ausprobiert haben, fällt ihnen der Name plötzlich wieder ein. Auch hier muß man natürlich wieder prüfen, inwieweit es realistisch ist, diese Technik anzuwenden. Oft ist es eher eine Art Spiel; inwieweit eine Technik für den Alltag tauglich und realistisch anwendbar ist, muß jeder selbst entscheiden.

W.W.: Wie wendet man die Mnemotechnik konkret an?

B. Rentsch: Indem man sich z.B. zu einer Zahl, einem Namen oder einem Begriff einen Spruch oder ein konkretes Bild denkt. Ein Beispiel ist der schon angeführte Spruch: „333 – bei Issos Keilerei." Bei Ihrem Nachnamen kann man sich z.B. eine Kirche oder die entsprechenden Pflanzen für das Harz vorstellen. Hier muß man einfach seine Phantasie spielen lassen, so daß sich das entwickelte, am besten sehr ungewöhnliche oder auffällige Bild tiefer in das Gedächtnis einschreibt als der nackte abstrakte Begriff.

Bewußtseinsübungen und Erinnerungsreisen

W.W.: Eine allgemeine Schwäche ist es, alltägliche Dinge zu verlegen, so daß man sie oft mühevoll suchen muß. Man sitzt beispielsweise am Schreibtisch und schreibt etwas. Das Telefon klingelt, und man nimmt den Schreiber mit zum Telefon und legt ihn dort unbewußt ab, so daß man ihn nach dem Telefonat vergeblich auf dem Schreibtisch sucht. Oder man fragt sich nach Verlassen der Wohnung, ob man den Herd ausgeschaltet hat. Wie lernt man, mehr Bewußtsein mit alltäglichen Handgriffen zu verbinden, so daß man sich später an diese Kleinigkeiten erinnern kann?

B. Rentsch: Eigentlich sollte man versuchen, möglichst viele Dinge an bestimmte festgelegte Orte zu legen, also den Schlüssel immer an das Schlüsselbrett hängen oder den Kugelschreiber stets dorthin zurücklegen, wo man ihn wieder benötigt.

W.W.: Ist diese Übung nicht zu starr? Ist es nicht geeigneter, alle Gegenstände des Alltags bewußt an verschiedene Stellen zu legen, sich aber einzuprägen, an welcher Stelle man sie plaziert hat?

B. Rentsch: Das wäre natürlich besser, denn dann lebt man sehr bewußt, man legt bewußt Gegenstände an einen bestimmten, ständig wechselnden Ort. Diese Handlungen ins Bewußtsein zu bringen, ist zwar zumindest anfänglich eine mühselige, aber dann sehr fruchtbare Übung.

W.W.: Es gibt die sogenannte Loci-Methode: Man möchte verschiedene Dinge einkaufen, sich aber den Einkaufszettel ersparen. Statt dessen entwickelt man eine Erinnerungsreise durch die eigene Wohnung oder ein anderes vertrautes Gebäude und plaziert in seiner Phantasie jeweils einen der einzukaufenden Gegenstände in einem Raum der Wohnung. Geeignet ist es, aus der Phantasie heraus möglichst auffallende Bilder zu schaffen: die Badewanne voll mit Heringen, den Flur bedeckt mit Kaffeebohnen usw. Was denken Sie über diese Erinnerungsreisen?

B. Rentsch: Diese Technik ist durchaus anwendbar, die Frage ist aber wiederum, ob sie praxisbezogen ist. Wenn man für diese Technik Interesse zeigt, wenn man daran Spaß hat und sie als Spiel durchführt, ist sie durchaus zu empfehlen.

W.W.: Eingangs erwähnten Sie, daß es wichtig sei, sich ständig fitzuhalten. Eine gute Übung wäre demnach also, sich z.B. Einkaufslisten mit 20 Gegenständen zu merken. Angenommen, jemand möchte diese Übung durchführen, welche Methode würden Sie ihm dafür empfehlen?

B. Rentsch: Die eine Möglichkeit ist, die verschiedenen Gegenstände nach Sachgruppen zu ordnen – Obst, Gemüse, Haushaltsgegenstände etc. –, so daß man sie sich besser merken kann. Eine andere Methode ist, sich zu den 20 Begriffen eine Geschichte auszudenken. Oft gibt es zu diesen Gegenständen bereits eine Geschichte, denn ich will z.B. aus verschiedenen Zutaten ein Gericht kochen.

W.W.: Gibt es weitere Gedächtnisübungen, die Sie empfehlen?

B. Rentsch: Man muß nicht unbedingt komplizierte Übungen durchführen, oftmals reicht auch schon das Spiel Memory – dabei wird man bemerken, daß Erwachsene nur in seltenen Fällen Kinder besiegen können – oder Scrabble, Stadt/Land/Fluß usw. Dazu kann z.B. auch die abendliche Rückschau gehören. Man kann sich abends vor dem Einschlafen noch einmal den ganzen Tag vornehmen und Schritt für Schritt durchgehen sowie ein Tagebuch schreiben.

W.W.: Oft erweist sich beim Erlernen einer Sprache als Hemmnis, sich die Vokabeln einzuverleiben. Wie stehen Sie zu der sogenannten Super-Learning-Methode, durch die man – begleitet von Largo-Barockmusik und einer bestimmten Atemtechnik – sehr viel schneller eine Sprache erlernen soll? Sind die Erfolge dieser Methode ein Märchen oder eine Tatsache?

B. Rentsch: Es soll so sein, daß man mit dieser Technik sehr viel schneller lernen kann. Die Frage ist nur, wie lange der Lernstoff erinnert werden kann, also ob er im Langzeitgedächtnis gespeichert wird.

Das Spiel „Der knifflige Turm"

W.W.: Sie haben das Spiel „Der knifflige Turm" („Top im Kopf") entwickelt (siehe Abbildung). Können Sie das Spiel kurz charakterisieren? Für wen ist es gedacht, wer sollte es spielen?

B. Rentsch: Die Geromed wurde beauftragt, ein Spiel zu entwickeln, mit dem erste Anzeichen von Leistungsstörungen gemessen werden können. In Zusammenarbeit mit Professor H. Erzigkeit (Universität Erlangen) wurde dann „Der knifflige Turm" entwickelt. Das war eine Gemeinschafts-

aktion der AOK, des ZDF-Gesundheitsmagazins Praxis, des Deutschen Apothekerverbandes, der Bundesärztekammer und der Bayer AG. Man ging von der Annahme aus, daß therapeutische Interventionen bei Konzentrations- oder Gedächtnisstörungen um so erfolgreicher sind, je früher sie zur Anwendung gelangen. Deswegen suchte man neue Möglichkeiten zur Verbesserung des Bereichs der „Frühdiagnostik".

Dieses Spiel wurde entwickelt, um spielerisch festzustellen, inwieweit man noch „top im Kopf" ist. An dem Spielergebnis erkennt man dann auch, ob es ratsam ist, einen Arzt aufzusuchen und sich diagnostizieren zu lassen. – Das Spiel ist so entwickelt worden, daß man es in der Altersspanne von 8 bis 80 Jahren spielen kann, also sowohl mit Kindern als auch mit älteren Menschen. Hintergrund für diese Altersspanne ist, daß durch dieses Spiel auch die Kommunikation zwischen den Generationen gefördert werden sollte. „Top im Kopf" ist so konzipiert worden, daß man es allein spielen kann, aber auch mit bis zu vier Mitspielern.

Mit diesem Spiel sollte also eine Aufklärungsaktion zur Prävention und Früherkennung von dementiellen Erkrankungen in allen Apotheken gestartet werden. Die Aktion startete mit einer Präsentation im ZDF-Gesundheitsmagazin Praxis. Wir, die Geromed GmbH, haben die wissenschaftliche Ausarbeitung des Spiels mit Professor Erzigkeit durchgeführt, und zwar auf der Grundlage eines psychometrischen Testverfahrens (SKT). Der SKT ist ein *Kurztest zur Erfassung von Gedächtnis- und Aufmerksamkeitsstörungen* nach Hellmut Erzigkeit. Unsere Aufgabe war es, ein Spiel zu entwickeln, das diese Störungen messen kann. Nach der Entwicklungsphase haben wir das Spiel in verschiedenen Zielgruppen älterer und jüngerer Menschen getestet, sowohl mit Kranken als auch mit Gesunden. Das Testergebnis umfaßt die Bandbreite von „Gratulation, Sie sind top im Kopf" bis „Es wäre vielleicht ratsam, Ihren Hausarzt aufzusuchen".

Bei einer Aufgabe in diesem Spiel werden z.B. Bilder abgefragt, die jedem Menschen bekannt sind (siehe Abbildung nächste Seite). Es sind Gegenstände, mit denen man tagtäglich zu tun hat, z.B. Tasse, Teller, Fahrrad. Diese Begriffe sollen genannt und gleichzeitig im Gedächtnis behalten werden. Dann wird die Tafel mit den Abbildungen umgedreht, und man soll diese Begriffe aus dem Gedächtnis sofort reproduzieren. Im weiteren Spielverlauf wird aber die Aufmerksamkeit des Spielers abgelenkt, bis diese Begriffe im Laufe des Spiels noch einmal reproduziert werden müssen.

W.W.: Haben Sie die Erfahrung gemacht, daß auftretende Defizite wieder ausgeglichen werden, wenn man zum Abschluß des Spiels vor der

  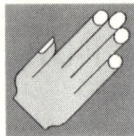  

   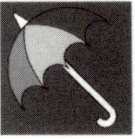 

Aufgabe steht, die anfangs gesehenen Bilder aus einer großen Gruppe von Begriffen herauszufinden?

B. Rentsch: Bei dieser Aufgabe soll man alle Bilder, die man zum Beginn des Spiels gesehen hat, aus einer Palette von Begriffen herausfinden. Dabei muß man die Bilder zwar aus dem Gedächtnis reproduzieren und sich vorstellen, aber man erhält einen Hinweis, der das Wiedererkennen erleichtert. Jetzt wird die Erinnerung meistens wieder etwas besser, vergessene Bilder kommen wieder in die Erinnerung.

W.W.: Ich habe die Erfahrung gemacht, daß das Spiel wesentlich leichter zu bewältigen ist, wenn man es allein spielt. Spielt man es dagegen in einer Gruppe, so sieht man auch die Bildtafeln der anderen Teilnehmer und hört die Begriffe dieser Bilder, so daß es leicht zu einer Verwechslung mit den eigenen Bildern und Begriffen kommen kann.

B. Rentsch: Ja, das ist richtig. Spielt man es in einer Gruppe, so ist auch Unterscheidungsfähigkeit gefragt. Spielt man es dagegen allein, so wird man nicht durch die Bilder der anderen Spielteilnehmer gestört. Das ist aber bei der Spielkonzeption berücksichtigt worden.

W.W.: In welcher Weise?

B. Rentsch: Viele Spieler schreiben die Begriffe auf, wenn sie zu mehreren spielen. So wird niemand durch den anderen gestört. Wir haben weiterhin einfache Bilder und nur eine geringe Anzahl an Bildern ausgewählt.

Demenz, Alzheimer

W.W.: Was ist Demenz im allgemeinen, Alzheimer im besonderen?

B. Rentsch: Der Begriff *Demenz* beschreibt den krankheitsbedingten Verlust oder die Beeinträchtigung der gesamten Persönlichkeit, meist beginnend mit Einschränkungen der mentalen Fähigkeiten, der Merkfähigkeit, des logischen Denkens und des Urteilsvermögens. Es gibt verschiedene Krankheiten, die häufig mit einer Demenz einhergehen, wie z.B. die Multi-Infarkt-Demenz und die alkohol-induzierte Demenz. Die häufigste Ursache der Demenz ist die Alzheimer-Krankheit, eine degenerative Erkrankung des Gehirns, die zu destruktiven Gewebeveränderungen der Hirnrinde und des limbischen Systems führt. Einige Neurotransmittersysteme sind ebenfalls betroffen. Trotz intensiver Forschung ist die Ursache der Alzheimer-Krankheit immer noch unbekannt. Die Krankheit verläuft relativ gleichförmig. Zu Beginn können Vergeßlichkeit und leichte Veränderungen der Persönlichkeit die einzigen Anzeichen sein. Je weiter jedoch die Krankheit fortschreitet, um so offensichtlicher werden die Störungen in vielen Bereichen der Hirnfunktion. In fortgeschrittenen Stadien wird der Patient zunehmend – sowohl geistig als auch körperlich – schwerbehindert und bedarf permanenter Pflege und Betreuung. Die durchschnittliche Dauer der Erkrankung bis zum Tode beträgt 6 bis 10 Jahre.

W.W.: Wie viele Menschen leiden in Deutschland an Demenz?

B. Rentsch: Es besteht ein enger Zusammenhang zwischen dem Lebensalter und dem Auftreten der Demenz. Nach dem 60. Lebensjahr steigt die Demenzhäufigkeit deutlich an. Zwischen dem 40. und 59. Lebensjahr sind 0,1 bis 0,2 Prozent betroffen, zwischen 60 und 69 sind es 2 Prozent, zwischen dem 75. und 79. Lebensjahr sind es bereits mehr als 5 Prozent, bis zum 84. Lebensjahr sind es 10 bis 12 Prozent, bis zum 89. Lebensjahr sind es 21 Prozent und bei einem Lebensalter von über 90 Jahren ist es jeder Dritte. (Vgl.: Füsgen, I.: Demenz. Schriftenreihe Geriatrie Praxis, Vieweg [2]1992)

W.W.: Was sind die Ursachen dafür, wenn man Alzheimer oder Demenz in einem relativ frühen Stadium bekommt?

B. Rentsch: Genaue Ursachen kennt man nicht. Die Ursache kann bei der Alzheimer-Krankheit eine genetische Veranlagung, bei den anderen Formen der Demenz Alkoholismus, Schlaganfall oder andere Erkrankungen, wie z.B. Viruserkrankungen (z.B. Aids) sein.

W.W.: Wie kann man Alzheimer erkennen?

B. Rentsch: Diese Erkrankung fällt u.a. durch kognitive Einbußen auf, also Merkfähigkeitsstörungen, die relativ einfach festgestellt werden können.

W.W.: Nun vergißt jeder Mensch hin und wieder einen Namen oder einen Begriff, den er sonst immer parat gehabt hat. Wie kann man bei sich frühzeitig Symptome von Alzheimer erkennen, ohne sie mit den normalen Vergeßlichkeitserscheinungen zu verwechseln?

B. Rentsch: Frühzeitige Symptome von Alzheimer sind z.B. Wortfindungsstörungen. Man möchte etwas sagen, aber findet nicht das entsprechende Wort dafür. Weiterhin läßt die Auffassungsgabe nach. Früher las man z.b. ein Buch und konnte es sofort verarbeiten, jetzt aber stellt man fest, daß man das erste Kapitel zweimal lesen muß, um es überhaupt verstehen zu können. Entsprechend kann es sein, wenn einem jemand etwas mitteilt: Früher faßte man alles sofort auf, heute braucht man dazu wesentlich länger, um das Mitgeteilte behalten zu können. Dadurch entsteht eine Art praktische Hilflosigkeit: Dinge, die früher wie selbstverständlich erledigt wurden, können nicht mehr so einfach bewältigt werden. Im weiteren Verlauf kommt es zu einem emotionalen Rückzug und Stimmungsschwankungen. In der Frühphase von Alzheimer wird man auch häufiger eine zunehmende Antriebsschwäche feststellen können.

Aber es ist oft schwierig, eine normale Altersvergeßlichkeit von einer Frühphase der Alzheimer-Krankheit zu unterscheiden. Ein grober Anhaltspunkt ist, daß bei der normalen Altersvergeßlichkeit vor allem Dinge – die begriffliche Seite der Wirklichkeit – vergessen werden, bei der Alzheimer-Erkrankung jedoch Ereignisse und Begebenheiten. Man vergißt wirklich Teile aus der eigenen Biographie. Zur normalen Altersvergeßlichkeit gehört, daß man z.B. einen Schlüssel verlegt, bei der Alzheimer-Erkrankung vergißt die entsprechende ältere Dame z.B., daß sie vor zwei Tagen bei einem Kaffeeklatsch gewesen ist.

W.W.: Vergißt ein Mensch, der Alzheimer hat, vor allem die Ereignisse der letzten Zeit, oder sind diese Aussetzer gleichmäßig auf das gesamte Leben verteilt?

B. Rentsch: Das ist sehr verschieden. In den meisten Fällen sind es Ereignisse der letzten Zeit, es können aber auch – insbesondere im Spätstadium – Ereignisse vergessen werden, die weiter zurückliegen. Wenn man sich mit älteren Menschen unterhält, können sie einem aber meist Dinge aus ihrer Kindheit oder Jugend erzählen, während dagegen Begebenheiten des letzten Jahres oder gar der letzten Woche vollkommen aus ihrem Gedächtnis verschwunden sind.

W.W.: Welche Ausfälle hat man im fortgeschrittenen Stadium?

B. Rentsch: Zum einen ist das die schon erwähnte Beeinträchtigung des Kurzzeitgedächtnisses. Hinzu kommen Aphasie (Störung der Sprache), Apraxie (Störung der Motorik), ein beeinträchtigtes Urteilsvermögen und Agnosie (Störung der Wiedererkennung von z.B. Gegenständen). Im weiteren treten Probleme bei konstruktiven Aufgaben auf, z.B. wenn man etwas nachzeichnen soll oder Figuren legen muß. Auch die gesamte Persönlichkeit verändert sich, und es verschwindet nach und nach die soziale Verantwortung. Störungen im Schlaf-Wach-Rhythmus belasten zudem das Zusammenleben.

W.W.: Denken wir uns einen Dementen in einem fortgeschrittenen Stadium, bei dem schon vollständige Orientierungslosigkeit aufgetreten ist: Wie sieht die innere Welt dieses Menschen aus?

B. Rentsch: Ein solcher Mensch durchschreitet oft starke emotionale Schwankungen, und er zeichnet sich durch vollkommene Hilflosigkeit aus. Bereits in einer frühen Phase der Demenz oder der Alzheimer-Krankheit finden Persönlichkeitsveränderungen statt, die der betreffende Mensch vielleicht gar nicht bei sich selbst bemerkt, dagegen die Angehörigen um so mehr. Diese Persönlichkeitsveränderungen verstärken sich im weiteren Verlauf der Krankheit, und die Angehörigen leiden oft sehr, beispielsweise unter dem häufigen Stimmungswechsel der Erkrankten. Ihre Stimmung kann sehr gut sein, aber von einer Sekunde zur nächsten kann sie ins Gegenteil ausschlagen. Diese inneren Stimmungswechsel sind aber nicht unbedingt als typisch zu bezeichnen. Häufig finden wir auch Klagen über Patienten, weil sie störrisch sind oder unberechenbar aggressiv reagieren.

W.W.: Weiß ein Dementer um seine Krankheit?

B. Rentsch: Im späten Stadium weiß er es nicht mehr. Deswegen wird der Angehörige häufig zum zweiten Patienten, denn er leidet oft mehr darunter als der Patient selbst. Dagegen bemerkt der Patient seine Erkrankung in den Anfangsstadien natürlich sehr wohl. Das ist eine Situation, die für ihn sehr schwierig ist, denn er weiß noch, wie er früher einmal gewesen ist. Und plötzlich kann er vieles nicht mehr, was früher selbstverständlich war. Deswegen ist es sehr wichtig, den erkrankten Menschen in einem frühen Stadium Unterstützung zu geben, sowohl von ärztlicher Seite als auch in der Kommunikation mit Verwandten und Freunden.

W.W.: Ist Alzheimer überhaupt heilbar?

B. Rentsch: Alzheimer ist noch nicht heilbar. Ein therapeutischer Erfolg ist es bereits, die Lebensqualität der Erkrankten zu verbessern. Ein großer Erfolg ist es auch, wenn man erreichen kann, die Progredienz des Krankheitsverlaufes zu verlangsamen. Allerdings kann man bessere Ausgangssituationen schaffen. Wenn man versucht, sich bis ins hohe Alter geistig fitzuhalten, ist die Ausgangssituation bei einer Erkrankung sehr viel günstiger, als wenn man sein ganzes Leben nichts für seine geistige Fitneß getan hat.

Das SKT-Testverfahren

W.W.: Welche Aufgaben hat sich die Geromed GmbH gestellt?

B. Rentsch: Die Geromed GmbH ist ein international tätiges Dienstleistungsunternehmen und bietet der Pharmaindustrie, aber auch Kliniken, Arztpraxen, gesundheitspolitischen Institutionen, sozialen Einrichtungen sowie Senioren, Dienstleistungen aus dem gerontologischen und geriatrischen Bereich an. Unsere breitgefächerten Erfahrungen – mit älteren Patienten sowie mit Experten – stellen dazu die Basis dar. Der zunehmend steigende Prozentsatz des Anteils älterer Menschen an der Gesamtbevölkerung konfrontiert unsere Gesellschaft mit einem veränderten Anforderungsprofil auf der Dienstleistungsebene. Die Wirtschaft und die staatlichen Institutionen werden sich der neuen Bedeutung des Marktes der „älteren Generation" zuwenden. An dieser Stelle sehen wir unsere Aufgabe, und zwar keinesfalls nur auf den medizinischen Bereich beschränkt.

W.W.: In diesem Rahmen vertreiben Sie verschiedene Testverfahren, z.B. das bereits angesprochene SKT-Verfahren, mit welchen man frühzeitig in den Arztpraxen Hirnleistungsstörungen erkennen kann. Können Sie etwas über diese psychometrischen Testverfahren sagen?

B. Rentsch: Die Geromed vertreibt zwei international anerkannte Testverfahren zur Erfassung von Hirnleistungsstörungen. Die ADAS nach Richard Mohs und den SKT nach Hellmut Erzigkeit. Das SKT-Testverfahren ist auf ältere Menschen abgestimmt und auch für Untersuchungen bei älteren Menschen sehr gut geeignet. Es ist auch die Testsituation berücksichtigt worden, durch die nicht nur ältere Leute, sondern wir alle mehr oder weniger in Streß geraten. Der SKT, der Kurztest zur Erfassung von Gedächtnis- und Aufmerksamkeitsstörungen, ist so konzipiert worden, daß er mehr den Charakter eines Spiels als den eines Tests hat.

Der SKT beinhaltet neun Subtests und ist in fünf Parallelformen erhältlich, die sich hinsichtlich der verwendeten Zahlen, Bilder und Symbole unterscheiden, nicht jedoch hinsichtlich der Art der Aufgaben. Bei Therapieverlaufsbeobachtungen ist es manchmal nötig, die Patienten relativ häufig einzubestellen, vielleicht alle 14 Tage. Wenn dann bei der Anwendung eines Testverfahrens z.B. immer die gleichen Bilder gezeigt werden, entstehen sehr schnell Lerneffekte. Deswegen gibt es die verschiedenen SKT-Parallelformen.

W.W.: Wie verläuft dieser Test?

B. Rentsch: Für den Subtest 1 zeige ich dem Patienten eine Tafel mit zwölf Bildern (siehe Abbildung). Der Patient soll diese Bilder so schnell wie möglich (laut) benennen und sie begrifflich formulieren. Dabei muß er versuchen, sie so gut wie möglich im Gedächtnis zu behalten. Unmittelbar nach dem Benennen drehe ich die Tafel um und

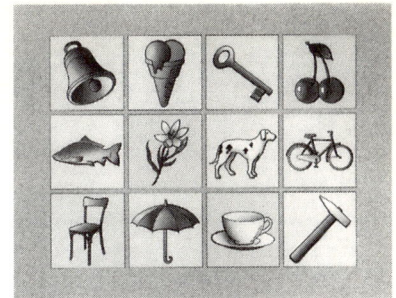

Vorlage für Subtest 1

frage ihn für den Subtest 2, welche der Gegenstände er erinnern kann. Für diesen wie für alle anderen Subtests darf er höchstens 60 Sekunden in Anspruch nehmen. Ich trage gleichzeitig auf meinem Auswertungsbogen die Rohwerte ein, also wie viele Sekunden er für den jeweiligen Test benötigt bzw. wie viele Gegenstände er im Verhältnis behalten hat.

Anschließend folgt eine kurze Lernphase. Ich zeige dem Patienten noch einmal für fünf Sekunden die Tafel mit den zwölf Abbildungen und sage ihm, daß er sie sich gut einprägen soll, weil ich später noch einmal nach diesen Gegenständen fragen werde.

Die Subtests 3 bis 5 werden mit einem Spielbrett durchgeführt, auf dem sich zehn Spielsteine mit zweistelligen Zahlen befinden (siehe Abbildung). Sie sind magnetisch und haften auf der Spielfläche, damit auch bettlägerige Patienten diesen Test durchführen können. Für den Subtest 3 muß der Patient die Zahlen lediglich so schnell wie möglich lesen. Für den Subtest 4 bitte ich den Patienten, die ungeordneten Zahlen im oberen Teil der Spielfläche zu ordnen (siehe Abbildung). Beim Subtest 5 muß der Patient die

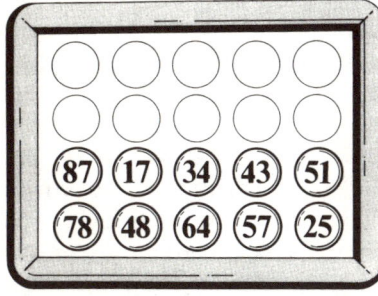

Ausgangssituation für Subtests 3 u. 4

Ausgangssituation für Subtest 5

Zahlen so schnell wie möglich an ihren Ursprungsort zurücklegen, wobei die Zahl des jeweiligen Spielsteins auf den beiden unteren Reihen der Spielfläche aufgedruckt ist (siehe Abbildung vorangehende Seite).

Dann kommt der Subtest 6. Dazu zeige ich dem Patienten eine weitere Tafel, auf der in ungeordneter Reihenfolge zwei oder drei verschiedene Symbole vorhanden sind (siehe Abbildung). Der Patient soll wiederum möglichst schnell das Symbol zählen, welches in der Kopfzeile der Tafel abgebildet ist.

W.W.: Das ist natürlich schwierig für Patienten, die stark kurzsichtig sind oder andere Sehstörungen haben.

B. Rentsch: Das ist für den SKT berücksichtigt worden, denn die Buchstaben und Symbole sind sehr groß gewählt, und die Farbtafeln sind sehr einfach gehalten. Auch die Spielsteine des Zahlenbrettes sind sehr groß.

Für den Subtest 7 gibt es eine weitere Tafel, auf der drei Reihen mit zwei verschiedenen Buchstaben in ungeordneter Reihenfolge stehen, z.B. A und B oder K und L (siehe Abbildung). Ich bitte dann den Patienten, daß er zu jedem K L sagt und zu jedem L K. In der oberen Übungszeile lasse ich den Patienten diese Übung einmal probieren. Anschließend muß er die Übung mit den beiden unteren Zeilen möglichst rasch durchführen.

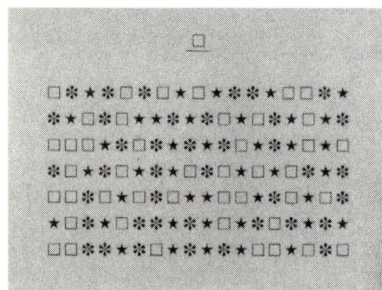
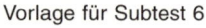

Vorlage für Subtest 6

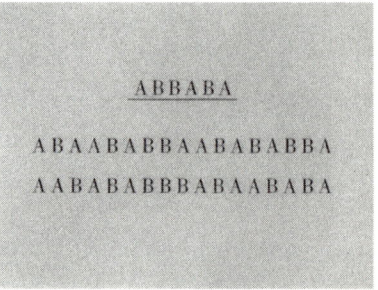

Vorlage für Subtest 7

Dann kommt der Subtest 8. Ich frage den Patienten, ob er sich noch an die einzelnen Farbbilder erinnern kann, an die Gegenstände, die ich ihm ganz zu Anfang gezeigt habe. Die Zahl der erinnerten Gegenstände wird protokolliert. Für den letzten Subtest (9) zeige ich zwei Farbtafeln mit sehr vielen Bildern, unter denen die Bilder versteckt sind, die er beim ersten Mal gesehen hat (siehe Abbildung nächste Seite). Dazu muß er also jedes einzelne Bild durchgehen, um die Gegenstände von Subtest 1 zu entdecken.

Bevor der SKT ausgewertet wird, erfolgt noch eine Einschätzung des allgemeinen Intelligenzniveaus des Patienten. Dazu kann beispielsweise der MWT *(Mehrfachwahl-Wort-schatz-Test)* eingesetzt werden. Der MWT erfaßt die verbale Intelligenz. Die Einschätzung erfolgt über eine Erfassung des verfügbaren Wortschatzes. Dieser Test liefert eine gute Schätzung des prämorbiden Intelligenzniveaus. Eine Grobeinteilung in das Intelligenzniveau kann nun vorgenommen werden. Unter Berücksichtigung der Altersgruppe kann nun eine Leistungsbestimmung des Patienten anhand der Normwerte vorgenommen werden. Die Summe der Normwerte erlaubt die Interpretation der Testleistung.

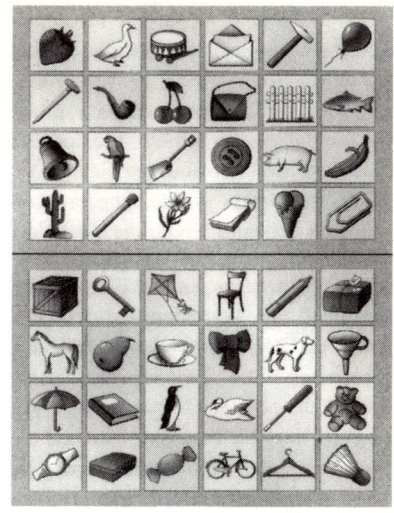

Vorlage für Subtest 9

Die Griechen erkennen keinen holländischen Käse

W.W.: Welche spezielle Aufgabe hat die Geromed GmbH bei diesem Testverfahren?

B. Rentsch: Wir sind für die Produktion und den Vertrieb, fernerhin insbesondere für die internationale Weiterentwicklung dieses Testverfahrens mitverantwortlich. Es gibt dieses Testverfahren bereits in neun verschiedenen Sprachen. Bei internationalen Validierungsstudien tauchen die verschiedensten Probleme auf, die eine Anpassung des Testmaterials erfordern. Nur einige Beispiele: Auf einer der Bildtafeln ist ein holländischer Käse abgebildet. Dieser Käse wird in Griechenland nicht als Käse erkannt. In Rußland wurde die von uns abgebildete Kirche nicht als Kirche angesehen, und in Lateinamerika erwiesen sich die abgebildeten Kirschen als ungeeignet, weil sie von den meisten Patienten nicht erkannt wurden. So zeigt sich erst bei konkreten Studien die Eignung von Testaufgaben, was die Prozedur einer internationalen Validierung zu einem außerordentlich zeitaufwendigen und teuren Unterfangen werden läßt.

Wer den SKT-Test machen will ...

W.W.: Wie kommt dieses Testverfahren in die Arztpraxen, und wer hat die Berechtigung, diesen Test durchzuführen?

B. Rentsch: Jeder Arzt, Psychologe und Psychiater hat die Berechtigung, dieses Testverfahren einzusetzen. Viele Ärzte interessieren sich immer mehr für diese Art von praktischen Testverfahren, denn sie können in kurzer Zeit abgenommen werden. Der SKT-Test dauert lediglich 10 bis 15 Minuten. Das ist eine Zeitspanne, die man durchaus in einer Arztpraxis durchführen kann. Angemerkt kann noch werden, daß der SKT als Leistungstest nach EBM abgerechnet werden kann.

W.W.: Was ist die ADAS für ein Testverfahren?

B. Rentsch: Das ist auch ein psychometrisches Testverfahren. Die *„Alzheimer Disease Assessment Scale"* prüft Störungen kognitiver Leistungen und klinische Symptome, wie sie typisch für die Alzheimersche Demenz sind. Sie erfaßt somit das klinische Bild der Demenz wesentlich umfangreicher, als der SKT mißt. Die ADAS ist von Richard Mohs (USA) entwickelt worden und wird häufig bei Medikamentenprüfungen eingesetzt, um z.B. festzustellen, wie sich die Therapieverläufe unter Gabe eines Medikamentes verändern. Wegen der vergleichsweise langen Testdauer, die häufig über einer halben Stunde liegt, wird die ADAS beim niedergelassenen Arzt nur selten zum Einsatz gelangen.

W.W.: Wenn jetzt ein Leser aufgrund dieses Interviews einen Test durchführen möchte: Wie geht er praktisch vor?

B. Rentsch: Der erste Ansprechpartner sollte immer der Hausarzt oder der Facharzt, Neurologe, Psychiater oder auch ein Psychologe sein.

Die Broschüre „Top im Kopf" mit dem Spiel „Der knifflige Turm" erhalten Sie – soweit noch vorhanden – in Ihrer Apotheke, bei der AOK oder beim Bayer-Patientenservice, Postfach 10 13 68, D-51313 Leverkusen.

© aller Abbildungen zum SKT in diesem Interview: Hellmut Erzigkeit, Erlangen.

Altersdemenz – Leben im Vergessen

Bericht aus einem Modellversuch in Hamburg*

Hardy Tasso

Frauen-Lebensgemeinschaft

Wir öffnen die stets verschlossen gehaltene Tür zum Eingangsflur der Station 50 im Altenpflegeheim Hamburg-Farmsen. Mehr als 400 alte Menschen leben in diesem Heim zusammen. Verteilt auf Stationen. Auf der geschlossenen Station 50 leben nur 24 Alte: 22 Frauen und zwei Männer. Eine solche Frauen-Lebensgemeinschaft ist typisch, denn die Mehrheit der alten Menschen in Deutschland ist weiblich, die meisten Männer sterben früher.

Der lange Flur der Station ist ungewöhnlich hell. Hier und da sind künstliche Blumen angesteckt, eine Bank mit Kletterpflanzen dient als Sitznische, Rückzugsort, Ruheplatz. Fünf, sechs alte Frauen gehen den Flur hinauf, hinunter, immer und immer wieder. Eingehakt, im Gespräch – oder für sich, wobei manche mit imaginären Begleitern sprechen. Oder laut ihr Leid klagen.

Der Flur ist vom Tages- und Essensraum nur durch eine große Glaswand getrennt; die Türen zu Küche, Bad und dem Besprechungsraum des Personals stehen weit offen. Jeder kann hier fast überallhin schauen. Das ist Programm, ist Teil der sogenannten „Milieutherapie" von Demenzkranken – besser bekannt unter dem Namen Alzheimer-Kranke. Station 50 ist eine Modellstation des Hamburger Projektes „Pflegen und Wohnen".

---

* Diesem Artikel liegt zugrunde das Manuskript „Demenz, Depression, Alterssuizid. Psychische Veränderungen im Alter" von Dr. Jens Bruder, Leiter der Ärztlichen Abteilung „Pflegen und Wohnen" im Landesbetrieb der Behörde für Arbeit, Gesundheit und Soziales der Hansestadt Hamburg; zudem fußt der Artikel auf einer Hörfunksendung, die der Autor Hardy Tasso für das „Funkkolleg Altern" des Westdeutschen Rundfunks Köln geschrieben hat; Titel dieser Sendung: „Vergessen und Traurigkeit: Psychische Veränderungen im Alter". Sendetermin: 09.12.–15.12.1996, Wiederholung 1997.

Hardy Tasso, geb. 1950, ist freier Autor für Hörfunk und Fernsehen (ARD) und lebt in Neuberend/Schleswig-Holstein.

Milieutherapie mit 500 Lux

Ärztliche Leiterin in Farmsen ist Barbara Wegner: „Wir haben hier versucht, 500 Lux in Augenhöhe zu gewährleisten. Das senkt die Bereitschaft zur Aggression und mindert vor allen Dingen auch depressive Erscheinungen. Die Bewohner sind nach unseren Beobachtungen dadurch sehr viel aufgeschlossener und heiterer geworden. Wir merken, daß sie sehr viel mobiler, freundlicher und kontaktbereiter sind als früher.

Wichtig ist auch noch, wenn man im Tagesraum sitzt oder sich im Flur bewegt, daß man jeweils sowohl in den einen als auch in den anderen Raum hineinschauen kann. Damit kann man frei entscheiden, was man tun will: Will ich im Tagesraum sitzen, Ballspielen oder Kaffee trinken, oder will ich im Flur mit den anderen mitgehen? Es gibt nichts Schlimmeres, als Demente dauernd mit Aufforderungen zu überhäufen: 'Kommen Sie, wir wollen jetzt das machen, wir sollten jetzt gehen ...' Demente entscheiden am liebsten für sich selbst, so wie wir auch, und suchen sich die Tätigkeiten, die sie im Augenblick für sich als angemessen sehen."

Demente sind alte Menschen, die – einfach gesagt – sehr vieles vergessen haben. Im Zentrum der Demenz steht das Vergessen; der allmähliche Verlust der Merk- und Erinnerungsfähigkeit. Manche Demente erkennen Gegenstände nicht mehr, können sie nicht mehr benennen und auch nicht mehr richtig handhaben; oft erkennen sie auch Personen nicht mehr. Andere verkennen Situationen, in denen sie sich befinden, wissen nicht, wo sie sind. Wieder andere verlieren ihre soziale Empfindsamkeit, werden unsicher in ihrem Urteilsvermögen, lassen in ihrer geistigen Produktivität nach. Am schwerwiegendsten aber ist es, wenn das Wissen um sich selbst verloren geht: wenn die eigene Biographie dem Gedächtnis entschwindet, das Bewußtsein von Fähigkeiten und Schwächen der eigenen Person immer undeutlicher wird.

„Natürlich lebt sie noch für mich ..."

Im Tagesraum sitzt Annegret Petersen* neben ihrem Ehemann Dieter Petersen, der sie heute besucht. Er streichelt seine Frau, redet ihr gut zu, versucht, ein Gespräch in Gang zu bringen. Annegret Petersen reagiert nur manchmal auf ihn, singt ansonsten versonnen vor sich hin.

---

* Die Namen der PatientInnen und Angehörigen wurden aus Datenschutzgründen geändert.

„Meist geht sie im Flur auf und ab, wenn ich komme. Wenn sie mich sieht, ist sie sehr erfreut, lobt mich in jeder Art und Weise", erzählt Dieter Petersen. „Es war bislang so, daß die Hauptperson in ihrer Vorstellung immer ihr Vater war. Und der ist es geblieben. Wenn ich komme, weiß sie wohl, daß ich einer der ihren bin. Aber sie ist sich nicht absolut dessen gewiß, daß ich ihr Mann bin. Sie sagt z.B.: 'Ach, Papa, komm doch wieder.' Wenn ich sage: 'Ich bin doch nicht dein Papa', antwortet sie: 'Ach, ja, ja, ja ...' Aber sie sagt nicht, wer ich bin. Sie nennt mich nie beim Namen, weil sie den Namen gar nicht weiß.

Natürlich lebt sie noch für mich, allerdings nur so auf halbe Art. Denn ich habe sie ja nicht um mich. Jahrzehntelang war es eine Selbstverständlichkeit, und nun plötzlich diese totale Veränderung.

Das Anfangsstadium ihres Zustandes liegt etwa drei Jahre zurück. Es fing an mit einer ganz einfachen Vergeßlichkeit, die man als altersmäßig bedingt bezeichnete, die bei jedem Menschen mehr oder weniger ausgeprägt ist. Und diese Vergeßlichkeit steigerte sich dann so weit, daß sie z.B. nicht mehr an den Elektroherd gehen durfte; ich habe es verhindert, weil sie mit der Schaltung nicht mehr zurechtkam. Sie hat die falschen Schalter angedreht, vergessen auszudrehen, und dies und jenes. Also, das war gar nicht mehr möglich.

Es wurde mehr, es wurde immer mehr. Es hat sich auch ereignet, daß sie nachts einfach aufstand und sich anzog. Mit beliebigen Sachen, die im Schrank hingen. Sie öffnete den Schrank, zog sich verschiedenes an, natürlich nicht in der richtigen Reihenfolge. So daß es etwa vorkommen konnte, daß als letztes Kleidungsstück das Hemd angezogen war, über dem Mantel z.B.

Also, ich gehe auf alle Fälle mit dem Gedanken weg, daß ihr leider nicht geholfen werden kann, und man muß sich letztlich damit abfinden. Ich habe immer wieder den Gedanken: Habe ich genug getan? Kann ich jetzt noch mehr tun? Ich bin ihr sehr viel Dank schuldig, und ich kann diesen Dank nicht abstatten, weil die Situation das nicht erlaubt. Das beschwert mich sehr stark."

„Weiß ich nicht mehr ..."

Dieter Petersen verabschiedet sich liebevoll, ernst von seiner Frau. Erinnert sich Annegret Petersen wenige Minuten später daran, daß ihr Mann sie eben besucht hat? „Weiß ich nicht mehr. Hab' ich nicht gewußt. Hab' ich nicht gewußt. Ich hab' es nicht gesehen." – „Ihr Mann saß eben neben Ihnen", erinnere ich sie. „Ich kann nicht dafür. Ich kann nichts dafür. Ich kann nichts für. Ich habe Angst. Ich habe Angst. Ich habe Angst." – „Ihr Mann war eben zu Besuch. Erinnern Sie sich?" – „Weiß ich nicht mehr. Hab' ich nicht mehr gewußt." – „Wer sind Sie?" – „Das weiß ich nu auch nicht mehr. Was soll ich sagen ... was sagen? Herta Holm. Herta Holm. Herta Holm ... Das bin ich! Das bin ich! Jetzt weiß ich es: Ich weiß Herta Holm. Ich heiße Herta Holm. Das weiß ich."

Drei Arten von Demenz

Man unterscheidet drei verschiedene Arten von Demenz. Erstens: die Demenz vom Alzheimer-Typ. Etwa die Hälfte aller Dementen ist davon betroffen. Die Entstehung der Krankheit ist nicht sicher geklärt. Man weiß, es bilden sich krankhafte Eiweiße im Hirn, zerstörerische Substanzen lagern sich an Nerven ab, schließlich geht Nervengewebe im Gehirn zugrunde.

Zweitens: die vasculäre Demenz. Ein Viertel aller Dementen ist davon betroffen. Dabei werden zuerst kleine Arterien im Gehirn schlecht durchblutet; das führt dann dazu, daß Nervengewebe geschädigt wird und abstirbt. Wer raucht oder übergewichtig ist, erhöht sein Erkrankungsrisiko. Vasculäre und Alzheimer-Demenz treten bei etwa 15 bis 20 Prozent der Kranken gleichzeitig, als Mischform, auf.

Drittens: die sekundäre Demenz. Etwa fünf bis zehn Prozent aller Dementen sind betroffen. Ursache dieser Demenz sind andere Krankheiten, etwa chronische Blutungen unter der Hirnhaut, Tumore, Vergiftungen, seltene Entzündungen, Stoffwechselkrankheiten. Viele dieser Krankheiten können mit Medikamenten behandelt werden, so daß eine sekundäre Demenz oft vermeidbar ist.

Gegen die Ursache der Alzheimer-Demenz gibt es keine Medikamente. Es existieren allerdings zahlreiche Arzneimittel, von denen man annimmt, daß sie die Leistung des Gehirns fördern; selbst Placebo-Gaben waren schon hilfreich. Bestenfalls allerdings läßt sich mit diesen Medikamenten die Verringerung der Leistungsfähigkeit des Gehirns um etwa ein Jahr hinauszögern.

Der Anfang ist grausam

Bei Hannelore Klausen ist die Demenz erst vor wenigen Monaten auffällig geworden. Ihre Töchter ließen sie recht bald in ein Pflegeheim einweisen. Obwohl: Hannelore Klausen ist geistig noch immer erstaunlich klar und antwortet auf die Frage, warum sie hier im Heim sei, vollkommen logisch: „Wegen ... man sagt, ich hätte ... na, wie nennt man das? Ach so: Vergeßlichkeit. Kam schon raus eben von selbst. Ich hoffe ja, daß das rückwärts geht, aber ... ich fürchte, nein. Ich bin vergeßlich. Sagt man. Auf der anderen Seite muß ich sagen, was ich im Hause tue, und was ich draußen tue: Da passiert mir ja nichts. Wenn nun immer was passieren würde, dann würde ich sagen, na ja, das schon, aber so: nur Vergeßlichkeit ...“

Im nächsten Moment aber ist sie verwirrt – und hält das Pflegeheim für ein Ausflugsschiff: „Ich habe das in der Zeitung gelesen, und ich hatte das vorher schon öfter gelesen und wollte immer mal so etwas mitmachen. Und nun hab' ich mich aufgeschwungen und hoffe, daß das was geworden ist.“

Wenig später fügt sie aus Erinnerungssplittern ein Bild ihrer letzten sechs Monate zusammen – manches stimmt, manches fabuliert sie plausibel hinzu: „Bei mir in der Familie ist auch Unruhe, und wir mußten unsere Wohnung aufgeben, sonst hätten wir mehr Miete zahlen müssen. Und dann hab' ich mir eine ... eine ... Alten ... wie nennt sich das, wo man wohnen kann?“ – „Altenwohnung ...“ – „Ja. Und da hatte ich mir selbst eine eingerichtet. Und aus welchen Gründen ... ich war denn gerade nicht da ... aus Gründen ... daraus ist nun das ... das habe ich selbst aufgegeben. Und dann haben das meine Kinder übernommen. Meine schönsten Stücke vom Hausstand, die ich vorher hatte, hatte ich mir da eingebaut. Und das ist jetzt weg. Ja, dann hieß das eben nachher, daß ich nun erstmal da raus sollte. Ich weiß nicht, wie ich hierher gekommen bin. Ich hab' das mal gelesen ... und hab' mal den Anlauf genommen. Ja, ich weiß nun nicht, was ich mache. Ich hab' jetzt keine Wohnung ... Und nun sitze ich, und ich weiß eigentlich nicht, was ich weiter machen soll. Wenn ich wirklich hier rauskomme, dann weiß ich nicht, wohin. Ja, und nun hab' ich gar nichts. Tja, jetzt sitze ich auf dem Trockenen.“

Bei Versagen Selbstmord

Jan Wojnar ist Leiter des Psychiatrischen Dienstes in Hamburg und damit auch zuständig für das Pflegeheim Farmsen: „Beginnende Demenz ist fast für jeden etwas Erschreckendes. Man wird plötzlich mit Defiziten konfrontiert, die man häufig krampfhaft versucht, vor der Umgebung irgendwie zu verstecken. Nicht selten aber bricht dieses System zusammen, und dann kann es unter Umständen auch zu Suizidhandlungen kommen. Wir haben in Hamburg alle Suizide der Heimbewohner untersucht und festgestellt, daß von insgesamt 69 Suiziden zwischen 1969 und 1995 nur vier Suizide durch leicht Demenzkranke begangen wurden, und das fast ausschließlich in Situationen, wo sie zum erstenmal für alle offensichtlich mit eigenem Versagen konfrontiert wurden. Zum Beispiel fanden sie nach dem Besuch der Familie nicht mehr zurück und wurden von der Polizei ins Heim gebracht. Oder sie konnten Sachen nicht finden und haben dann anderen Mitbewohnern oder Pflegepersonen unterstellt, daß die sie bestohlen hätten; und wenn dann schließlich die Sachen im Schrank entdeckt wurden, reagierten sie mit Entsetzen und Selbstmord auf ihr eigenes Versagen.

Also, das ist eine sehr, sehr schwere Zeit für den Betroffenen selbst und auch für die Angehörigen, die in der Anfangsphase diese Störung nicht so deutlich wahrnehmen, die häufig viele Handlungen mißverstehen, im Glauben, daß es gegen sie gerichtet ist, und übersehen, daß es verzweifelte Versuche sind, die beginnende Demenz irgendwie unter Kontrolle zu bekommen."

Ein verwirrter Geist

Das Gespräch mit Jan Wojnar findet in dem kleinen, üblicherweise verschlossenen Dienstraum der Station 50 statt. Plötzlich geht die Tür auf, Petra Schulz kommt herein – sie ist schon seit Jahren schwer dement. Sie starrt mit glasigen, weitaufgerissenen Augen in den Raum, schließt die Tür leise hinter sich. Als Jan Wojnar sie anspricht, scheint sie das nicht wahrzunehmen. Sie kommt an den Tisch heran, schlängelt sich vorsichtig zwischen Tisch und Stühlen hindurch, ohne ein Glas, eine Tasse, eine Kanne auf dem Tisch zu berühren, setzt sich auf den Stuhl in der Ecke, starrt weiter glasig vor sich hin und sieht uns wohl noch immer nicht. Dann erhebt sie sich von ihrem Eckstuhl, geht wieder vorsichtig zwischen Tisch und Stühlen hindurch zur Tür, ohne uns zu sehen, öffnet sie, geht raus, schließt sie, ist verschwunden. Ein Geist. Ein verwirrter Geist.

Jan Wojnar dazu: „Wenn wir hier die Bewohnerin gesehen haben, die uns nicht wahrgenommen hat, aber sich so weitgehend normal verhielt, dann hatte man irgendwie das Gefühl, sie würde in einer Welt existieren, die für sich abgeschlossen ist; da tut sich etwas, und wer weiß, wie faszinierend diese Welt ist."

Faszinierende Demenz

Wer die Anfangsphase der Demenz überwunden hat, wer nicht mehr merkt, was er nicht kann, der tritt offensichtlich in jene faszinierende Welt jenseits der unsrigen ein. Wie leben die Dementen darin, wie erleben sie sich selbst? Jan Wojnar: „Ich kenne eigentlich keinen Demenzkranken, der sich für alt und krank halten wird. Ich meine dabei vor allem Demenzkranke mit einem mittleren bis schweren Ausprägungsgrad; die leicht Demenzkranken erleben das mit Sicherheit anders; aber mittelschwere und schwere Demenzen, das sind überwiegend Menschen, die sich noch für relativ jung, überwiegend so zwischen 20 bis 45 Jahre alt, und leistungsfähig halten. Sie sind fest davon überzeugt, noch eine intakte Familie zu haben: Eltern, Kinder, Ehepartner, die fest im Beruf stehen. Sie leben in dieser Überzeugung.

Was auch interessant ist in diesem Zusammenhang, das ist eine häufige Reaktion auf ihr Spiegelbild. Viele Demenzkranke erkennen sich nicht im Spiegelbild. Auf die Frage: 'Was sehen Sie da?', sagen sie häufig, das sei eine alte Frau oder ein alter Mann. Ab und zu kommen auch Antworten wie: 'Ja, es könnte meine Mutter sein.' Dagegen reagieren sie ganz normal auf ein Bild, das sie im Alter von 30 bis 40 Jahren zeigt, mit der Reaktion: 'Ach ja, das bin doch ich.' Das heißt, sie haben auch ein verinnerlichtes Bild von sich selbst als einem relativ jungen Menschen. Und das ist für mich auch häufig die Erklärung für die relative Zufriedenheit der Demenzkranken. Sie erleben sich eben als zufriedene, junge, leistungsfähige Menschen."

Zahlen ... und Menschen

Je älter ein Mensch wird, desto größer ist sein Risiko, an einer Demenz zu erkranken. Unter den 65- bis 69jährigen sind zwei bis drei Prozent betroffen, unter den über 80jährigen dagegen 20 Prozent! In der Bundesrepublik gibt es heute etwa 800.000 Demenzkranke; wegen der rasch wachsenden Zahl alter Menschen werden es in zehn Jahren 50 Prozent mehr sein, nämlich 1,2 Millionen Demenzkranke. Heute werden die meisten von ihnen zu Hause von ihrem Ehepartner, den Kindern oder Enkeln betreut; immer mehr Demente aber müssen schließlich, in den fortgeschrittenen Stadien der Krankheit, in einem Pflegeheim untergebracht werden. Schon heute ist jeder zweite der 420.000 Heimplätze in Deutschland mit einem Demenzkranken belegt. Nur eine verhältnismäßig kleine Gruppe der Dementen jedoch – etwa 20 Prozent – muß auf einer geschlossenen Station wie der Station 50 in Farmsen leben: weil sie sich im Straßenverkehr verirren, weil sie im eigenen Haushalt sich und andere gefährden – etwa wenn sie vergessen, den Elektroherd abzustellen.

Nebenwirkungen und Medikamente

Noch schwerer, sich im normalen Leben zurechtzufinden, wird es vielen Dementen, wenn sie ihre Sprache zum Teil oder ganz verlieren. Wenn sie die richtigen Wörter nicht mehr finden oder neue, aber sinnlose Wörter bilden. Wie kann diesen Menschen medizinisch, pflegerisch geholfen werden, wenn eine normale Kommunikation mit ihnen nur noch eingeschränkt möglich ist? Jan Wojnar: „Normalerweise leben Demente häufig auf geschlossenen Stationen oder in Pflegeheimen, wo vor allem Grundpflege geleistet wird: Also, sie werden versorgt und umsorgt; aber es fehlen entsprechende aktivierende Angebote, und es fehlt dem Personal auch das Wissen über die Demenz und besondere Probleme, die mit der Demenz verbunden sind. Das führt dann dazu, daß die Dementen Medikamente bekommen müssen, um solche Verhaltensstörungen wie Unruhe, aggressives Verhalten, Schreien, Streit mit Mitbewohnern oder mit Personal zu dämpfen und in erträglichen Grenzen zu halten."

Nebenwirkungen der Demenz sind vor allem Angst und Unruhe, depressive Gestimmtheit, Antriebsmangel, Verwahrlosung, aggressive Gereiztheit, Wahnvorstellungen, Halluzinationen. Sie lassen sich mit angstlösenden, aggressionsdämpfenden und antidepressiven Medikamenten behandeln. In der Modellstation 50 in Farmsen kommt man weitgehend ohne derartige Medikamente aus, weil Ärzte und Pfleger in der Milieutherapie anders mit den Dementen umgehen.

Patienten im Arm

Barbara Wegner, die leitende Ärztin in Farmsen, sitzt auf dem Sofa im Besprechungsraum des Personals. Sie hält die Dementen Annegret Petersen in ihrem rechten und Sigrid Schulte in ihrem linken Arm. Um den Tisch herum sitzen drei Pflegerinnen, sie nähen; einige Patientinnen haben sich zu ihnen gesetzt, sie schauen zu. Barbara Wegner: „Oh, das ist sehr häufig so. Wenn ich hier sitze, setzen sich die Dementen einfach dazu. Und das Schöne ist eigentlich, daß dann gleich so eine normale Situation entsteht.

Das ist sicher auch das, wovon eine Milieutherapie lebt: Normalität, Sicherheit, Geborgenheit. Sie ist einfach auf Nähe aufgebaut. Ich denke, das Wichtigste, was man den Dementen geben kann, ist diese Zuwendung und dieses körperliche Sich-Berühren, weil man über Worte ja vielfach nicht mehr verstanden wird. Und auch ich kann sie ja oft über Worte nicht mehr verstehen und viel mehr durch Berührung merken, wie es ihnen geht. Man muß sich sehr auf die einzelnen einlassen und auch auf die ganze Situation auf der Station. Und man kann wenig Abstand halten. Deswegen ist man natürlich psychisch auch sehr betroffen, wenn es jemandem nicht so gut geht oder wenn jemand stirbt." Bei diesen Worten beginnt die Ärztin, kurz zu weinen: Am Morgen ist eine ihrer Patientinnen gestorben.

Einfühlsam helfen

Das Einfühlen in die Dementen aber ist nicht die einzige Belastung für das Pflegepersonal. Jan Wojnar: „In fast allen Untersuchungen neigen die Demenzkranken mit einer mittelgradigen bis schweren Demenz zu einer deutlichen Überschätzung eigener Gedächtnisleistungen und praktischen Fähigkeiten. Das ist auch etwas, was in der Betreuung erhebliche Probleme bereitet. Denn der Demenzkranke ist fest davon überzeugt, daß er noch alles selbständig leisten kann, und reagiert dann mit Entsetzen auf Hilfsangebote des Pflegepersonals oder von Angehörigen. Er glaubt z.B., sich schon längst gewaschen zu haben, und wenn ihm gesagt wird, er habe sich noch nicht gewaschen, reagiert er mit aggressiven Ausbrüchen, versucht, den Pflegenden wegzudrängen, läßt sich auch nicht helfen, immer wieder mit der Erklärung: 'Ich kann das doch selbst!'"

Tagesstruktur als Erinnerungsstütze

Es ist wichtig zu helfen, ohne die Hilfe aufzudrängen. Eine weitere, sozusagen unsichtbare Hilfe ist die sogenannte Tagesstruktur – zu der auch das gemeinsame Ballspielen auf der umzäunten Terrasse gehört. Barbara Wegner: „Unter Tagesstruktur verstehen wir, daß zu gleichen Zeiten möglichst immer wieder gleiche Tagesaktivitäten angeboten werden. Die Dementen sehen darin anscheinend eine gewisse Sicherheit, wenn immer wiederkehrende Angebote für sie da sind. Sie können sich dann an manche Sachen doch erinnern und empfinden es als wohltuend, daß immer wieder etwas Bekanntes kommt: Ballspiel, Musik oder Spaziergänge oder auch mal gar nichts, man muß auch mal dumm gucken können, das ist auch wichtig. Und diese Angebote, die die Tagesstruktur darstellen, sind gut sichtbar, das ist ein Prinzip unserer Station, daß man durch die Glasscheiben gut hineingucken kann in die Räume. Man bietet immer wieder sinnvolle Aktivitäten an, die auch entspannend und lustvoll sein sollten."

Musiktherapie

Ausgesprochen lustvoll und entspannend geht es bei der Musiktherapie zu, die die Sozialpädagogin Renate Bergmann mit den Farmsener Dementen zweimal die Woche durchführt. Renate Bergmann: „Das größte Problem dieser Menschen ist es, daß sie kaum noch eine Möglichkeit haben zu erfahren, daß sie selbst etwas können, und das auch wahrzunehmen: 'Ich kann das machen.' In der Musiktherapie können sie diese Erfahrung machen und auch von anderen wahrnehmen, daß die auch etwas können. Und was dazu kommt, ist, daß sie auch die Erfahrung machen, daß sie *zusammen* etwas können.

Wir machen es immer so, daß Einzelne auf Klangstäben etwas vorspielen; andere kommen dann dazu. Hinterher betonen wir sehr stark: Frau Soundso, Frau Soundso und Herr Soundso haben zusammen gespielt, wir zusammen machen diese Musik. Diese Erfahrung haben sie sonst kaum noch. Und Musik ist insofern ein hervorragendes Medium, als sie logisch ist, aber unabhängig von Verbalisierung. Also, die Dementen müssen nicht von der Sprache her logisch sein, was für sie ja ein außerordentlich großes Problem ist, sondern sie können sich auf etwas einlassen, was sie können und was keine Sprachlogik erfordert."

Normalität des Lebens erhalten

Jan Wojnar faßt zusammen: „Es ist bei der Betreuung Demenzkranker besonders wichtig, soweit es geht, die Normalität des Tages und des Lebens zu erhalten. Dazu gehören z.B. Ausgänge, gemeinsames Einkaufen, Besuche im Restaurant, Konzertbesuche, Besuche des Zoos, Spaziergänge im öffentlichen Park – und das spricht auch gegen irgendwelche 'besondere Anstalten' für Demenzkranke. Die Betreuung innerhalb ganz normaler Einrichtungen für ältere Menschen ist aus meiner Sicht die bessere Form. Selbstverständlich ist diese Betreuung teurer als die ganz normale Pflege, weil sie personalintensiv ist und besonders gut ausgebildete Betreuer braucht. Aber unterm Strich, wenn man alle Kosten berechnet, ist das mit Sicherheit eine billigere und humanere Betreuungsform als eine 'integrative Betreuung' in Stationen, die eben doch nicht dementengerecht sind; diese konventionelle Art Betreuung ist verbunden mit häufigeren Einweisungen in die psychiatrischen Abteilungen.“

Kleinste Erfolge

Bei der vasculären Demenz ebenso wie bei jener vom Alzheimer-Typ gibt es keine Aussicht auf Besserung der Krankheit. Im Gegenteil: Es wird stets schlimmer. Trotz dieser dauernden Verschlechterung, dieses auch körperlich sichtbaren Verfalls dürfen die Pflegenden nicht resignieren. Sie müssen lernen, auch kleinste Fortschritte der Dementen als Erfolge zu werten: Frau Paulsen ißt wieder selbständig. Herr Schmiede nimmt am gemeinsamen Ballspielen teil. Frau Jennings spielt zum ersten Mal auf dem Xylophon eine eigene kurze Melodie. Aus diesen „Kleinigkeiten“ müssen Pflegerinnen und Ärzte neue Kraft für das weitere Zusammenleben mit den Dementen ziehen.

Die Seele funktioniert!

Das Zusammenleben mit Dementen baut zumindest in der Modellstation 50 in Hamburg-Farmsen auf anderen als den üblichen Voraussetzungen auf. Jan Wojnar: „Üblicherweise haben wir immer nur vor Augen diese schreckliche Veränderung von einem ganz normalen Menschen, mit dem wir ein Leben lang gelebt haben, gesprochen haben, hin zu jemandem, der uns nicht mehr erkennt und ganz unverständlich spricht und handelt. Und das erzeugt unser Entsetzen, das hindert uns auch daran, dann etwas genauer hinzuschauen und zu versuchen, sich in diesen Kranken hineinzuversetzen.

Ich sage immer: Es ist wichtig im Umgang mit Dementen, nicht mitzuleiden, sondern sich hineinzuversetzen. Das Mitleiden bedeutet, sich auf eine höhere Stufe zu stellen und den anderen als verändert und krank zu betrachten; sich hineinzuversetzen aber bedeutet, in die Welt des Kranken einzutauchen und zu fragen: Ja, ist diese Welt wirklich so verrückt, so anders, so unerträglich, wie mir das scheint? Oder hat sie auch faszinierende Facetten, die das Verhalten dieses Kranken verständlicher machen und den Kranken als Person nicht kalt erscheinen lassen?

Die Demenz sehen wir nicht als eine Vernichtung der Persönlichkeit, sondern eher als eine Krankheit, die Persönlichkeit deutlich verändert, aber eben eine Persönlichkeit, einen Menschen noch existieren läßt. Das ist nicht ein Körper ohne Seele; die Seele funktioniert! Wir verstehen noch nicht viel davon, wir wissen nicht, was in diesen Menschen wirklich passiert. Wir versuchen gerade, es so Schritt für Schritt zu ergründen und zu verstehen.“

Johannes Rogalla von Bieberstein
**Die These von der Verschwörung
1776–1945**
Philosophen, Freimaurer, Juden, Liberale und Sozialisten als Verschwörer gegen die Sozialordnung
216 S., kt. DM 33,00 / ISBN 3-926841-36-2

Jimmy Carter
Frieden schaffen im Gespräch
Ein Impuls für die nächste Generation
Herbst 1996, ca. 200 S., kt. DM 32,00
ISBN 3-926841-71-0

Carola Cutomo
**Medialität, Besessenheit,
Wahnsinn**
188 S., kt. DM 19,80 / ISBN 3-926841-19-2

Klaus Engels
Destruktive Kulte im Spannungsfeld von Kirche und Gesellschaft
212 S., kt. DM 28,00 / ISBN 3-926841-46-X

Hans-Diedrich Fuhlendorf
**Rückkehr zum Paradies oder
Erbauen des Neuen Jerusalem?**
Geschichtsbetrachtungen in apokalyptischer Zeit
352 S., kt. DM 39,00 / ISBN 3-926841-37-0

Wolfgang Gädeke
**Anthroposophie und die
Fortbildung der Religion**
448 S.
    Leinen DM 48,00 / ISBN 3-926841-23-0
    kt. DM 36,00 / ISBN 3-926841-24-9

Dieter Hornemann
Geheimnisvolles Afrika
Anthroposophische Arbeit im Urwald
102 S., 32 farb. Abb., kt. DM 26,00
ISBN 3-926841-60-5

Johannes Kiersch
Fragen an die Waldorfschule
148 S., kt. DM 19,80 / ISBN 3-926841-33-8

Peter Krause
Das Judasproblem
Von den spirituellen Hintergründen der Gewalt
128 S., kt. DM 19,80 / ISBN 3-926841-38-9

Peter Krause
Feuer in Tschernobyl
Die Ukraine nach dem SuperGAU
168 S., 37 farb. Abb., kt. DM 28,00
ISBN 3-926841-58-3

Peter Krause, Faustus Falkenhahn (Hg.)
Einsam – gemeinsam
Jugend im Gespräch
192 S., kt. DM 22,80 / ISBN 3-926841-43-5

Ernst-Martin Krauss
Holzwege, Steinwege ...
Erlebnisse mit Elementarwesen
92 S., Großformat, 13 farb. Abb., geb.
DM 56,00 / ISBN 3-926841-35-4

Jukka Kuoppamäki
Einsam – gemeinsam
Jugendliche singen Lieder mit Jukka Kuoppamäki
Musikkassette, DM 22,00

Andreas Meyer (Hg.)
Seele und Geist
Ansätze zu einer spirituellen Seelentherapie
160 S., kt. DM 26,00 / ISBN 3-926841-47-8

Heinz Schimmel (Hg.)
Tanz der Seelen
Der Tod als Verwandler der Seele. Die Totentanzdichtung von Joachim Fernau und ihre eurythmische Darstellung
108 S., 14 farb. Abb., kt. DM 25,00
ISBN 3-926841-53-2

FH 11
Über Tod und Sterben
3. Aufl., 264 S., kt. DM 24,80
ISBN 3-926841-11-7

FH 13
Hexen, New Age, Okkultismus
3. Aufl., 196 S., kt. DM 19,80
ISBN 3-926841-08-7

FH 14
Erneuerung der Religion
Die Christengemeinschaft, Sakramente, Kirche und Kultus
4. Aufl., 184 S., kt. DM 16,80
ISBN 3-926841-07-9

FH 15
**Waldorfschule und
Anthroposophie**
3. Aufl., 132 S., kt. DM 9,80
ISBN 3-926841-00-1

FH 16
**Kulturvergiftung: Rauschgift,
Sucht und Therapie**
2. Aufl., 228 S., kt. DM 16,80
ISBN 3-926841-21-4

FH 17
Kulturvergiftung: Alkohol
2. Aufl., 160 S., kt. DM 16,80
ISBN 3-926841-34-6

FH 18
Biologisch-dynamische Landwirtschaft, Ökologie, Ernährung
2. Aufl., 184 S., kt. DM 19,80
ISBN 3-926841-03-6

FH 19
Musik
2. Aufl., 184 S., kt. DM 16,80
ISBN 3-926841-06-0

FH 20
Sexualität, Aids, Prostitution
2. Aufl., 170 S., kt. DM 14,80
ISBN 3-926841-09-5

FH 21
Aids
164 S., kt. DM 14,80 / ISBN 3-926841-10-9

FH 22
Erkenntnis und Religion
Zum Verhältnis von Anthroposophischer Gesellschaft und Christengemeinschaft
132 S., kt. DM 14,80 / ISBN 3-926841-13-3

FH 23
Engel
2. Aufl., 172 S., 9 farb. Abb., kt. DM 19,80
ISBN 3-926841-15-X

FH 24
Direkte Demokratie / 1789–1989
240 S., kt. DM 14,80 / ISBN 3-926841-16-8

FH 25
**Rechtsleben und soziale
Zukunftsimpulse**
Von der Dreigliederungsidee Rudolf Steiners zur Volksgesetzgebung
244 S., kt. DM 16,80 / ISBN 3-926841-17-6

FH 26
Michael
Januskopf Bundesrepublik
184 S., 8 farb. Abb., kt. DM 16,80
ISBN 3-926841-22-2

FH 27
**Strafprozeß, Strafvollzug,
Resozialisierung**
224 S., kt. DM 16,80 / ISBN 3-926841-20-6

FH 28
Naturwissenschaft und Ethik
204 S., kt. DM 16,80 / ISBN 3-926841-25-7

FH 29
Freie Schule
248 S., kt. DM 19,80 / ISBN 3-926841-28-1

FH 30
Märchen
224 S., kt. DM 16,80 / ISBN 3-926841-29-X

FH 31
Biographiearbeit
4. Aufl., 192 S., 7 farb. Abb., kt. DM 24,80
ISBN 3-926841-31-1

FLENSBURGER HEFTE = **FH** (ISSN 0932-5859)
FH-Sonderhefte = **So** (ISSN 0943-5549)